해운항만정책의 역사적 변동과 전망

서울대학교 행정대학원
국가리더십연구센터 국가리더십연구총서 10

해운항만정책의 역사적 변동과 전망

초판 1쇄 인쇄 2018년 12월 25일
초판 1쇄 발행 2018년 12월 30일

지은이 이재균 주성호 강범구 류영하 심동현
펴낸이 성낙인
펴낸곳 서울대학교출판문화원

출판등록 제15-3호

주소 08826 서울 관악구 관악로 1
대표전화 02-880-5252 | 팩스 02-888-4148
홍보마케팅팀(주문 상담) 02-889-4424, 02-880-7995
이메일 snubook@snu.ac.kr
홈페이지 www.snupress.com

ISBN 978-89-521-1902-5 94350
978-89-521-1641-3(세트)

서울대학교 행정대학원 국가리더십연구센터
국가리더십연구총서 ⑩

해운항만정책의
역사적 변동과 전망

SHIPPING AND PORT
POLICY IN KOREA

이재균 주성호 강범구
류영하 심동현

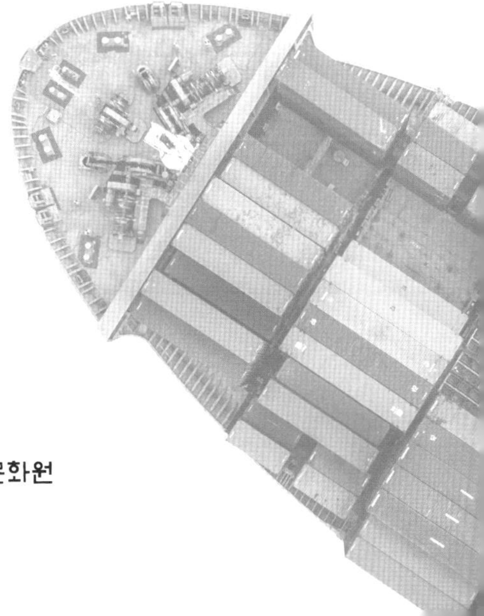

서울대학교출판문화원

머리말

해운항만정책은 해운과 항만, 해양, 해상안전 등을 포함하는 정부의 정책 영역이다. 이러한 해운항만정책을 정부가 수행하는 다양한 정책의 하나로만 이해하기에는 그 가치가 너무 크다 할 수 있다.

일찍부터 세계 각국은 바다를 이용하여 잘사는 길을 모색하였고, 해양자원의 선점과 개발, 해양영토의 확장, 자국 선박의 우월권과 무역권 확대 경쟁을 치열하게 전개하였다.

국토가 좁고 자원이 부족해 외부와의 연계 없이는 국가발전이 불가능한 우리나라에서 해운항만정책은 국가의 경제발전과 그를 통한 국민 행복의 추구에서 핵심적인 정책수단이 되어왔다. 정부가 추진해온 해운 및 해양 정책, 정부가 공급한 부두, 항만 등 사회기반시설은 우리나라를 현재와 같은 경제대국으로 키워내는 데 결정적인 영향력을 발휘하였다.

해운항만정책은 기회의 영역일 뿐만 아니라 대응의 영역이기도 하다. 각 국가는 해양환경 훼손의 증가와 기후변화에 따른 쓰나미 피해 등의 심각성을 인식하고 국제공조 협력 방안을 지속적으로 강구하는 등 해양으로부터 얻는 것만큼 책임과 의무도 증가해왔다.

특히 20세기 후반에 들어 미국과 유럽의 선진해양국을 중심으로 UN해양법협약을 제정하게 되었다. 이 법이 1994년부터 발효되면서 바다헌장의 제정과 국제해양질서를 바로잡기 위한 다양한 노력이 이루어지게 되었으며, 지구온난화와 기후변화에 따른 공동대응, 해양쓰레기 감축과 선박평형수 처리기준 마련 등 해양환경보호를 위한 국제협약을 제정, 강력하게 시행하는 등 그러한 책임과 의무는 더욱 가중되고 있다.

이 책은 해방 이후 우리나라 해운항만 관련 조직과 법·제도의 변화, 그리고 국내외 경제 및 해운항만 환경변화에 따라 관련 정책이 어떻게 변화를 겪어왔는지를 사료에 입각하여 구체적·체계적으로 정리한 하나의 결과물이다.

이 책의 집필진은 현장에서 해운항만정책을 직접 결정하고 집행했던 고위공직자들이다. 또한 관련 분야의 이론 전문가들이기도 하다. 따라서 이 책에서는 단순히 본 집필진의 공직 수행과정에서의 경험과 관찰만을 기록하는 것을 넘어 그를 이론적 차원에서 살피기 위한 노력도 아끼지 않았다.

특히 이 책은 이러한 해운항만정책의 역사적 변화를 백서와 같은 형태로 자세하게 기술하는 것은 피하고자 하였다. 오히려 거대한 시대적 변화에 따라 국정목표가 어떻게 바뀌는지, 그리고 변화된 목표를 달성하기 위하여 어떤 정책수단을 선택했는지, 그 변화의 역동적 과정에서 국가지도자에게 필요한 지혜를 배우고자 하였다. 나아가 21세기 신해양시대에 맞는 비전과 미래전략, 중점적으로 추진해야 할 과제와

2030 대한민국 해양의 미래상을 정립해보고자 하였다.

이 책이 장차 해운항만정책을 입안하고 집행하게 될 정책 실무자들, 이를 배우고 연구하는 학생 및 전문가들, 그리고 해운항만정책에 관심이 있는 일반 독자들이 우리나라 해운항만정책의 역사와 성과, 도전과 미래에 대한 이해의 폭을 넓힐 수 있는 작은 밑거름이 되기를 기대한다.

2018년 12월

저자를 대표하여

이재균

차례

3장 / 외항해운정책의 변화

심동현

2부 항만정책의 변화

4장 / 항만건설정책의 변화

강범구

5장 / 항만운영정책의 변화

류영하

3부 해양정책 및 해상안전정책의 변화

6장 / 해양정책의 변화

심동현

7장 / 해상안전정책의 변화

류영하

1장 /

총론

이재균 · 주성호

1. 해운항만정책의 중요성

우리나라는 1945년 광복 이후 남북이 분단된 상황에서도 제2차 세계대전 이후 독립한 국가 중에서 가장 근대화에 성공하고 비약적인 경제성장을 이룬 국가로 평가받고 있다. 좁은 국토면적과 부존자원이 빈약한 국가임에도 현재 1인당 국민소득 3만 달러 시대를 눈앞에 두고 있다.

우리나라가 이렇게 급성장한 이유를 여러 측면에서 찾아볼 수 있겠지만 우선 국민의 높은 교육열과 이로 인한 우수인재의 육성, 그리고 잘살아 보자는 국민적 열망을 들 수 있다. 이와 함께 국가발전을 위한 정부의 강력한 리더십과 효율적인 정책추진도 중요한 역할을 하였다. 특히 경제개발정책의 추진과 아울러 수출입 화물의 원활한 수송을 담당했던 해운항만의 역할은 1960년대 이후 우리 경제가 압축성장하는 데 결정적으로 기여했다고 볼 수 있다. 이는 남북분단 이후 우리나라가 세계로 나아갈 수 있는 유일한 탈출구가 바다였고 경제개발의 관문 또한 바다였기 때문이다. 우리는 바다를 통하여 수출대국의 꿈을 이루어나갈 수 있었고, 바다를 통하여 세계시장으로 진출할 수 있었다.

해양은 예로부터 한 민족의 흥망성쇠를 결정하는 중요한 열쇠로 인식되었다. 인류 역사를 보더라도 바다를 지배하는 자가 무역을 지배하고, 무역을 지배하는 자가 세계를 지배했음을 알 수 있다. 자국의 제한된 영토에서 생산되는 재화에 만족하지 않고 자국의 한계를 벗어나 바다를 통하여 좀 더 넓은 시장과 자원을 확보하기 위하여 고대 그리스 및 로마 제국과 15세기 이후의 영국, 포르투갈, 스페인, 네덜란드 등이 바다를 제패하기 위한 투쟁을 계속하였다. 20세기 이후 미국과 일본 등도 마찬가지라고 할 수 있다. 세계 역사상 진취적인 해양의식이 넘치는 나라는 찬란한 해양문화가 번성하고 국력도 강성했음을 보여

주고 그렇지 못했던 국가는 쇠퇴의 길을 걸었음을 잘 보여준다.

오늘날 국제사회에서도 해양개척은 국력신장의 지름길이 되고 있다. 우리나라는 지정학적으로 반도국가임에도 우리와 같은 반도국이었던 로마 제국이 해양 진출로 발전했던 것과 달리 대륙지향적이었다. 해양을 지배함으로써 한때 세계를 지배했던 스페인 및 영국 등과 달리 오히려 바다를 멀리하고 경시함으로써 세계로 나아갈 수 있는 진취성을 잃기도 하였다. 결국 이로 인하여 일본 등의 외세 침탈에 수없이 시달리게 되었다. 우리는 바다를 멀리하고 대륙지향으로 살아온 우리 민족이 세계사에서 주도권을 행사한 적이 한 번도 없었던 과거를 역사의 뼈아픈 교훈으로 인식할 필요가 있을 것이다.

우리나라는 2014년 현재 선복량 4,511만 4천 톤으로서 세계 제5위, 연간 처리하는 항만물동량은 14억 1,100만 톤 그리고 세계 5위의 연간 컨테이너 처리실적(2,541만 TEU) 등 세계적인 해운강국으로 자리잡고 있다. 또한 육지면적의 4.5배에 달하는 광대한 관할해역과 함께 1만 2,052킬로미터에 달하는 해안선, 국토면적의 3%에 달하는 세계 5대 갯벌자원 및 3,358개의 유인도서와 무인도서를 가지고 있다. 또한 지정학적으로 세계경제의 중심축으로 부상하는 동북아경제권의 구심점에 위치하는 등 모든 여건이 선택의 여지 없이 해양국가로의 발전전략을 수립하는 데 용이한 조건을 갖추고 있다.

해운항만산업은 세계경제의 대동맥이다. 전 세계 무역의 약 80%가 해운항만을 통하여 이루어진다. 다행스럽게도 우리나라는 20세기 후반 들어 경제적으로 무한한 가치를 지닌 바다를 이용하여 세계 5대 해운강국으로 진입하였고, 부산항도 세계적인 항만으로 발전하여 동북아 물류중심국으로서의 위상을 확보하고 있다.

이와 같이 바다는 우리나라 무역의 동반자로서 국가경제발전의 돌파구를 제공했을 뿐만 아니라 국익을 창출하는 원천이 되기도 하였다.

해운산업의 경우 2014년에 연간 266억 5,000만 달러의 외화가득액을 기록하는 등, 전후방 산업에 미치는 경제적 효과를 제외하고 그 자체로도 효자산업의 역할을 다하고 있다. 그뿐만 아니라 항만의 경우도 하역능력이 1945년 해방 당시 연간 겨우 1,000만 톤을 처리할 수 있는 수준이었으나 2014년에는 무려 104배나 늘어난 연간 10억 4,000만 톤의 하역능력을 보유하게 됨으로써 폭증하는 우리나라 수출입 화물의 처리에 중요한 역할을 하고 있다. 특히 부산항은 세계 제6위의 컨테이너 항만으로서 동북아 물류 중계기지로서의 역할을 다하고 있다.

바다는 국가 간의 교류를 원활하게 해주는 고속도로와 같은 역할을 한다. 전 세계적으로 볼 때 국가 간 무역에서 해운과 철도, 항공 및 도로 등이 수송수단으로 이용되고 있으나, 해운의 경우 수송비용이 저렴하고 또 일시에 대량의 화물을 수송할 수 있다는 장점이 있어 해운을 이용한 국가 간 무역의 비율이 점점 증가하고 있다. 특히 우리나라는 수출입 물동량의 약 99.7%를 해운에 의존하고 있는 실정이다. 우리나라의 수출입 물동량을 보면 1970년의 경우 2,200만 톤에 불과했으나 2014년에는 64.4배가 증가한 14억 1,590만 톤에 달한다. 우리 경제가 성장하는 데 이러한 수출입 화물의 적기 수송을 담당한 정부와 관련 종사자들의 숨은 역할이 있었음은 부인할 수 없을 것이다.

1960년대 경제개발 초기부터 우리나라 해운항만산업은 우리나라의 교역물품을 수송하는 데 그 역할을 다해왔을 뿐만 아니라 조선, 철강 및 반도체 등의 산업과 함께 주요 외화가득 산업이자 국가 기간산업으로서 국가발전에 큰 역할을 해왔다.

우리에게는 바다가 있고 해운항만산업이 발달해 있었기에 외국으로부터 철광석, 원유 및 석탄 등의 각종 원자재를 안정적으로 수입할 수 있었고, 우리가 생산한 수출상품도 우리나라 국적선을 이용하여 더 저렴한 수송비용으로 적기에 해외에 실어나를 수 있었다.

최근 세계 주요 국가들은 국가발전의 전제조건으로 저렴하고 안정적인 해상수송로 확보와 해운산업을 통한 국부 창출을 중요한 목표로 인식하고 다양한 해운정책을 개발하여 자국선대(船隊)를 확충하고 자국의 해운선사를 육성하고 있다. 그러나 우리나라 해운산업은 지난 2008년 하반기 리먼브라더스 사태 이후 계속되는 세계적인 경기 불황으로 경쟁력을 상실하고 위기에 처한 실정이다. 절대 강자만이 살아남는 세계 해운산업의 재편기를 맞아 우리 해운업체들은 세계 유수의 선사들과의 경쟁에서 힘겨운 싸움을 하고 있다. 세계적인 선사들은 이러한 해운산업 불황을 극복하기 위하여 선박의 대형화와 글로벌 서비스망을 구축하고 운항비용 절감을 위하여 노후화된 선박을 정리하고 친환경적인 선박으로 대체해나가고 있다. 또한 초대형 글로벌 선사 간에 전략적 제휴를 하는 등 앞으로 다가올 해운 호황기를 대비하고 있다. 그러나 현재 우리나라 해운업계는 장기불황이 지속되고 있어 미래에 대비하기보다는 유동성 부족 등으로 보유하고 있는 선박조차 매각하고 있는 실정이다. 5대양 6대주에서 벌어지는 무한경쟁에서 우리 해운업계가 살아 남으면 결국 우리의 경제영토를 넓히고 국력을 키울 수 있으므로 정부는 모든 정책적 지원을 아끼지 말아야 할 것이다.

이 책에서는 이처럼 중요한 해운항만정책을 그 핵심 세부정책들인 해운, 항만건설 및 항만운영 등의 분야로 구분하여 각 정책의 내용이 어떠한 과정을 거쳐 어떻게 변화해왔는지, 또 그러한 정책변화의 주요 배경과 함께 당시의 정책결정 담당자들이 어떠한 비전으로 이를 추진해왔는지를 살펴보고자 한다.

2. 해운항만정책 담당조직의 변화

광복 이후 70년이 되는 2015년 현재까지 우리나라 해운항만정책은 큰 변화를 겪어왔다. 그러한 변화의 흐름을 이해하기 위해서는 해운항만 정책을 담당했던 정부조직의 변화를 살펴볼 필요가 있다.

우리나라는 1948년 정부 수립 후 설립된 교통부에서 해운항만정책을 담당하게 되었다. 이때 설립된 교통부는 육운, 수운, 항공 등에 관한 사무를 관장하게 됨으로써 해운항만 관련 업무뿐만 아니라 육해공 각 부문의 교통 업무를 모두 관장하게 되었다. 교통부의 해운 관련 업무는 해운국에서 담당했는데 그동안 미군정 체제하에서 각 부처로 분산되었던 해운 관련 행정 업무를 일원화하고 일원화된 행정체계를 활용하여 적극적인 해운육성정책을 정부가 주도하여 해운업을 발전시키고자 하였다.

이 시기에 추진되었던 주요 정책 중 하나는 우리나라 외항해운업체 육성이었으며 이를 위해 정부도 많은 노력을 기울였다. 그러나 그 당시 민간업체의 규모가 워낙 영세하여 정부는 단기간에 목표를 달성하기가 어렵다고 판단하였다. 그리하여 우선적으로 해운업을 전업으로 하는 국영 기업체를 설립하기로 방침을 정하고 이를 적극 추진하여 1950년 1월 1일 대한해운공사를 설립하였다.

그러나 교통부의 경우 해운 업무뿐만 아니라 육운과 항공 업무 등 전반적인 교통 업무를 담당하고 있었고, 당시 교통부는 국유철도 업무와 육상교통행정 등에 치중하여 해운 업무는 상대적으로 소외될 수밖에 없었다. 이에 해운업계 등의 불만이 높아져 해운 업무를 전담하는 해무 단독의 청을 설립해야 한다는 요구가 높아졌다.

1954년 11월 정부조직법 개정 시 해운업계의 이러한 요구가 수용되어 1955년 2월 해무청이 설립되었다. 해무청은 상공부 산하의 독립 외청으로 설립되어 그동안 교통부 해운국이 수행해온 해운행정 전반에 관한 업무와 수산행정 그리고 항만건설 업무는 물론, 평화선[1]의 관리를 전담하였던 해양경찰대 업무 등을 통합하여 관장하게 되었다.

1955년 설립된 해무청이 해운항만 및 수산 업무 등을 관장했으나 1966년에는 수산청이 설립되어 수산 업무가 이관되기도 하였다. 그러나 1960년대 이후 우리 경제가 급성장함에 따라 수출입 화물의 해상수송량도 급속도로 증가하여 대부분 일제강점기에 건설된 항만시설만으로는 수출입 화물의 적기 수송이 곤란해졌고 대규모의 새로운 항만건설이 시급해졌다.

이를 해결하기 위해 정부는 항만건설을 서둘렀고 이에 소요되는 막대한 재원을 국내 재정으로는 조달하기가 어려워 해외에서 차관을 도입하기로 하였다. 세계은행(International Bank for Reconstruction and Development, IBRD)과 협의한 결과 IBRD는 차관을 제공하는 조건으로 우리 정부에 항만관리 시스템을 독립채산제인 항만공사(Port Authority)로 전환할 것을 요구하였고, 우리 정부는 일단 항만청이라는 독립 관청을 신설해 운영하다 항만관리권을 항만공사에 이관하겠다고 합의함으로써 1976년 항만청을 창설하게 되었다. 강창성 초대청장은 당시 최고권력자인 대통령의 신임하에 보안사령관직에서 예편한 이후 항만청장으로 부임한 인물이었다. 따라서 새로 출범한 항만청은 청 단위 기관이었지만 신임 청장의 강력한 리더십에 따라 차관사업으로 대규모 항만건설을 차질 없이 추진할 수 있었고, 각종 해운항만정책을 실행할

---

1 평화선은 1952년 1월 18일 이승만 대통령이 발표한 '대한민국 인접해양의 주권에 대한 대통령의 선언'에 의해 설정된 해역선으로, 흔히 '이승만 라인'이라고 한다. 일본과의 어업분쟁의 가능성을 방지하고 어업자원 및 대륙붕자원을 보호하기 위한 목적으로 설정되었으며, 이후 일본 및 영국, 대만 등 우방국들의 반발을 샀으며, 1965년 6월 한일어업협정 체결로 사실상 철폐되었다.

때도 어느 부처보다 적극적으로 추진할 수 있었다. 특히 강 청장은 이 시기 신설 부처로서 항만청의 발전을 위해 우수한 인력 확보가 무엇보다 중요하다고 판단하여 사무관 공채시험에 합격한 젊은 인재를 대폭 받아들였고, 그 후에도 공채 출신 사무관들을 대거 받아들였는데 이들은 향후 우리나라 해운항만 발전에 큰 역할을 하는 디딤돌이 되었다.

이듬해인 1977년 12월 정부조직법 개정으로 항만청은 부처 명칭을 해운항만청으로 개칭하고 항만건설과 항만운영 및 해운 업무 등 해사행정을 일원화하였다. 해운항만청은 부처 신설의 직접적인 배경이 되었던 부산항 건설 등 IBRD 차관사업은 물론 우리나라 해운산업 육성을 위해 중고선 도입, 계획조선제도 시행 및 자국의 화물은 자국 화물선에 실어야 한다는 자국화물자국선주의의 일환으로 웨이버(waiver) 제도를 시행하는 등 해운항만정책을 적극적으로 추진해나갔다.

그 후 1996년 8월 8일 정부는 해양대국 건설을 기치로 내걸고 해운항만청과 수산청 업무를 통합하여 해양수산부를 창설하였다. 그동안 해운항만 업무와 수산 업무는 청 단위 기관에서 각각 관장함으로써 해운항만과 수산 업무의 시너지 효과를 도모하기 어려웠으나 해양수산부로 통폐합되어 부처 단위로 승격됨으로써 장관 책임하에 관계 부처와 대등한 위치에서 더욱 강력한 해양수산 업무를 추진할 수 있게 되었다. 신상우 초대장관은 당시 대통령과 오랫동안 정치생활을 함께 한 인물로서 이러한 개인적인 인연을 바탕으로 정부 내에서 해양수산의 중요성을 강조하고 협조를 이끌어냄으로써 신설 부처였던 해양수산부가 빠른 시간에 위치를 확고히 하는 데 기여하였다.

한편 1994년 UN해양법협약이 발효됨에 따라 3면이 바다인 우리나라도 해양영토관리 등의 과제가 매우 시급한 실정이었으나 정부 내에 전담부처가 없어 효율적인 관리가 이루어지지 못하는 상황이었다. 그러나 1996년 해양수산부가 신설되면서 이러한 업무를 전담하게 됨으로써 해양수산부는 기존의 해운항만과 수산 업무는 물론 해양과학 기술 업무와 함께 UN해양법협약 발효로 인한 해양영토관리 업무까지 직접 하는 거대 미래부처로서 새롭게 출발하게 되었다.

해양수산부 창설 이후 우리나라는 세계 10대 해운항만 강국으로 자리매김하는 한편 남극과 북극 연구와 조사, 탐사는 물론 태평양 공해상의 심해저망간단괴 개발을 위한 8만 5,000제곱킬로미터의 광구를 확보하는 등 남극에서 북극에 이르기까지 적극적인 해양영토를 확보하기 위해 노력하였다. 또한 해양생명공학 기술개발 등 각종 해양과학 기술개발사업을 추진하여 미래 우리나라 먹거리 산업으로서의 해양개발을 착실히 추진해나가기 시작하였다.

이와 함께 해양수산부는 그동안 전통적으로 바다를 멀리하는 우리 국민에게 진취적인 해양사상을 고취시키기 위해 장보고를 재조명하는 사업을 전개하면서 자라나는 어린 세대를 대상으로 다양한 해양교육을 적극 추진하기도 하였다. 그리고 해양수산부 창설 이후 기존의 해운항만 업무와 수산 업무 외에 각종 해양정책의 경우 해양수산부 산하의 해양연구원과 해양수산개발원 등 관련 연구기관의 정책연구가 큰 뒷받침이 되었다.

그러나 2000년대 들어 해양수산부는 1996년 설립 이래 뿌리를 채 내리기도 전에 정권이 교체될 때마다 작은 정부 구현 등 정치적인 판단에 의하여 해운항만과 수산 업무가 분리되었다가 다시 결합되는 등 부처가 이합집산을 거듭하게 되었다. 1996년 부처 창설 이후 의욕적으로 추진해왔던 각종 역점사업들이 중단되거나 제자리에 머무는 등 부작용이 많이 나타나기도 하였다.

2008년에는 해양수산부의 해운항만과 해양정책 업무는 국토해양부로, 수산 업무는 농림수산식품부로 분리되었다. 물론 이로 인하여 국토해양부의 경우 그동안 해양수산부와 건설교통부로 나뉘어 있던 물류정책이 통합되어 시너지 효과를 가져오는 결과도 있었다. 그러나 2013년 또다시 새 정부가 출범한 이후 해양수산부로 재결합되어 오늘에 이르고 있다. 우리나라와 해양을 사이에 두고 있는 인근의 중국은 물론 일본의 경우 범정부적인 관심하에 해양대국 달성을 위해 그 중요성을 강조하고 적극적으로 사업을 추진하고 있는 현실을 감안할 때 우리나라도 이러한 국제적인 해양시대의 흐름에 뒤처지지 않도록 국가적인 차원에서 지혜를 모아야 할 것이다.

3. 주요 해운항만정책의 변동

우리나라의 주요 해운항만정책의 변동을 간략히 살펴보면, 우선 항만건설의 경우 1948년 정부 수립 이후 초기에는 일제강점기에 건설되었던 일부 전근대적인 항만시설을 이용하여 연근해 수송물자를 실어나르는 수준이었고 하역능력도 1,500만 톤에 불과하였다. 그러나 1960년대 이후 증가하는 수출입 화물의 원활한 처리를 위하여 적극적인 항만개발정책을 추진하였다.

제1차 경제개발 5개년계획 시에 공업항을 건설하기로 하고 항만건설을 본격적으로 추진한 이래 제6차 경제개발계획 기간을 거쳐 1992년부터 1996년까지의 신경제5개년계획까지 항만건설을 지속한 결과, 하역능력이 2억 9,525만 톤으로 증가하였고, 전국 항만에 선박 520척을 동시에 댈 수 있게 되었다. 항만건설 주체도 초기에는 정부가 재정을 투입하여 건설했으나 1994년부터는 대규모 투자사업에 재정수요를 민간에 개방하는 '사회간접자본시설에 대한 민간유치촉진법'을 제정하여 항만건설에 민자도 참여할 수 있도록 정책을 전환하였다. 1980년대 이후 항만화물의 컨테이너 수송이 보편화되고 물류시스템도 소

수 대형 항만과 피더망[2]을 이용하는 체제로 해상운송시스템이 변화함에 따라 항만건설정책 방향도 부산항 신항 등 3대 국책항만을 포함한 9대 신항만 위주의 건설로 전환되었다.

해운의 경우도 자국선자국화 정책에 따라 국적선 확보에 정책적 역량을 집중하였다. 국적선을 확보하기 위하여 정부는 계획조선자금 등을 대량으로 지원하였고, 국적취득조건부나용선제도 등을 활용하여 국적선사가 손쉽게 선박을 확보하도록 지원하기도 하였다. 1980년대에는 국적선사의 난립으로 해운업이 자생력을 잃자 정부가 나서서 해운산업합리화를 통하여 부실기업을 통폐합하기도 하였다.

또한 우리나라 외항해운업계가 치열한 국제경쟁에서 살아남을 수 있도록 선박톤세제도를 도입하기도 하였다. 이 제도는 해운기업에 대하여 영업이익이 아닌 운항선박의 순톤수와 운항일수를 기준으로 과세하는 제도이다. 당초 유럽의 해운선진국들이 자국선박의 해외 이적을 방지하기 위하여 특별히 해운업계를 대상으로 적용하는 법인세 과세표준 특례제도였으나, 우리나라도 이 제도를 도입하여 결과적으로 많은 국적선사의 경영안정에 도움이 되었다.

항만운영에서도 크고작은 정책변화가 있었다. 그동안 항만은 국가가 건설하고 국가가 운영하는 국유국영정책이 지속되어왔으나 1980년대에 이르러 항만운영의 효율성을 도모하기 위하여 항만운영을 민간에 이관하는 국유민영시스템을 도입하였고, 1990년대부터는 민간이 건설하고 민간이 운영하는 시스템으로 변화하기 시작하였다. 2000년대에 들어서는 정부로부터 독립된 기관이 국유 항만시설을 무상으로

2 일반적으로 컨테이너 정기선 서비스는 모선이 기항하는 주요 항구와 주요 항구를 연결하는 간선항로에서 이루어지는데, 간선항로의 기항지에서 떨어진 국내 혹은 인근의 외국항과 모선이 기항하는 간선 기항지 사이에서 이루어지는 보조적 지선수송을 피더서비스(feeder service)라고 하며, 그러한 피더서비스가 이루어지는 선로를 피더망이라고 한다.

임대받아 항만별로 독립채산제 방식과 상업적 원리를 도입하여 항만 관리운영 및 개발 업무를 자율적으로 수행하도록 하는 항만공사제도를 도입하였다. 2004년 부산항만공사를 시작으로 인천, 울산, 그리고 2011년에 여수광양항만공사 등 현재 4개의 항만공사가 운영되고 있다. 그러나 항만공사제도는 당초 정부가 기대한 효과보다는 운영상 많은 문제점이 노출되고 있어 개선이 시급한 실정이다.

1994년 UN해양법협약 발효 이후 우리나라 해양정책은 큰 변화를 맞이하게 되었다. UN해양법협약 발효는 21세기 세계의 문명과 역사를 해양의 시대로 바꾸어가도록 요구하였다. 해양은 이제 단순히 세계무역의 대동맥으로서의 수송수단일 뿐만 아니라 21세기 인류가 직면하게 될 자원고갈과 지구환경 변화 등의 많은 문제를 해결해줄 수 있는 지구상의 유일한 미개척 영역으로 인식되고 있다. 세계는 해양 분할 관리의 시대로 접어들었고, 해양을 국가번영과 경제발전의 새로운 장으로 재인식하고 있다. 이처럼 해양에 대한 가치가 재인식됨에 따라 이러한 세기적 변화를 사전에 준비하는 국가만이 해양경쟁시대를 이겨나갈 수 있다는 판단 아래 우리나라도 1996년 해양수산부로 정부조직을 확대 개편하고 이를 위한 다양한 정책을 개발, 시행해나가고 있다. 우리나라는 200해리 배타적경제수역(EEZ)에 따라 해양관할권을 확장해나가고 있고 태평양 심해저 자원 탐사, 남극세종기지와 장보고기지 건설 및 운영 등을 통하여 사실상 해양 영토를 넓혀가고 있다. 인류의 공동자산이던 해양은 이제 누가 얼마나 많이 확보하고 잘 이용하느냐에 따라 한 국가의 발전 여부를 결정짓는 열쇠가 되어버린 시대가 도래한 것이다.

미국의 케네디 대통령이 1960년 '해양개발선언'을 발표하면서 "우리가 바다를 알고자 하는 것은 단순히 호기심 때문이 아니라 거기에 우리의 생존이 걸려 있기 때문이다"라고 하였듯이 최근 세계 각국은 단순히 경제적 차원을 넘어서 생존 차원에서 바다에 접근하고 있다. 우리가 1960년대 이후 '한강의 기적'을 일구어냈듯이 21세기 해양강국 건설을 통해 다시 한 번 '바다의 기적'을 실현해나가야 할 것이다.

1부

해운정책의 변화

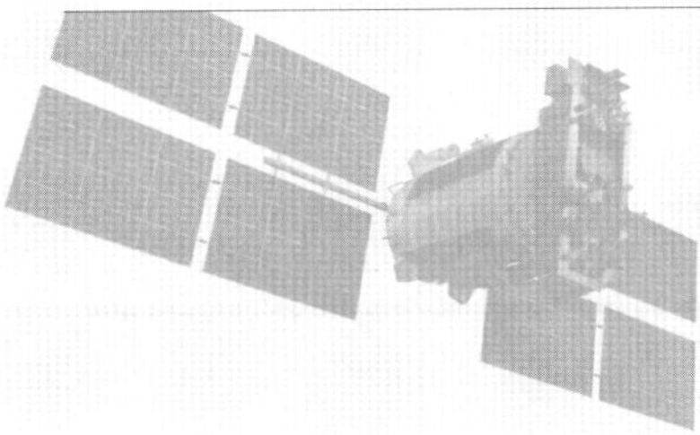

2장 연안해운정책의 변화
_주성호

3장 외항해운정책의 변화
_심동현

통일신라시대 동아시아의 해상왕 장보고를 비롯하여 해상무역으로 출발하여 고려를 건국한 태조왕건에 이르기까지 바다와 해운은 우리 역사의 융성기에 빼놓을 수 없는 중요한 역할을 해왔다.

그러나 조선시대에 이르러 국가발전전략이 해양지향적이기보다 내륙지향적이었고, 왜구의 잦은 출몰에 따른 피해가 증가함에 따라 해상운송이 위축되면서 일제강점기를 거쳐 해방을 맞을 때까지 우리나라 해운은 정체기에 빠지기도 하였다.

최근 우리나라를 비롯한 주요 해운국가들은 국가발전의 전제조건으로 수송비용이 저렴하고 안정적인 해상수송로의 확보와 함께 해운항만산업을 통한 국부 창출을 국가정책의 중요한 목표로 인식하고 다양한 정책을 시행하고 있다. 심지어 바다에 접한 연안국뿐만 아니라 내륙국가인 몽골이나 카스피해 연안국가들까지도 자국에서 생산되는 각종 자원을 해상으로 수송하기 위하여 다양한 방법을 강구하고 있다.

해운항만산업은 선박 확보와 항만건설에 대규모의 자본과 시간이 소요되고 또 국가 간의 경쟁 또한 심화되고 있어 단기간에 발전시키기는 어려운 분야이다.

이러한 상황에서 우리나라 해운산업이 현재 선복량(배의 총 적재 능력) 세계 5위를 기록하고 있고, 항만의 경우도 세계 6위의 컨테이너 물동량을 처리하고 있는 부산항을 비롯하여 광양항, 인천항, 울산항 등이 세계적인 경쟁력을 갖추고 있다. 그뿐만 아니라 연안해운의 경우도 2015년 현재 2,100여 척의 화물선이 연간 1억 8,000만 톤의 화물을 수송하고 있어 대외의존도가 높은 우리 경제의 현실을 고려할 때 다행스러운 일이 아닐 수 없다.

우리나라는 지난 1945년 정부 수립 이후 70여년 만에 압축적인 경제성장을 통하여 2011년에 이미 세계에서 아홉 번째로 무역규모 1조 달러를 돌파하였고, 지금은 1인당 국민소득이 3만 달러에 육박하는 경제대국으로 성장하였다.

이러한 국가발전의 배경에는 그동안 수출입국이라는 국가발전 목표를 뒷받침해온 해운항만산업이 매우 중요한 역할을 하였음을 부인할 수 없을 것이다.

1부에서는 이러한 의의를 갖는 해운정책을 그 정책대상 영역에 따라 연안해운과 외항해운으로 구분하여 살펴보기로 한다.

2장 /

연안해운정책의 변화

주성호

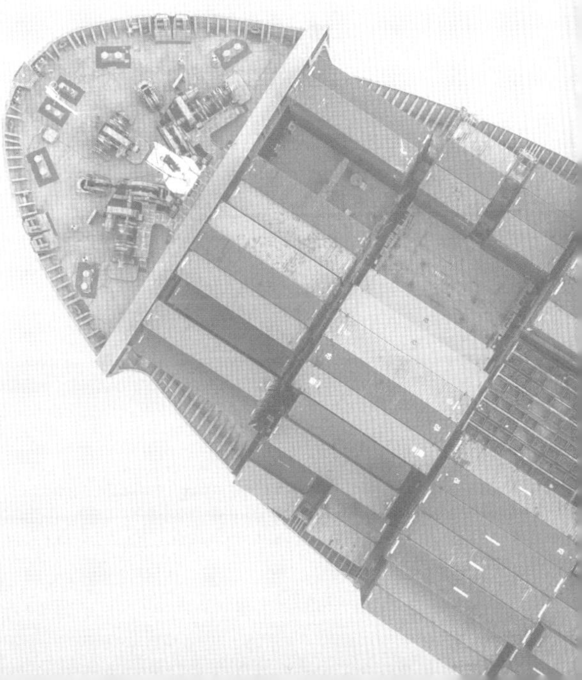

1. 서론

이 글에서는 1948년 정부 수립 이후 현재까지 시기별로 연안해운정책이 어떻게 변해왔고 그러한 정책변화의 원인은 무엇이었는지를 살펴보고자 한다. 시기별 정책변화를 살펴보는 데 앞서 연안해운정책을 담당하였던 정부 행정조직의 변화를 살펴보면, 우리나라 해운 관련 정부조직은 1948년 정부 수립 후 중앙부처의 경우 교통부 해운국에서 담당하게 되었고, 지방행정조직은 부산, 인천, 군산, 목포, 여수, 통영, 포항, 제주, 마산, 삼천포 등 10개 지역에 지방 해사국을 설치하여 관장하게 되었다.

그러나 해운행정은 물론 철도 및 도로행정을 총괄하는 교통부 체제하에서는 해운 업무가 상대적으로 소홀하게 다루어진다는 의견에 따라 1955년 상공부 산하에 독립 외청인 해무청을 설치하여 해운, 항만 및 수산 업무와 해양경비 업무를 전담하였다. 그 후 1966년에는 수산 업무를 전담하는 수산청을 독립시켰고, 1976년에는 경제개발 5개년계획 등의 시행과 이에 따른 수출입 물동량의 지속적인 증가 등에 대응하고, 한편으로는 항만건설자금을 도입하였던 IBRD가 정부의 일반회계 예산과는 별도의 독립회계를 요청해옴에 따라 독립 외청인 해운항만청을 설립하여 수출입 화물의 적기 수송을 위한 외항해운은 물론 국내 화물수송과 섬주민들을 수송하기 위한 연안해운 및 항만건설과 운영 업무 등을 전담케 하였다. 그 후 1994년 11월 16일 UN해양법협약의 발효에 따라 해운 업무를 포함하여 항만과 수산 업무는 물론 새로이 해양영토와 해양개발 업무 등을 통합하는 통합해양행정을 구현하기 위하여 1996년 8월 8일 해양수산부를 발족하였다. 그러나 2008년 작은 정부 구현을 위한 정부조직법의 개정으로 또다시 해운 및 항만 그리고 해양 업무는 국토해양부로, 수산 업무는 농림수산식품부로 통폐합되어 분할 관장하게 되었다가, 2013년 정부조직법의 재개정으로 해양과 해운항만 및 수산 업무 등을 총괄하는 해양수산부로 환원되기도 하였다.

해방 이후 현재까지 연안해운정책의 발전과정을 살펴보는 데 있어서 다양한 형태로 시기를 구분할 수 있겠지만 여기서는 편의상 해방 이후부터 현재까지를 크게 3단계로 나누어 살펴보도록 하겠다. 우선 정부 수립 이후 1987년까지의 산업화 시기를 제1단계로, 1988년부터 1997년까지의 민주화 시기를 제2단계, 마지막으로 1998년 경제위기 이후부터 현재까지의 개방화 시기를 제3단계로 구분하기로 한다. 그러나 제2단계와 3단계의 구분에서는 1996년 해양수산부 설립 이전과 이후의 정책 수립 및 집행에서 큰 변화가 있어 해양수산부 설립 이전인 1996년까지를 제2단계, 그 이후를 제3단계로 구분했음을 밝힌다.

일반적으로 산업화 시기는 대통령과 공무원이 중심이 되어 정책목표를 설정하고 이를 일사불란하게 집행하였던 시기로 볼 수 있으며, 이 시기 연안해운정책 분야도 다른 분야와 마찬가지로 증가하는 해상수송 물동량을 원활하게 운송하기 위한 선박 확보를 위하여 전담조직을 설립하고 범정부적 지원정책을 강구하는 등 정부 주도의 적극적인 연안해운정책이 시행되었던 시기라고 볼 수 있다.

그 후 1988년부터 1997년까지의 민주화 시기는 다양한 이익집단과 NGO, 전문가는 물론 국회의 적극적인 입법활동 등으로 정책을 수립함에 따라 참여자가 확대되는 시기였으며, 연안해운 분야도 이 시기에 대폭적인 규제완화가 이루어졌다.

1998년 경제위기 이후부터 현재까지의 개방화 시기에는 연안해운 분야에서 다양한 국내외 이해관계자와 전문가집단 외에도 국제기구는 물론 글로벌 경제체제에 알맞은 방향으로 개방화와 자율화가 이루어지고 있을 뿐만 아니라 이러한 개방화로 인한 영세 연안해운업계의 생존을 위하여 다양한 정책지원이 마련되었던 시기라고 볼 수 있다.

2. 산업화 시기의 연안해운: 해방 이후부터 1980년대 중반까지

1960년대 이후 우리나라는 급속한 산업화로 인해 해상수송 물동량이 급증함에 따라 이를 수송하기 위한 선박 확보가 시급한 과제였다. 따라서 정부는 적극적인 선박확보정책을 추진하였고 그 결과 상당한 성과를 거두었다. 이로 인해 1960년대 이후 우리나라 경제가 발전하는 데 큰 밑받침이 되었으며, 우리나라가 해운강국이 되는 데 중요한 기반이 되었다. 해방 이후 1946년 당시 우리나라의 선복량은 13만 7,000G/T에 불과하여 오늘날의 대형선박 1척에도 못 미치는 형편없는 실정이었다. 그러나 2014년 말 현재 우리나라 선복량은 총톤수 기준으로 4,511만 4,000G/T에 이르러 무려 344배나 증가하였으며, 이 중 연안화물선은 2,083척/191만 9,000G/T에 이르고 있다. 참고로 연안여객선의 경우 2014년 말 현재 총 173척의 여객선이 운항하고 있다.

1) 연안화물선의 확보

정부 수립 이후 오랫동안 우리나라는 산업이라고 할 만한 것도 없어서 수송화물도 적었을 뿐 아니라 생필품 수송의 경우도 연안해운보다는 도로와 철도 등이 상대적으로 발달되어 화물전용의 해상운송시장은 그리 발달하지 못한 상황이었다. 6.25전쟁 중에는 이러한 화물선들이 국가에 동원되어 전쟁물자를 수송하는 한편, 난민구호 및 생필품 수송에 이용되기도 하였다. 그러나 1960년대 들어 경제개발계획에 따라 산업화가 진행되면서 이에 필요한 기초 원자재인 시멘트, 무연탄, 유류, 철강재 등의 국내 유통물동량이 증가하게 되었고, 이러한 대량화물의 경우 육상교통 수단보다 연안해상 수송이 비용이 저렴하고 효율적이었으므로 정부는 해상수송력 강화, 즉 선박 확보를 위한 각종 정책의 수립 및 집행을 적극 추진하였다.

구체적으로 1948년 정부 수립 이후 1960년대 이전까지는 우리나라 연안해운정책의 태동기로서 이 기간의 해운정책은 크게 두 가지로 분류할 수 있다. 첫째, 미군정체제하에서 각 부처로 분산되었던 해운행정 업무를 교통부로 환원하여 일원화시키는 해운행정 일원화와 함께 일원화된 행정체계를 활용하여 정부 주도로 적극적인 선박 확보 등 해운육성정책을 시행하였다. 이 시기 신생 대한민국 정부는 우리나라가 해외로 뻗어나가기 위해서는 해운을 적극 육성해야 한다고 판단하였다. 그러나 아직까지 민간해운 분야는 황폐화된 상태로 방치되어 있었기 때문에 우선 정부의 행정체제를 일원화하여 정부 주도로 적극적인 해운육성정책을 펼치기로 방침을 정하고 해운행정 업무를 교통부로 일원화하였다. 이와 함께 해운산업을 발전시키기 위하여 우선 연안해운과 근거리 외항항로의 경우 순수한 민간해운업을 바탕으로 육성해나간다는 방침하에 선박관리법을 제정하여 그동안 무질서하게 얽혀 있던 해운업계를 정부 관리하에 정비하였다. 그리고 외항해운의 경우 정부 주도로 우리나라의 대표적 해운회사(leading company)를 설립·육성하기로 정책방향을 세우고, 1950년 1월 1일 국영공사인 대한해운공사를 설립하였다(한국해운조합, 2012: 137).

1962년부터 추진된 경제개발 5개년계획에 따라 해운수송 수요가 점차 증가하게 되어 연안해운 분야에서는 내항선의 선질개량사업 및 선복 확충과 노후선박 대체사업에 주력하였다. 이를 위해 먼저 정부보유 외화대출 500만 달러를 활용하여 대형 중고선을 도입한다는 정책에 따라 1만 3,000톤급 세종호를 비롯하여 대형 중고선을 다수 도입하였다. 이와 함께 조선장려법에 의한 중형 선박의 건조 및 1965년 한일국교 정상화로 인한 대일청구권 자금을 활용하여 선박을 도입하는 등, 늘어나는 해상수송 수요를 효율적으로 대응하기 위해 다양한 선박확보정책을 적극적으로 추진하였다.

이러한 정부정책 자금에 의한 선박 확보와는 별개로 1960년대에는 민간 해운업계도 스스로의 힘으로 자금을 차입하여 일본 등지로부터 중소형 선박과 중고선박을 인수하는 등 규모를 갖춘 상업적인 해상운송사업자도 나타나면서 해운국가로서의 기틀을 다져나갔다(한국해운조합, 2012: 160-161).

1970년대 들어서면서 급증하는 연안화물의 증가 추세에 대비하고 아울러 철도와 도로 이용의 편중현상을 완화하기 위해 새로이 계획조선제도를 적극 활용하여 선박을 확보하고 금융조건의 개선과 조세 감면으로 연안해운업계에 대한 지원을 강화해나갔다. 특히 1976년 이후 연안해상화물의 수송 수요가 크게 늘어나면서 1977년부터는 연안해운선박도 계획조선제도에 새로 포함되어 신조할 수 있게 되었고, 1985년 말 현재 계획조선에 의해 건조된 내항선박은 일반화물선 66척/6만 4,130G/T, 유조선 27척/3만 4,582G/T, 예부선 49척/4만 3,801G/T 등 총 142척, 14만 2,513G/T에 이르러 계획조선제도가 이 시기 연안화물선 확보에 절대적인 기여를 했다고 볼 수 있다(해운항만청, 1986: 195).

이 시기에 선박 확충을 위해 정부가 실시한 계획조선제도는 총 선박가격의 10%를 선주가 자기자금으로 부담하고 나머지는 정부가 지원하는 것으로서 3년 거치 5년 분할상환, 연리 9%의 조건으로 1977년부터 연안화물선에도 적용하기 시작한 제도이다(해운항만청, 1986: 194).

정부는 선박 확보 등을 위해 계획조선사업 이전에도 노후화된 국내 선박의 질적 개량과 조선산업 장려를 목적으로 장기간에 걸쳐 선질개량사업(1964~1974)과 노후 대체선 건조사업(1955~1973)을 시행해왔으나, 1975년부터 이러한 사업은 모두 종료하고 조선산업과 해운산업을 아울러 육성할 수 있는 계획조선사업으로 그 시책의 방향을 전환하였다.

당초 정부가 계획조선제도를 도입하게 된 배경에는 1973년 말 불어닥친 석유파동(oil shock)이 있었다. 그동안 고공행진을 계속하던 우리나라 조선산업이 원유 수요가 급속도로 감소하자 세계적인 선사들이 우리나라 조선소에 발주하였던 유조선 건조계약을 일방적으로 취소했고 건조된 선박의 인수도 거부하는 사태가 발생하였다. 이에 정부가 직접 나서서 조선산업을 살리기 위해 다양한 대책을 강구하게 되었는데 그중 조선소의 일감 확보 방안의 하나로 당시 마련 중이던 국민투자기금을 조선 부문에 집중 배정하도록 하였다. 이를 위해 1976년 '해운, 조선 종합육성방안'을 수립하여 우리 선박은 우리 조선소가 건조하고 우리 화물은 우리 선박이 수송한다는 정부정책을 수립하고 구체적인 실천방안으로서 계획조선제도를 마련하여 시행했던 것이다.

1980년대에는 연안해운 분야에도 계획조선정책 등으로 인하여 선박 확보가 이루어지면서 1986년부터 1995년까지 계획조선에 의한 건조실적은 72척/7만 6,764G/T의 실적을 달성함으로써 연안해상수송의 주요 화물인 석유류, 시멘트, 무연탄과 철강 등의 전략물자 수송이 차질 없이 이루어질 수 있었다. 1976년부터 1985년 기간에 연안해상물동량은 연평균 11.43%의 높은 성장률을 나타냈으며, 1985년의 총 연안화물은 3,376만 6,000톤에 달하였다. 이 중 석유류, 시멘트, 무연탄, 철강재가 대부분이었고 이를 제외한 기타 화물은 26.5%에 불과하였다. 그러나 우리나라 전체 국내 화물수송량에 대한 연안해상수송 분담률은 여전히 14.3%로서 저조한 실정이었다. 여러 가지 원인이 있었겠지만 주된 원인은 연안해운의 수송력이 여전히 미약했기 때문이라고 할 수 있다.

이 시기에는 연안운송화물이 바닷모래와 철강재 등 종류가 다양해졌으며, 특히 건축경기의 활성화로 인하여 바닷모래 등의 수송수요가 폭증하였다. 따라서 정부에서는 일반 화물선뿐만 아니라 이를 수송하기 위한 새로운 선박 형태인 부선도 운항할 수 있도록 제도적으로 보완하였다. 얕은 흘수 해역에서 대량운송이 용이한 바지선을 활용하기 위해 정부는 1980년 9월 25일 해운항만청 고시 제113호로 종래 하역작업에만 이용해온 부선을 연안 운항사업 면허 대상에 포함시켜 운항할 수 있도록 함으로써 국내 건설물자의 원활한 수송은 물론 연안해운산업도 활성화해나갔다. 1981년 이후 등장한 예부선은 1985년 말 현재 197척/9만 7,878G/T에 이르렀는데 모래는 물론 철강제품 등의 수송에 큰 역할을 하였다. 참고로 전국 예부선의 경우 철강 생산지인 포항에 30척/2만 9,661G/T이 소재하여 척수로는 19.2%, 톤수로는 30.3%에 이르러 대형 예부선은 주로 포항을 중심으로 운항되고 있었다(해운항만청, 1986: 192).

2) 연안여객선의 현대화

1960년대에는 도서지방 주민들은 육지와의 연결수단을 대부분 여객선에만 의존하고 있었고, 점차 육지와의 인적·물적 교류가 확대됨에 따라 정부는 연안여객선 확충에 정책을 집중하였다. 여객선 선박 척수는 일부 확대되고 있었으나 여객선 접안시설이 열악하고 선박의 안전장비 및 여객선 안전운항관리는 여전히 사각지대에 놓여 있는 실정이었다. 해방 이후 우리나라 여객선 항로의 특징은 본토와 연안 간이나 본토와 섬 사이를 연결하는 항로의 길이가 그리 길지 않고 이용객도 많지 않아 중소형 선박이 대부분이었다. 특히 1960년대 초반까지만 해도 우리나라 연안여객선은 소형 목선이 대부분이었다. 그러나 소형 목선인 여객선은 사고도 잦을 뿐만 아니라 날씨가 좋지 않을 때는 여객선을 운항할 수가 없어 섬 주민들의 생활에 불편을 초래하였다. 1960년대 10년 동안 새로 만들어 취항시킨 여객선은 모두 50척에 7,000여 총톤에 이르렀는데, 이들 선박 대부분은 강선으로 디젤엔진을 추진기관으로 장착하는 등, 그동안의 노후 소형 목선 위주의 여객선에서 탈피하기 시작하였다. 특히 이 시기에 정부가 주체가 되어 국영기업체인 대한해운공사로 하여금 900톤급 여객선을 새로 만들어 부산과 제주 및 부산과 일본 간에 취항시키기도 하였다. 이와 함께 정부에서는 연안여객사업자에게 자금을 지원하여 직접 새로운 여객선을 만들어 운영할 수 있도록 지원하였다. 또한 여객선용 석유류에 대한 면세조치를 위하여 조세감면규제법을 개정하는 등 연안해운산업 육성을 위한 다각적인 정책을 시행하였다.

1970~1980년대 들어 정부는 조선공업육성자금과 기계공업육성자금을 활용하여 새로 만드는 선박(신조선)에 대한 지원자금을 대량 방출하였다. 여객선의 질을 향상시키기 위한 노후 여객선 대체건조에 우선권을 부여하여 여객선 현대화를 지원하는 한편, 조선산업과 기계 관련 산업을 아울러 육성하는 정책을 추진하였다. 이러한 과정을 거쳐 연안여객선이 단순히 도서지방 주민들의 생활교통수단으로서뿐만 아니라 해상관광객을 수송하는 수단으로도 이용됨에 따라 해상교통관광 시대를 열게 되었다. 1976년 해운항만청 설립 이후에는 연안여객 항로의 경우 생활교통에서 관광항로로 전환되는 추세에 맞게 여객선 선종을 다양화하는 정책을 시행하였다. 이를 위하여 카페리나 차도선과 같은 선박들이 대거 등장하였고, 섬 관광이 활성화됨에 따라 고속여객선과 초고속여객선이 주요 관광항로의 교통수단으로 새로 등장하면서 연안

재래여객선은 감소하기 시작하였다. 이 결과 1977년 4월에는 부산과 제주 항로에 그 당시로서는 상당히 큰 선박이었던 3,800톤급 전천후 카페리가 투입되어 운항시간이 종전 17시간에서 11시간으로 단축되어 제주지역의 관광개발에 크게 기여하기도 하였다. 이어서 같은 해 4월 포항과 울릉도 간 항로에 시속 20노트의 쾌속선이 투입되어 운항시간을 종전의 10시간대에서 6시간대로 단축시켰고, 부산과 여수 간 항로에도 초쾌속선이 새로 투입되었고, 1979년 4월 완도와 제주 간에 쾌속선이 투입되어 1시간 40분 만에 주파함으로써 우리나라 육지 본토와 제주 간을 해상에서 2시간대로 연결할 수 있게 되었다.

이와 같이 1970년대와 1980년대에 연차적으로 전국 주요 연안항로에 최신형 쾌속선과 전천후 카페리 선박을 취항시킴으로써 본토와 제주도, 본토와 울릉도, 다도해 해상국립공원 등 전국의 해안 관광지를 연결하는 연안여객항로가 개발되었다. 이와 함께 이 시기의 여객선은 선박의 대형화뿐만 아니라 그에 걸맞은 선박 내부 설비도 1960년대에 비하여 획기적으로 개선되기 시작하였다(한국해운조합, 2012: 234).

3) 연안여객서비스의 확충

1960년대 초반 연안여객운송사업은 영세업자들이 운영주체가 되어 있었기 때문에 해상여객을 위한 대합실조차 갖추지 못하던 실정이었다. 당시 주무부처였던 교통부는 이러한 문제를 해소하기 위하여 1962년 3월 한국해운조합의 발족과 더불어 임해지역의 국유지를 무상임대하여 해운조합으로 하여금 여객공동대합실을 건립하도록 하였다. 그 결과 1995년까지 전국 11개 항에 12개 여객터미널이 건설되었다. 그 이전까지만 해도 터미널이라고 부르기가 민망할 정도로 열악한 시설이었으나 부산항, 제주항 등의 주요 항만에 냉난방 시설 등을 갖춘 터미널이 신축됨으로써 해상교통 이용객에게 좀 더 안락한 서비스를 제공하게 되었다. 이와 함께 여객선을 이용하는 도서지방 여객들에게 편의를 제공하기 위하여 해운조합 주관으로 1995년 말 현재 1일 50편 이상의 여객이 이용하는 18개소의 도서지방 기항지에 전액 국고를 지원하여 간이터미널을 건설, 운영하도록 하였다(해양수산부, 1996: 197).

4) 여객선 안전관리

1970년 12월 14일 여객선 남영호 침몰사고(여객 309명, 선원 14명 사망), 1971년 1월 7일 등 제18질자호 사고(31명 사망), 1973년 1월 25일 한성호 사고(95명 사망) 등 1970년대 초반 대형 여객선 사고가 연이어 발생하자 정부는 이에 대한 대책으로 여객선안전관리제도를 도입하였다. 〈표 2-1〉에서 보듯이 1966년부터 1975년 사이 10년간 여객선 해난사고는 총 45건이 발생하여 611명의 사망자가 발생하였다.

1970년 12월에 발생한 여객선 남영호 사고 등을 계기로 정부는 그동안 해난사고의 주요 원인으로 대두되었던 상습적인 과적과 과승을 예방하기 위해서는 사업자가 1차적으로 안전관리 책임을 져야 한다는 판단하에 1972년 12월 해상운송사업법 중 일부를 개정하여 여객선운항 안전관리제도를 도입하고 사업자 단체인 한국해운조합으로 하여금 이를 운용케 하고, 해운조합은 1973년부터 여객선안전운항관리자를 구분선임하여 이들로 하여금 여객선 운항관리 업무를 담당하도록 하였다. 즉 당시 관할부처였던 교통부에서는 해난사고 대부분이 과승과 과적에 기인하며 정부의 지나친 관여로 여객선 안전운항관리에 주객이 전도되었다고 판단하고 사업자 위주의 안전관리체제로 정책 전환을 시도하였던 것이다.

이에 따라 1974년 12월 15일부터 부산을 비롯한 전국 주요 항만

〈표 2-1〉 여객선 해난사고 현황(1945~1995)

구분	'45~'55	'56~'65	'66~'75	'76~'85	'86~'95	계
사고건수	9(3.8%)	10(4.2%)	45(18.8%)	17(7.1%)	158(66%)	239(100%)
사망자 수	862	154	611	28	83	1,738

출처: 해양수산부(2013), 『해양수산백서』.

11개 지역에 운항관리자 17명을 배치하여 운영을 개시하였다. 이듬해인 1974년 8월 17에는 여객선 운항관리 업무의 근간이 되는 여객선운항관리규칙을 제정하여 주무관청 감독하에 한국해운조합으로 하여금 이를 운용케 하였다. 1976년 해운항만청 발족 이후 해난사고 예방을 위하여 여객선의 안전과 관련된 관계법령을 제정 또는 개정하여 시행한 것을 비롯하여 매년 해상안전대책을 수립하여 여객선 안전운항에 노력하였다. 정부는 1984년 10월 26일 '여객선 안전운항 업무지침'을 구체적으로 제정·시행하기도 하였다. 이와 함께 해상교통안전을 위한 교육과 훈련, 캠페인 등을 수시로 개최하였고, 여객선의 안전운항을 돕기 위하여 수송통제실과 여객선 간 원활한 정보교환을 위해 전 여객선을 대상으로 무선통신시설을 갖추도록 하였다(해운항만청, 1986: 201).

5) 낙도보조항로제도의 도입

우리나라 연안에는 3,358개의 크고 작은 섬들이 있으며 그중 유인도서는 482개에 달한다. 도서민들이 섬을 생활 근거지로 하여 생활하기 위해서는 무엇보다도 육지와의 생활교통이 편리해야 하는데 이는 마치 도시생활에서 대중교통수단의 중요성과 다를 바 없다.

육지에서 멀리 떨어져 있고 상주인구도 많지 않은 낙도의 경우 채산성이 맞지 않아 여객선의 취항이 어려우므로 이들 주민의 교통 편의를 위하여 해운항만청은 여객선 업자의 운항비 손실을 보조해주는 대책으로서 낙도보조항로제도를 마련하고 시행하였다. 주요 내용은 일정한 유인도서에 여객선의 취항이 필요하나 채산성이 없어 여객선 운항을 기피하는 경우 사업자가 여객선을 우선 투입하고 그에 따른 운항 결손을 정부에서 보전해주거나 정부가 적정규모의 여객선을 직접 건조하여 이를 여객선 업자에게 무상으로 제공하면서 적정비용을 지원하는 정책이었다. 이러한 조치는 도서주민을 위한 국가적 차원의 복지정책이자 해양영토관리 차원으로서 낙도 주민에게는 꼭 필요한 정책이기도 하였다.

이를 구체적으로 실천하기 위하여 정부는 낙도 도서지역의 주민을 위하여 1956년 12월 7일 대통령령인 낙도보조규정을 공포 시행하여 도서에 여객선을 취항시키고 국고에서 보조금 일부를 지원하였는데 이것이 낙도보조항로 개발정책에 따른 정부의 첫 번째 정책이었다. 1976년 해운항만청 발족과 더불어 정부는 제4차 경제개발계획과 병행하여 1977년부터 1981년까지 5년간 우리나라 전체 유인도서의 여객선 항로 개발을 내용으로 하는 낙도교통개발계획을 수립·추진하였다. 이러한 정책시행 결과 1985년 말 현재 348개 유인도서에 정기여객선이 취항하게 되었고, 나머지 유인도서에는 지방행정선 또는 도선이 운항하게 되었다. 1985년 말 현재 낙도보조항로의 연간 여객 수송실적은 53만 9,000명을 기록하였다. 낙도보조항로를 운항하는 여객선 41척 중 국가 건조선박은 모두 21척이었다(해운항만청, 1986: 180).

3. 연안해운정책의 발전: 1988년부터 1996년 8월 해양수산부 설립 이전까지

이 시기에는 연안해운 분야에서 증가하는 국내 육상수송화물의 연안해송 전환을 위한 범정부적인 강력한 대책이 대통령 직속기구인 국가경쟁력강화위원회를 중심으로 새로 마련되고 시행되었다. 이 시기에 도로와 철도는 이미 수송능력이 한계에 이르렀기 때문에 증가하는 국내 물동량의 원활한 수송을 위해서는 별도의 사회간접자본(SOC) 투자가 크게 필요 없는 연안해운을 활성화하고자 하는 기본방침에 정부 각 부처의 공감대가 형성되었다. 또 대통령 직속기구 주도로 관련 부처가 모두 참여하여 정책을 수립하였으므로 관계 부처 간에 큰 갈등 없이 정책성과를 거둘 수 있었다. 이와 함께 연안여객항로의 경우 국민소득 증대에 따른 해상관광객이 급증하는 등 그동안의 생활교통시대에서 레저교통시대로 전환되면서 쾌속선 및 카페리의 취항 증가 등 여객선 선종이 현대화 · 다양화되었다.

한편으로 1993년에 발생한 여객선 서해페리호 사고로 여객선 안전대책이 다시 한 번 국민적 관심사가 되었으며 이에 대한 보완대책이 마련되었으나 안전문제는 여전히 불씨를 안고 갈 수밖에 없었다. 즉 여러 곳의 도서지방을 운항하는 연안여객선의 특성상 중간 기항지가 많아 중간 기항지에서의 과적과 과승이 해양사고의 주원인으로 지적되고 있었으나 과적과 과승을 정확히 확인하고 단속할 체제가 미흡하였고, 일부 기항지에서의 해경의 임검을 확대하도록 하는 데 그쳤다. 이를 보완하는 차원에서 해운조합의 안전관리자를 일부 확충하였으나 안전의식이 부족한 일부 업체의 과적과 과승을 단속하는 데는 한계를 노출하고 있었다.

한편 이 시기에는 지속적인 연안화물선 확보를 위하여 그동안 정부에서 지원해온 계획조선정책을 대신하여 국적취득조건부나용선(BBC/HP, Bare Boat Hire Purchase) 등 다양한 선박확보정책이 마련되었다. 참고로 국적취득조건부나용선이라 함은 선박을 연불로 구입하되 표면상으로는 나용선 계약을 체결하여 용선료라는 명목으로 선가를 지불하고 대금이 완납된 뒤 선박의 소유권을 이전받는 형식을 말한다. 아울러 이 시기에는 남북해운협력이 다소나마 활성화되어 이를 뒷받침하기 위한 남북한해운합의서가 체결되고 남북한의 항만 간에 국적선이 취항하기도 하였다.

1) 육상수송화물의 연안해송전환정책 추진

우리나라 경제가 지속적으로 성장함에 따라 1986년부터 1995년까지 국내 총 화물량은 연평균 10%의 증가율을 기록해왔다. 연안해운 분야의 물동량도 이 기간에 연평균 13%의 증가율을 보여 국내 총 화물량의 연평균 증가율을 훨씬 웃돌았다. 특히 1990년에 6,400만 톤이던 연안화물수송량이 7년 만인 1997년에는 2.3배 증가한 1억 4,700만 톤을 기록하였다. 이러한 현상의 원인은 그동안 도로, 철도 등 육상교통 수단의 교통체증이 심각해진 결과이기도 하지만 그보다는 중량 · 대량화물을 연안해송으로 수송할 경우 육상수송에 비하여 상대적으로 비용 및 운송 에너지가 절감되고 대기오염을 방지하는 등의 장점이 인식된 결과이기도 하였다. 또한 이 시기에 철도운송은 이미 수송한계에 이르렀고 도로운송 역시 증가하는 자동차로 인하여 도로교통 체증이 심각한 상황이 되어 해상운송으로의 전환이 불가피했다. 이러한 추세에 대비하기 위하여 정부는 1995년 '국가경쟁력강화기획단'의 주관 아래 해운항만청 등 관계부처 간의 협의를 거쳐 '연안해운활성화 방안'을 마련하고 시행하였다. 그 주요 내용은 다음과 같다.

첫째, 유류, 시멘트, 철강재 등의 대량화물을 연안해송으로 전환하기 위하여 대량화물을 해송으로 전환하는 업체에 대하여 한정하역 면허를 부여하는 방안을 제도화하였다.

둘째, 연안화물선 전용부두시설을 확충하도록 하여 마산항에 철제품 전용부두, 군산항에 시멘트 운반선 전용부두 등을 건설하기로 하였다.

셋째, 연안화물선을 원활하게 확보할 수 있도록 선박확보자금을 확대 지원함으로써 28척/10만 G/T의 선박을 추가 건조하도록 지원하였다. 이와 함께 수입 가능한 중고선의 선령을 종전의 10년에서 20년으로 완화하는 등의 조치를 추진하기로 하였다.

넷째, 연안화물선 업계의 경쟁력을 높이기 위하여 선박을 수입할 때 수입가격의 2.5%을 부담하던 관세를 3년 내지 5년간 분할하여 납부할 수 있도록 하였다. 또한 선박 재산세 및 선박 취득세에 대해서는 지방세법을 개정하여 세액의 50%을 감면해주기로 하였다(한국해운조합, 2012: 243).

이러한 연안해송 활성화 정책의 경우 그 당시 우리나라 물류수송체계상 철도운송은 이미 수송력이 포화상태에 이르고 육로운송 역시 도로 사정이 열악한 데다 늘어나는 자가용의 증가로 심각한 교통체증을 유발하고 있어 연안해상운송으로 전환이 필요하다는 정부 관계부처의 합의가 있었기에 가능하였다. 1995년에 이러한 정책수립 시에도 대통령 직속기구가 중심이 되어 재정경제원, 내무부, 통상산업부, 해운항만청 및 관세청 등 관계부처 간에 긴밀한 협의가 있었기에 가능했다. 이러한 정책시행 결과 기존 육상수송화물 중 상당수가 연안해송으로 전환되기 시작하였고 우리나라 연안화물선 시장도 급성장하는 계기가 되었다.

2) 여객선 서해페리호 사고와 안전대책 마련

1993년 10월 10일 전북 부안군 위도에서 362명이 탑승한 여객선 서해페리호가 침몰하여 292명이 사망하는 사고가 발생하였다. 이 사고는 1970년 12월 15일 부산과 서귀포항 간 항로를 운항 중이던 여객선 남영호가 침몰하여 323명이 사망한 이후 두 번째로 많은 인명이 상실된 해난사고였다. 서해페리 사고의 경우 정원 207명보다 148명 더 승선한 과승과 과적이 사고의 1차적 원인이었다. 이 사고 이후 정부는 여객선운항제도의 개선대책을 수립, 시행하였다. 그 구체적 방안으로 우선 사고의 주원인이었던 중간 기항지에서의 과적과 과승을 예방하기 위하여 해경의 상시 임검을 강화하였고, 또 운항관리자 업무범위 등을 규정하는 여객선안전관리규정의 개정 및 제정 등 제도의 보완과 함께 연안여객선 현대화 추진, 해상안전시설 확충 및 여객선 안전종사자 보강 등 안전운항 환경을 개선하였다. 구체적으로 보면 우선 이 사고 이후 안전관리요원인 운항관리요원을 확충하여 사고가 발생한 1993년에는 59명이었으나 이후 84명으로 확대 배치하기도 하였다. 여객선안전운항관리자는 여객선 사업자 단체인 해운조합에 소속되기 때문에 안전관리에 대한 실효성 등에 관하여 이견이 많았으나 정부의 안전관리 인력의 대폭적인 확보가 어려웠으므로 안전관리의 1차적 책임을 진 사업자를 대신하여 사업자단체인 해운조합이 안전관리자를 좀 더 확충하여 관리를 강화하도록 하였다.

그러나 그 당시 우리나라 연안여객선 업체의 경우 영세업체가 대부분이어서 전산매표제도가 도입되지 않아 여전히 정확한 승선인원과 화물량의 관리가 곤란한 실정이었다. 무엇보다도 선주와 승무원의 안전의식 또한 여전히 미흡하여 해운조합 운항관리자를 무시하는 분위기마저 있어서 엄격한 관리가 어려운 구조적 문제가 남게 되었다. 정부에서는 여객선이 기항하는 도서지역 주민 스스로 안전관리에 힘쓰도록 명예운항관리자를 위촉·운영하기도 했으나 이 제도 또한 크게 실효를 거두지는 못하였다. 여객선 안전을 위해서는 관련 제도와 규정의 정비와 함께 결국은 여객선사업자와 승무원들의 안전의식이 무엇보다 중요하다는 교훈을 숙제로 남겨놓고 말았다.

3) 지속적인 선박확보정책 추진

1980년대 중반까지 왕성하게 지원되어온 계획조선자금제도가 연안화물선 확보에 큰 기여를 해왔지만, 1986년 이후 몇 가지 변동요인이 생겨 선박 확보에 차질이 생기게 되었다. 그 첫째는 내자의 공급원이었던 국민투자기금이 산업시설자금으로 변경되었고, 둘째는 그에 따라 해운조합에 주어졌던 실수요자 선정권이 1988년부터 한국산업은행으로 변경되었다. 더구나 이 같은 과정을 거쳐 국민투자기금에 의한 금융지원도 1990년 말 완전히 폐지되었다. 따라서 1986년 이후에는 계획조선에 의한 내항선 건조실적은 매우 저조했으며, 1986년에 1만 2,020G/T에 이르렀던 계획조선 발주량은 1995년도에 6,650G/T으로 44.65%나 축소되었고, 금융지원도 1985년 108억 6,500만 원에서 1995년에는 100억 원으로 축소되었다.

이처럼 계획조선에 의한 내항선의 신규 건조가 유명무실해지자 정부는 1988년 8월 해운산업육성법을 새로 공포 시행하였다. 이 법에서는 계획조선에 의한 선박의 건조 시 다른 사업보다 먼저 보조 또는 융자를 지원하고 계획조선의 경우 당해 선박에 대한 소유권을 등기이전하기 전이라도 당해 선박을 취득한 후 지체 없이 그 선박을 담보로 제공할 것을 조건으로 융자할 수 있다는 규정을 법제화함으로써 선주가 선박을 확보할 수 있도록 조치하였다.

또한 국적취득조건부나용선의 도입 및 한국은행 보유 외화에 의한 중고선 도입 등의 대책을 강구하여 1995년 말 현재 1억 8,950만 달러에 상당하는 선박 14척이 국적취득조건부나용선으로 도입되었고 3,099만 달러의 외화대부로 7척의 화물선이 도입되었다.

계획조선자금은 1990년대에 들어와서도 다소의 축소변화는 있었지만 유지되어왔다. 이는 영세한 연안해운업계가 선박을 확보하는 데 거의 유일한 정부의 지원제도였기 때문에 정부로서도 완전히 폐지하기는 쉽지 않았기 때문이다.

4) 연안해운업계의 경쟁력 제고

이 시기에 정부는 선박확보정책 외에도 심각한 선원 수급난을 겪고 있는 연안해운업계의 어려움을 감안하여 중국 · 교포 선원 및 해사고등학교 실습생의 승선을 허용하는 등 다양한 연안화물선 선원확보대책을 강구하였다. 그러나 이러한 대책으로는 내항 연안해운업계의 부족한 선원난을 근본적으로 해결할 수 없었을 뿐만 아니라 오히려 자질이 떨어지는 외국인 선원 충원으로 인하여 선박의 안전운항을 저해하는 요인이 되기도 하였다. 이 외에도 국내 우수한 선원의 승선 유도를 위하여 내항선원의 근로종합소득세를 외항선원(월 100만 원 공제)의 수준으로 감면하기도 하였다. 그러나 이러한 정책 마련에도 불구하고 경제성장에 따른 국민소득 증대에 따라 해상근로 기피현상이 나타나는 등 국내선원의 승선기피현상이 지속되어 연안해운업계는 상당한 어려움을 겪게 되었다.

또한 연안해송 활성화를 통해 연안화물선 업계의 성장을 도모하기 위하여 연안화물선 전용부두를 확충하는 한편, 항만배후도로 및 부두 내 인입철도를 확충함으로써 항만배후연계운송망도 구축해나갔다.

그러나 부산항 등 대형 항만의 경우 급증하는 컨테이너 화물의 원활한 처리를 위하여 오히려 기존의 연안화물선 전용부두조치 외항 컨테이너 화물선에 밀려 사라지게 되었고, 이로 인해 연안화물선 업계는 이들 항만에 기항조차 할 수 없는 상황을 맞기도 하였다. 정부는 해상/하역/육로 연계운송 시스템을 꾸준히 구축해나갔으나 그물망처럼 건설되는 도로수송망이 비용이나 소요시간 등에서 연안해송에 비하여 경쟁력이 월등했으므로 연계수송체계는 크게 효과를 나타내지는 못하였다.

5) 남북항로 기반 구축

이 시기에 연안해운정책 중 중요한 점은 남북 간 연안항로정책을 수립하고 시행했다는 것이다. 1991년 우리 측(한국일보와 기독교단체 공동)이 보내는 '사랑의 쌀'이 남북직교역 방식에 의하여 목포항을 출발하여 홍콩을 경유하여 나진항에 보내졌다. 이때 북측은 제3국적선 및 제3국 선원 승선 조건을 요구했으나 우리 정부는 북측이 제시한 조건을 충족시키면서도 처음으로 이루어진 직교역을 성공적으로 수행하기 위해서는 최소한 우리나라 국적선사가 운송에 대한 통제권을 가져야 한다는 판단하에 우리나라 국적선사인 삼선해운이 운항한 세인트빈센트(Saint Vincent) 국적의 콘도르(Condor)호(승선정원 19명 중 한국인 선장, 기관장 등 4명 승선)를 취항시켰다.

그러나 1991년 이루어진 대북 직교역은 더는 계속되지 않다가 1995년 인도적 차원에서 우리 정부가 지원하는 쌀 15만 톤을 제공하기 위하여 6월에 첫 배가 동해항을 출항한 이래 같은해 10월까지 연 18척의 선박에 의하여 28항차의 선박운항이 남북한 간에 이루어졌다. 1991년의 '사랑의 쌀'과 1995년의 북한주민을 위한 쌀 지원이 남북한 간에 선박에 의해 직항 항로로 운항되었으나 그 밖의 다른 물자교류는 거의 모두 제3국적선을 이용하여 운송되었고 그것도 대부분 간접적인 운송로를 통하여 이루어졌다. 그런데 이 시기에 조선족이 많이 거주하는 중국의 동북 2성(지린성 및 헤이룽장성)으로부터 운송물량이 급증하자 민간 차원에서 남북한 간의 해상 직항로 개설이 추진되어 1995년 10월 4일 부산과 나진 간에 역사적인 컨테이너 항로가 개설되었다. 민간 차원에서 이를 실현시키기에는 많은 어려움이 있었으나 정부가 나서서 외국인투자제한 업종으로 되어 있는 내항화물 운송사업 중 남북한 항로에 한하여 외국인 합작투자를 허용해줌으로써 이를 해결할 수 있었다. 즉 한국 특수선과 중국의 연변항운공사의 합작선사인 동룡해운을 설립하여 중국적 선박인 연룡 4호를 투입하는 형식으로 부산과 나진 간에 직항로를 개설했으며, 1995년 10월부터 1996년 4월까지 왕복 18항차를 운송하여 총 465TEU의 컨테이너를 운송하였다.

1995년 말 현재 부산/나진 항로 외에도 인천/남포 및 부산/청진 항로가 개설되어 운항하였다. 이 같은 남북한 간의 해상항로 개설은 당시로서는 민간 차원에서 추진되었으나 해운당국자 간 해운협의회를 통하여 국적선을 중심으로 남북한 간 정기항로를 확충해나갈 계획을 면밀히 추진하기도 하였다.

6) 연안여객운송제도의 변화

연안여객운송사업은 종래의 면허제를 유지해왔고 운임결정은 정부의 인가제로 운영되다가 1993년 해운법 제11조에 따라 신고수리제로 전환되었다. 또한 정부는 독과점 항로에 대해서는 운임이 적절하게 유지될 수 있도록 기준을 정할 수 있도록 하였고, 현행 운임에 비하여 인상폭을 과다하게 신고할 경우에는 사업자와 협의하여 인상률을 조정할 수 있도록 고시를 마련하였다. 연안여객선 운임에 대해서는 정부가 규제를 완화했으나 그럼에도 비교적 까다로운 규정을 둔 것은 도서민들에 대한 운송서비스는 공공성이 높기 때문이라 하겠다.

이 시기에 연안여객운송사업에 대해서는 면허제가 유지되고 있음에도 여객운송업체 수는 1996년 42개, 1997년 46개, 1998년 50개 등 신규항로와 새로운 틈새항로 개설 등의 이유로 계속 증대하였고, 운항속도가 느린 일반여객선 수는 감소하는 대신 고속선 등은 꾸준히 증가하였다. 그리고 가족단위 해상관광객 수의 증가와 도서지방의 생필품 수송을 위한 차도선이 급격히 증가하기도 하였다. 그러나 1990년대 중후반의 연안여객수송 실적은 큰 증가 없이 900만 명대를 유지하였다. 참고로 이 시기 연도별 여객수송 실적을 보면 1996년 941만 3,000명, 1997년 989만 9,000명, 1998년 827만 7,000명, 1999년 905만 2,000명 등이었다.

그러나 이렇게 많은 증가요인이 있었음에도 불구하고 1990년대 후반의 여객수송 실적이 정체 수준을 보였다고 하는 것은 신뢰도가 떨어진다. 그 이유는 연안여객의 경우 항공이나 철도 등과 같은 육상교통수단과 달리 전산발매 시스템 등이 정착되지 않았고 현장에서 직접 매표함으로써 그 정확성에서 신뢰도가 크게 떨어지는 문제가 있었기 때문이다. 이러한 문제는 비단 통계의 부정확성뿐만 아니라 정확한 승선여객 수와 화물량을 파악하기 어렵기 때문에 여객선의 안전운항관리에 큰 문제점을 내포하게 되는 결과를 초래할 수 있다.

4. 해양수산부 발족과 새로운 과제의 대두: 1996년 8월 이후부터 2015년 현재까지

그동안 정부의 해운행정은 청 단위 기관인 해운항만청에서 담당함으로써 청장이 주요 정책을 직접 결정하고 집행하는 데 어려움이 많았으나 1996년 8월 해양수산부가 발족하면서 주요 정책을 추진하는 데 탄력을 받기 시작하였다. 또 이 시기는 국내외적으로 개방화가 추진되어 우리나라 연안해운 분야에서도 많은 규제완화가 추진되고 있으나 아직은 영세사업자가 대부분으로 연안해운업의 경쟁력 강화 효과는 미미한 실정이다.

1) 다양한 해운규제의 완화

연안해운 분야에서 이 시기의 가장 큰 특징은 글로벌화의 진전으로 인해 국경을 차단하고 있던 다양한 해운규제가 철폐되고 글로벌 경쟁시대에 접어들었다는 것이다. 우리나라도 1996년 경제협력개발기구(OECD) 가입 이후 내항화물운송사업의 진입규제가 철폐되었다. 그동안 유지되어왔던 면허제가 1999년 10월에 폐지되고 완전한 등록제가 시행되었다.

한편 내항화물운송사업의 운임규제는 이미 1993년에 완전히 자유화되었고, 1999년부터는 중고선 수입에 대한 규제도 모두 철폐됨으로써 내항화물운송사업은 완전히 시장경제에 의하여 운영되는 경쟁구도로 전환되었다.

이 시기의 규제완화정책 중 또 다른 한 가지는 일정한 요건을 갖추면 등록된 사업구역 외에서도 내·외항선이 일시적으로 운항할 수 있게 한 점이다. 해운법상 내·외항선은 원칙적으로 각각 등록된 사업구역인 내항과 외항에서만 운항하도록 되어 있었으나 이러한 규제를 완화하여 등록 외 구역도 관할관청에 신고 후 선박별로 90일 이내로 운항할 수 있도록 예외를 인정하였다.

한 발 더 나아가 해양수산부 장관이 정한 화물인 석유제품, 석유화

〈표 2-2〉 연도별 선박 척수 및 선령 노후화 추이 (단위: 척 수)

연도	10년 미만	10~20년 미만	20년 이상	계
1995	380(37%)	353(34%)	293(29%)	1,026
2000	709(35%)	602(30%)	678(35%)	1,989
2005	386(8%)	814(40%)	859(42%)	2,059

출처: 해양수산부(2013), 『해양수산백서』.

학제품, 대형구조물, 시멘트 등은 등록 외 구간을 운항하더라도 선박별 연간 90일의 제한기간을 적용하지 않음으로써 점차 외항해운과 연안해운 구분이 약화되었다. 참고로 이러한 사업구역 일시변경 신고건수는 2007년 이후 연평균 9.8%의 증가추세를 보여 2013년에는 563건에 달하는 등 지속적으로 증가하였다(해양수산부, 2014. 9).

이러한 연안화물선 시장의 등록제 전환 및 중고선 수입의 자유화는 자율경쟁에 의한 시장의 체질 개선보다는 노후 중고선 도입에 의한 선복량 급증으로 오히려 과당경쟁이 촉발되었다. 과잉선대로 인한 운임하락과 이로 인한 채산성 악화 및 화주(貨主)의 시장지배력 강화 등으로 선사의 경영난이 가중되어 영세한 수준이던 연안해운업계는 뿌리조차 흔들리게 되었다. 업계에서는 이를 해결하기 위한 방안을 마련해줄 것을 요구하는 목소리가 높아졌다.

2008년 1월, 이러한 부작용을 일부 해소하기 위한 방안으로 등록제는 그대로 유지하되 연안해운업계의 대형화를 통한 경쟁력을 강화하기로 하고 정부는 등록기준을 상향 조정하여 일부 무분별한 영세업체의 난립을 억제하기 위하여 선박보유기준을 총톤수 100톤 이상의 선박 합계가 500톤 이상이 되도록 강화하였다. 이러한 등록기준 강화 이후 운항선박의 규모도 대형화되고 등록업체 수도 감소하는 등 경쟁력 강화 효과가 조금씩 나타나기 시작하였다. 등록업체 수는 2005년

799개사에서 2013년 말 727개사로 감소하는 등 결과적으로 영세사업자의 지속적 감소 및 척당 선복량 대형화 효과가 나타났다.

한편 내항화물운송사업이 면허제에서 등록제로 완화된 1999년 10월 이후 외국으로부터 노후 중고선의 도입 증가에 따른 업체 수 증가 및 선박 급증으로 과당경쟁이 촉발되고 또 이들 노후선박의 운항에 따라 해상안전사고가 우려되었다. 이에 따라 2005년 1월부터 정부는 내항화물선을 신규 등록할 경우 선령 15년 미만의 선박만을 등록할 수 있도록 중고선 도입에 규제를 강화하였다. 이러한 제도가 도입됨에 따라 무분별한 노후 중고선의 신규투입이 다소 제한되는 효과가 생겨 적정 선복량 유지에 도움이 되었다. 또한 그 이후 정부에서는 이러한 선박등록제도를 일부 개정하여 선령 15년 이상의 선박이라 하더라도 기존의 선박을 대체하는 경우는 허용함으로써 영세선사들이 안정적으로 경영할 수 있도록 완화하기도 하였다.

이러한 시장진입 규제완화와 별개로 국내항 간 여객이나 화물의 해상운송 권리를 외국 선박에는 주지 않고 자국선이 독점하도록 하는 카보타지(Cabotage)제도는 우리 정부도 여전히 고수하고 있다. 이 제도는 대부분의 해운국가에서 시행하는 제도로서 시장상황과 관계없이 생산품 및 원자재를 운송할 수 있도록 연안화물선 업계의 안정적인 선복량 유지를 위해 외국적 선사의 진입을 제한하는 것이다. 그러나 지난 2007년부터는 우리 국적선만으로 국내운송 수요를 충족할 수 없는 불가피한 경우에는 외국적 선박의 일시적 용선(傭船)을 통한 운항을 허용함으로써 카보타지제도를 탄력적으로 적용하고 있다.

연안화물선 시장이 규제완화 및 개방화가 추진되었던 데 비하여 연안여객선 시장의 경우는 여객수송 수요에 맞게 선박 척수를 유지하여 여객운송시장의 선박수급 균형을 유지하고 업체 간 과당경쟁을 방지함으로써 안정적인 해상여객교통수단 확보를 위하여 면허제를 실시해오고 있다. 면허기준 또한 매우 엄격하여 신규면허를 얻고자 할 경우 우선 당해 항로의 최근 3년간 평균운송 수입률이 25% 이상이어야 하고 선박 계류시설과 수송시설, 그리고 여객선 보유 총톤수가 합계 100톤 이상, 여객선의 선령도 20년 이하여야 하는 등 매우 엄격한 기준을 적용하고 있다.

이러한 연안여객선 보호정책의 결과 2013년 말 현재 총 99개 항로에 여객선 173척이 운항하여 연간 3,183억 원의 수입을 기록하였다. 여객선의 경우 차도선 95척을 제외하고 시속 20~35노트의 쾌속선이 13척, 시속 35노트 이상의 초쾌속선이 16척 그리고 카페리가 20척 등으로 대부분의 여객선이 현대화되었다. 여객수송 실적을 보면 2013년 말 현재 연간 수송인원 1,606만 명, 차량 217만대를 수송하기도 하였다. 그러나 2014년 세월호 사고 이후 정부는 연안여객선 시장의 경우도 기존업체 보호정책에서 탈피하여 경쟁력 있는 사업체의 시장진입을 확대하기 위하여 구체적인 방안을 검토하고 있다.

2) 업계경쟁력 강화를 위한 정책의 제한적 시행

세계적인 개방화 시기를 맞이하여 다양한 해운규제가 철폐됨에 따라 정부는 글로벌 경쟁에 대응하기 위하여 OECD와 세계무역기구(WTO)의 틀을 벗어나지 않는 범위에서 연안해운의 경쟁력을 강화하기 위한 정책을 시행하게 되었다. 그동안 시행해오던 선박현대화 지원사업을 폐지하는 대신에 이차보전(利差補塡)정책을 시행하고 있다. 그동안 영세한 연안해운업체가 선박 현대화를 추진하는 데 크게 기여해온 계획조선자금제도는 1990년대 후반 이후 지원금액이 계속 축소되어오다 2000년대에 들어와서는 규모가 대폭 축소되었다. 계획조선사업은 2003년 이후 '선대구조 개선사업'으로 그리고 2007년부터는

'선박현대화지원사업'으로 명칭이 바뀌면서 지속되어오다 2011년에는 전체 연안선사의 규모에 비하여 수혜업체가 적다는 이유로 사업이 전면 폐지되어 연안화물선 업계에 큰 타격을 주었다. 참고로 선박현대화지원사업의 지원 결과 1990년 이후 총 83척, 1,410억 원의 지원이 있었다.

그러나 연안해운업계의 경우 여전히 자기자본 부족으로 노후선박 교체에 어려움을 겪게 되고, 이로 인한 해상안전이 위협받고 선사의 경쟁력도 떨어짐에 따라 정부는 2012년 11월 연안해운업체를 대상으로 선사가 선박을 새로 건조하기 위하여 금융기관에서 대출을 받는 경우 대출이자 중 3%에 해당하는 비용을 정부에서 지원하는 이차보전제도를 마련하고 이듬해인 2013년부터 시행하게 되었다. 이 제도에 따라 지원을 받는 업체는 지원대상으로 선정된 날로부터 6개월 이내에 국내 조선소에서 선박 건조를 착수하게 함으로써 국내 조선산업의 발전도 아울러 지원하는 효과를 거둘 수 있도록 하였다. 지원대상은 해운법에 따른 내항여객운송사업자의 면허를 받은 자와 내항화물운송사업을 등록한 자로 한정하고 대출이자는 3% 및 3년 거치 5년 분할 상환하도록 하였다. 이 경우 선박 건조 후 선박등록 시점부터 최소 5년 동안은 내항화물(여객)운송사업 용도로만 활용하도록 하고 있다. 이 사업의 시행 결과 2013년에는 총 6척을 건조할 수 있도록 지원했으며 2014년에는 총 14척의 선박 건조를 지원하였다.

이와 함께 연안화물선에 대하여는 유가보조금 지원제도를 시행하고 있다. 정부의 석유류 가격합리화 정책에 따라 2001년 7월 1일부터 경유(화물자동차, 버스, 연안화물선)와 LPG 등 유류의 세액이 단계적으로 인상되었고, 이 같은 세율 인상으로 운수업계의 경쟁력이 떨어진다는 정책적 판단에 따라 정부는 연안화물선 업계를 포함한 운수업계의 원가부담을 완화하고 운임 인상에 미치는 영향을 최대한 흡수하기 위하

〈표 2-3〉 연도별 연안해송의 수송분담률 (단위: %)

연도	도로	철도	연안해운	항공	계
2001	65.86	7.60	26.41	0.12	100
2005	74.15	7.09	18.66	0.11	100
2009	74.10	6.93	18.88	0.08	100

출처: 해양수산부(2013), 『해양수산백서』.

여 연안화물선 업계에도 보조금을 지원하기로 하였다. 이러한 유가보조금지원제도는 '에너지 및 자원사업특별회계법' 시행령(제3조 제1항 10의 2)과 해운법 제41조(2항 및 3항/재정지원)에 근거하여 시행되고 있다. 초기에는 인상액의 일부만 보조금으로 지원했으나 2007년 6월 이후 제2차 에너지 세제 개편에 따라 지원단가를 상향 조정하여 2001년 이후 유류세 인상액 전부를 지원하고 있다. 지원 수준은 현재 유류세와 2001년 유류세 183.21원과의 차액을 지원하는데 2001년부터 2013년까지 총 210억 원을 지원함으로써 업계의 경영 개선에 도움이 되도록 하였다.

한편 연도별 연안해송의 수송분담률을 보면 1996년 22.5%, 2000년 19.9% 수준이었으나 2000년대 이후에는 지속적으로 하락하는 추세이다. 2001년부터 2009년까지의 운송수단별 연평균증가율도 도로가 1.09% 증가하고 있는 데 반하여 철도는 1.53% 감소하였고, 연안해운은 4.58% 감소 추세이다(〈표 2-3〉 참조).

연안해송의 수송분담률이 정부의 다양한 정책지원에도 불구하고 감소 추세인 것은 비록 연안운송이 규모의 이익이 발생하는 효율적인 운송수단이기는 하지만, 물류체계상 일관수송이라는 관점에서 보면 해상운송 외에 2차 운송이 필요하고 또 도로나 철도보다 시간이 많이 소요된다는 단점이 작용하기 때문으로 볼 수 있다. 그러나 주요 국가 전략물자인 유류나 철강재, 석회석 등은 대량, 중량 화물이 대부분이고 운송기간도 시급성을 요하지 않는다는 점에서 연안해송은 여전히 매력적인 수송수단이다. 게다가 2008년부터는 정부가 온실가스 저감의 녹색성장을 위하여 국가 온실가스 감축목표를 정하고 이를 국가적 어젠다로 추진함에 따라 교통 부문에서는 친환경 운송수단인 연안해운의 수송분담률을 2020년까지 25%로 높이기로 하였다. 이에 따라 정부는 연안화물선의 항만시설사용료를 대폭 감면하는 조치 외에도 2010년부터는 전환교통보조금사업을 새로 도입하였다. 이 사업은 정부가 기존의 육로를 이용하던 국내 수송화물을 연안해송으로 전환할 경우 도로운송비와 해운수송비의 차액을 화주에게 보조해주는 제도이다. 시행 첫해인 2010년에는 철강, 석회석 등의 화물을 대상으로 총 5억 5,100만 원의 보조금을 지원했는데 이러한 전환실적에 의한 총 사회적 비용의 절감액은 367억 원으로 추정되어 경제성이 높은 것으로 나타났다. 이러한 효과를 바탕으로 지난 2010년부터 2013년까지 4년간 77.3억 원의 보조금을 지원하여 415만 톤의 화물을 전환수송하기도 하였다(해양수산부, 2014. 9).

이와 함께 연안화물운송 분야의 경쟁력 강화를 위하여 화주와 선주(船主) 간의 운송계약 시 선주에게 불합리한 운송계약이 체결되는 것을 방지하고 공정한 계약이 되도록 정부는 철저한 심판자 역할을 할 것이 요구되기도 한다.

3) 도서민 교통지원정책

낙도 도서민의 교통복지를 위한 낙도보조항로제도는 1967년부터 채산성 부족으로 사업자가 운항을 기피하는 도서에 정부가 선박 취항명령을 한 후 운항에 따른 결손금을 사후에 국가가 정산해주는 여객선항로취항명령제도의 마련으로 시행되었다.

이 제도는 경제개발에 따라 지역주민들의 교통복지를 위하여 전국의 산간벽지에까지 도로를 개설하는 것과 마찬가지로 우리의 영토인 낙도 도서지방도 주민들의 교통복지와 함께 영토관리 차원에서 정부가 여객선을 운항하는 제도이다. 2007년 해운법에 낙도보조항로규정으로 새로 신설된 이후 보조항로를 사전에 정부가 지정한 후 경쟁입찰로 사업자를 선정하는 방식으로 변화되었으며, 이러한 방식에 의하여 이듬해인 2008년 10월부터는 경쟁입찰을 통하여 선정된 여객선 업체와 정부 간에 3년의 낙도보조항로 운영계약이 체결되어 시행되고 있다. 2013년 말 현재 총 99개의 여객선 항로 중 26개가 보조항로로 지정 운영되고 있다. 보조항로의 경우 2013년 말 기준으로 이용객은 전체 이용객의 2.5%인 연간 36만 7,000명에 불과하나 여객선이 육지와 낙도 주민을 연결해주는 유일한 교통수단이기 때문에 정부는 계속 시행하고 있는 실정이다. 2013년의 경우 소요예산은 약 136억 원이었다. 이와 함께 연안여객선에 대해서는 정부에서 면세유를 공급하여 운임인상 요인을 억제하고 있다.

또한 정부는 도서지방 주민들이 안전하고 편리하게 여객선을 이용할 수 있도록 하고, 최근 도서지역 주민들의 차량 수송 수요가 증가함에 따라 낙도보조항로를 운항하는 여객선 중 노후선 또는 운항항로의 여건에 부적합한 여객선에 대하여는 새로운 선박을 정부가 직접 대체건조하여 항로에 투입하고 있다. 이 사업을 위하여 지난 1995년 이후 총 36척의 국고여객선을 건조하였고 이에 소요되는 예산은 2014년의 경우 총 19억 4,000만 원이었다.

거주 여건이 열악한 도서민의 교통권을 보장하고 정주 여건을 개선하기 위하여 정부는 2006년 3월부터 도서민 운임지원제도를 시행해오고 있다. 연안여객선은 도서민의 유일한 교통수단으로서 도서민에 대한 운임지원은 지역경제 활성화는 물론 국토의 균형발전을 도모한다고 볼 수 있다. 지원 형태를 보면 정규운임의 20%를 정률적으로 지원함으로써 도서민 본인 부담 상한액 5,000원을 정하고 초과하는 금액은 국고 50%, 지방비 50% 조건으로 지원하고 있다.

2014년 7월부터는 도서민 소유의 차량에 대해서도 차량운임의 20%를 지원하는 제도를 도입해 실시하였다. 도서민 운임지원사업의 지원대상은 현재 주민등록상 주소지가 도서지역으로 되어 있는 자에 한하는데 2013년 말 현재 유인도서 총 463개에 거주하는 도서지방 거주민 약 83만 명이 그 대상이 되고 있다. 2006년부터 2012년까지 총 지원실적은 327만 명에 약 217억 원이 지원되었다.

이러한 제도의 도입 배경은 단순히 도서지방 주민들의 교통편의 제공 차원을 넘어 도서지역의 영토관리 차원에서 이루어지고 있기도 하다. 한편으로는 육지의 경우 최근 인구밀집이 높지 않은 내륙지방에까지 막대한 예산을 투입하여 도로를 건설하는 등 전국 방방곡곡에 도로가 거미줄처럼 잘 개발되어 있다는 점을 감안해볼 때 바닷길 그 자체를 자연 그대로 이용만 하면 되는 연안여객 수송의 경우 여객선 현대화 지원과 운임지원의 타당성을 찾을 수 있다고 하겠다.

도서민 교통편의 지원대책 중 또 다른 사업은 여객선 기항지 접안시설 개선사업이다. 그동안 정부와 지자체의 노력으로 도서지방의 여객선 접안시설은 상당히 개선되고 있으나, 아직까지 제대로 된 접안시설이 설치되지 않아 이용객 안전에 상당히 문제되는 요소가 남아 있는 실정이다. 더구나 도서지방은 이용객 중 고령자가 많고 또 생필품을 운송하는 경우가 많으므로 안전한 접안시설의 확보는 매우 중요하다.

정부는 지난 2012년부터 접안시설 개선사업을 착수하여 2012년에 군산 장자도와 진도군 가사도 두 곳 그리고 2013년에 옹진군 백아도와 군산시 말도, 진도군 쉬미 및 신안군 옥도 선착장 개선사업을 실시하였으며 지속적으로 추진해나가고 있다.

4) 여객선 안전대책 마련

정부는 2014년 4월 16일 세월호 사고 이후 안전관리 시스템 전반에 관하여 대대적인 대책을 마련하였다. 우선 안전관리체계를 강화하여 그동안 선사 및 운항관리자의 2단계 점검방식을 선사, 운항관리자 및 정부 등 3단계 점검확인 방식으로 강화하였다. 특히 해운조합 소속의 운항관리자를 해운조합에서 분리하여 독립성을 강화하기도 하였다. 이와 함께 여객선의 경우 복원성이 저하되는 일체의 개조를 금지하는 한편, 여객선이력제도를 도입해 선박의 개조, 검사 정비 등의 선박정보를 체계적으로 관리할 수 있도록 하였다. 그리고 여객선의 모든 승선자에 대한 전산발권을 의무화하여 과승 등을 사전에 예방하도록 하였고, 안전운항을 위하여 선장이 여객선을 직접 지휘해야만 하는 위험해역, 취약해역을 구체적으로 지정하기도 하였다. 정부는 이와 함께 여객선 공영제와 경쟁력 있는 신규 사업자의 진입제한을 완화하고, 여객선 선주들의 경영마인드를 혁신하여 안전관리를 정착시킬 수 있도록 안전의식의 생활화를 추진하기로 하였다.

결론적으로 안전사고는 인적 과실에 의한 경우가 90% 이상이므로 이러한 제도 정비와 함께 이를 운용하는 업체와 관련 직원 및 이를 감독하는 관리자의 역할이 그 어느 때보다 중요하다고 할 수 있을 것이다.

5. 전망과 과제

우리나라 연안해운은 국가경제적으로 중요한 역할을 하고 있고 또 미래 친환경 운송수단으로 기대되고 있다. 그럼에도 그 기능과 역할, 경제적 가치를 제대로 평가받지 못하고 있을 뿐만 아니라 국가전략적으로도 활용되지 못하고 있는 실정이다. 또한 업계의 영세성과 선박의 노후화, 선원의 고령화, 선원 구직난 및 업체 간 과당경쟁 등의 내재적 문제점을 안고 있고, 연안화물선 업계는 대부분이 영세선사인 데 반하여 화주의 경우 대기업 등이 우월한 지위를 이용하여 공정한 계약관계의 성립이 갈수록 악화되고 있다. 연안여객선의 경우도 최근 발생한 대형 안전사고 이후 여객수요가 급감하고 있고 갈수록 높은 수준의 안전강화가 요구되고 있다. 이에 반하여 우리나라의 연안해운이 외국 주요 해운국들에 비하여 정부의 관심이나 각종 지원정책 또한 미흡한 실정이다. 이와 같이 연안해운은 안팎으로 어려운 상황에 처해 있기 때문에 연안해운에 대한 특단의 관심과 정책지원 그리고 업계의 역량 강화와 경영개선 노력 없이는 그 미래를 기대하기가 어려운 상황이다.

연안해운은 주요 국가전략물자를 저렴한 물류비로 운송할 수 있고 또 온실가스 저감효과, 육상교통 체증 해소 등 사회적 비용을 절감하는 대안이 될 수 있기 때문에 향후 연안해운정책을 좀 더 전략적으로 접근할 필요가 있다. 연안선박펀드나 공유선박건조제도 등 다양한 형태의 선박금융 지원, 면세유 공급, 선원 구직난 해소 및 육송화물의 해송전환 확대를 위한 모달쉬프트(Modal shlft) 지원 확대, 선주와 화주 간의 공정한 계약관행 확립과 함께 연안해운업체들의 기업역량 강화와 경영환경 개선 노력이 있어야 할 것이다. 그리고 연안여객선도 해양관광의 시대에 걸맞은 현대화된 여객선의 확충과 함께 정부와 업체의 철저한 안전제도 마련 및 안전의식이 고취되어야 할 것이다.

3장 /

외항해운정책의 변화

심동현

1. 서론

해방 직후 우리나라에는 외항해운이 존재하지 않았으며 정부가 외항해운산업의 구성요소를 순차적으로 확보하고 이를 조직화하였다. 기본적인 구성요소는 선박, 선원, 화물, 경영능력, 지원행정조직으로 생각되었다.

1946년 7월 우리나라에서 처음으로 국적선박의 일제등록이 실시되었는데 보유 선복량은 313척, 1만 7,170톤으로 집계되었다. 상선의 경우 운송능력이 중요하므로 화물을 적재할 수 있는 용적을 선복이라고 한다. 선박은 낡고 소형이었으며 해기사(선박운항사)가 없다시피하였으며 연해항해에 그치고 있었다.

정부는 외항해운의 기초를 다지기 위하여 1946년 진해고등상선학교를 개교했고 1947년 1월에 이를 진해해양대학으로 개편하였다. 이 학교는 한국해양대학교의 전신이 되었다. 국적선박등록제도가 도입된 이후 1947년 5월 17일 과도정부 발족 당시 등록된 보유 선복량은 219척, 4만 6,575톤이었다.

정부 수립 이후 해사행정 일반은 교통부 해운국이 관장하였고 지방에 9개의 지방 해사국이 설치되었다. 항만건설 업무는 내무부가 관장하였다. 1955년 2월 17일에는 교통부 해운국과 상무부 수산국을 통합하여 해무청을 창설하였다. 또 해운산업의 건설을 위해서는 선박을 확보해야 하고 유능한 선원 및 재원이 필요하고 해운회사 경영 경험이 있어야 했다. 이 모든 것이 부족할 때에는 국영해운기업을 설치하여 육성하는 것이 빠를 것이라 보고, 1950년 1월 1일 우리나라 최초의 국책회사인 대한해운공사를 출범시켰다. 또 하루 뒤에는 대한조선공사를 창립하였다. 이 회사는 1937년 설립된 조선중공업주식회사를 모태로 하고 있었으며 미 군사정부 운수부의 관리와 교통부 부산조선청의 관리를 거쳐 공사로 탄생하였다. 1949년 12월 조선행정이 교통부에서 상공부로 이관되었다가 1950년 3월 다시 교통부로 이관되었다.

1950년대 중반 대외무역량이 점차 늘어나고 있었으나 우리 해운은 이러한 대외무역을 뒷받침할 수가 없었다. 수출입해상물동량은 대부분 일본 및 대만 등의 외국선사를 이용하고 있어서 수출입해상물동량 중 국적선사 수송비율은 24.8%에 불과하였다. 또 수입 기준으로 보면 16.7%에 그쳤다. 그러므로 정부는 외항선을 확보하여 수출입항로에 투입하는 것이 중요하다고 판단하였다. 선박을 확보해야 해운경영의 경험을 쌓을 수 있고, 선원을 양성할 수 있으며 수출입 물동량을 수송할 수 있다. 먼저 선박을 확보하여 영업에 투입하고 여러 가지 부족한 면이 있음에도 국적선에 우리 화물을 몰아주는 정책을 시행하였다. 점차 국적선 적취비율을 높여서 결국 일본, 대만 선사가 운송하던 우리나라 수출입 화물을 우리나라 선박에 적취하는 정책이었다. 결과적으로 '자국화·자국선주의'가 되는 것이다. 일본, 대만 선사가 불평을 하더니 점차 해당정부의 대항조치가 시행되었다.

그리고 민간 차원의 해운역량을 높이기 위하여 1960년 한국선주협회를 창립하였다. 1960년에는 해상에서 인명과 재산의 안전을 도모하고 조선 해운 및 해양에 관한 기술진흥을 목적으로 한국선급이 창립되었다. 선급제도는 선박이 국가마다 다른 법규에 따라 제조되므로 선박의 감항성(seaworthiness)이 전문기관에 의해 객관적이고 전문적으로 판단되도록 하는 제도이다.

2. 산업화 시기의 외항해운정책

1) 정책적 과제와 목표: 자국화 · 자국선주의, 선복 확충

당시 전 세계를 풍미하던 수요확보정책은 '자국화·자국선주의'였는데 선진 해운국이 자국의 선복량을 유지하기 위한 것이었다. 자국의 상선대는 전시에 제4군에 해당할 만큼 중요한 역할을 하였고, 향후 안보상황에서도 핵심 역할을 할 것이 분명하였다. 당시 선진 해운국에서는 해운기업이 주로 세금문제로 편의치적을 하는 경우가 많았다. 편의치적은 선주가 자국의 까다로운 규제나 의무(경제적 규제, 세금, 선원고용규제 등)를 피하기 위하여 자국이 아닌 제3국에 선박을 등록하는 것이다. 편의치적국의 깃발을 게양하고 다니며 자국 상선대에서 빠지는 것이다. 그래서 자국 상선대가 감소하고 있었다. 편의치적이 증가하면 선진 해운국은 세금징수가 줄어들고 일자리가 줄어들며 안보상황에서 제4군의 역량이 사라지는 것을 의미하였다. 편의치적선은 세금이 줄어들고 고용 및 노동규제가 줄어드니 인건비를 절약할 수 있고 적대국을 포함하여 영업을 탄력적으로 할 수 있으며 화주나 보험사가 계약하기를 좋아하였다. 선진 해운국은 세금에 예외를 두기가 곤란했으므로 운송수요, 즉 화물을 가지고 편의치적선을 국적선으로 되돌리려 하였다. 만약 모든 국가가 정밀하게 자국화·자국선정책을 채택하면 편의치적선은 설 땅이 없어진다.

후진 해운국, 특히 가공무역을 하는 국가는 원자재를 싸고 정확하게 운송해야 하고 수출품을 적기에 선진국 시장에 가져다놓아야 했다. 자국 선박이 없으면 이러한 사업 모델을 실현시킬 수가 없다. 어렵게 자국선을 확보하여 영업에 투입했더라도 안정적인 화물운송수요가 없으면 투입된 선박이 시장에서 퇴출되고 유능한 선원을 양성하거나 고용을 유지할 수 없다. 자국의 선복량은 군사적 측면이나 안보적 측면에서 중요했기 때문에 원유, 양곡, 기타 전략물자는 자국 상선대가 운송하기를 원했다. 분단 상황인 우리나라는 매우 취약한 지반 위에 있었다. 한국 상선대는 안보상황에서 결정적으로 중요했고 수출주도형 경제건설을 위해서도 필수불가결한 것이었다.

산업화 시기에 우리나라 해운정책의 골자는 선복량을 확충하는 것이었다. 선복량을 확충해야 '수출입국'을 실현할 수 있고 안보상황에 대응할 수 있다. 선복량이 확충되면 많은 선원을 양성할 수 있으며 해운업의 경영을 경험할 수 있다. 선박확보방법은 국적취득조건부나용선이었으며 외국에서 주로 중고선박을 도입하였다. 그리고 우리나라 조선산업은 기술을 축적하면서 '계획조선'에 의해 선박을 확보할 수 있게 했다. 선복량 확충정책을 뒷받침하는 해운수요관리 수단은 수출화물에 대한 웨이버제도로서 "국적선이 취항하지 아니한 항로에 한하여 외국적선이 수출화물을 운송할 수 있다"는 것이었다. 수입화물은 원유, 석탄, 철광석, 양곡 등 대량화물이 대상이 되었는데 이를 '지정화물'로 지정하고 이 화물에 대하여는 수입계약을 체결할 때 FOB 방식으로 하고 이 지정화물을 국적선사가 우선적으로 운송하도록 하였다.

이러한 해운정책의 골자 외에 확충된 선복량에 비례하는 선원을 확보·양성하고 선박 확보를 지원하는 금융외화제도와 세제를 변경하는 조치를 취했다. 또 항만시설도 확충하였다. 우리나라 선복량은 이러한 보호정책에 힘입어 비약적으로 확충되었는데 해운경영능력이나 책임성, 서비스의 질 등은 선복량에 비례하여 발전한 것은 아니었다. 해운불황과 겹쳐 과잉 선복량이 문제되어 정부 주도의 '해운산업합리화' 조치가 이루어졌다.

2) 정책의 구현과 그 공과

1961년 우리 정부는 '수출화물에 대한 국적선 배선요청제도', 속칭 국적선불취항증명제도를 시행하기에 이르렀다. "수출화물항로에 국적선이 다니고 있다면 국적선을 이용하고, 국적선이 취항하고 있지 아니하면 타국 상선을 이용한다"는 것이다. 이러한 '국적선 배선요청제도'는 향후 웨이버제도의 시초가 되었다. 국적선 배선요청제도가 시행되면서 우리나라 해운기업에 대한 운송수요가 늘어났다. 정부는 해상물동량 증가에 따른 선복부족 현상을 타개하기 위하여 '선박도입 5개년계획'을 추진하였다. 또 1963년에는 국적취득조건부나용선제도를 도입했는데 향후 오랫동안 그 기능을 충분히 발휘한 제도였다. 용선은 원칙적으로 선박과 선원을 함께 빌리는 것이다. 운항책임은 여전히 선주에게 있다. 그런데 나용선은 선박만 빌리고 나용선주가 선원을 고용하고 운항책임도 부담한다. 국적취득조건부나용선은 나용선을 하되 선가를 완전히 상환하면 선박소유권과 선박의 국적을 취득하게 되는 제도이다. 이 제도는 선박소유권 취득시점 그리고 선박국적 취득시점과 관련하여 이견이 있어 오랫동안 사회적 이슈가 되었다.

1965년에는 '민간자본에 의한 중고선박 긴급도입방안'을 시행하였는데 도입 선박의 선령제한 완화와 선가 연부상환에 대한 외화지불 조치를 골자로 한 방안이었다. 선령이 얼마 되지 않은 중고선박은 매물로 나오지 않으므로 선령제한을 완화하였고, 당시에는 '외환집중제'라는 제도가 운영되어 국가가 외화지불 조치를 해야 했다. 1965년과 1966년 두 해 동안 25척, 7만 4,000톤의 중고선이 도입될 정도로 성공을 거두었다. 또 정부는 항만시설 확충과 항로보조금 지급, 대일수출 곡물의 공동배선제를 시행했으나 재원 부족으로 큰 효과를 보지는 못했다.

정부는 1967년 해운진흥법을 제정했는데 이는 해운진흥종합계획을 법제화한 것이다. 이 계획은 해상수송 전망과 수송계획, 선박수급계획, 선질개량 및 선박대체계획, 취항명령, 국제항로의 취항장려 등을 주요 내용으로 한다. 이 법은 웨이버제도를 법제화하여 해운수요를 확보하고 해운금융제도를 개척했으며, 선박운수소득의 국가 간 상호면세주의(상호주의), 해상보험의 자유화 조치(선사가 총대리점을 통하지 않고 보험사와 직접 보험계약을 체결할 수 있도록 함), 부족해진 선원수급대책을 포함하고 있었다.

1970년대에 해운불황 조짐이 보이자 정부는 "수입선박의 관세 감면 및 당밀, 원목, 인광석 등 대량수입화물은 FOB 조건으로 공급계약을 체결하고 수입허가 시 국적선 사용조건을 반드시 확인한다"는 조치를 시행하였다. 전자는 "총톤수 3,000톤 이상의 선박이고 선령이 10년 미만인 경우 무관세로 한다는 것이고, 후자는 대량 수입화물에 대해서는 웨이버제도를 확대 적용하는 것이었다. 웨이버(waiver)는 '권리 등의 포기' 또는 '포기서류'를 말하는데 해운에서의 웨이버는 자국의 선박이 취항하지 않는 것을 증명하는 서류를 말한다. '국적선불취항증명제도라고도 한다. 'FOB 조건'은 'Free On Board 조건', 즉 본선인도조건을 말한다. 교역물품이 지정된 선적항에서 본선의 난간을 통과하는 시점에 매도인에게 있던 인도의무가 완료되는 조건이다. 철광석 등을 수출하는 자의 물품이 본선의 난간을 통과하는 때부터 매수인(우리나라의 수입자)이 물품에 대한 모든 위험과 비용을 부담하는 것이므로 수입물품을 FOB 조건으로 계약체결하면 해상운송에 관하여 우리나라가 주도권을 쥐게 된다. 우리나라의 수출품은 대체로 운임보험료를 포함한 CIF(Cost Insurance Freight) 조건으로 계약을 체결하기 때문에 해상운송 주도권은 원칙적으로 수출자에게 있게 된다. 그러므로 자국화·자국선주의를 시행할 때에는 먼저 수출화물에 대하여 적용하고, 수입화물에 대하여는 계약조건을 FOB 조건으로 변경하여 자국화·자국선주의를 적용한다. 또 선원수급대책으로 해기원(선박운항사) 해외취업 동결, 해양대학 졸업생 조기졸업 및 해군소집 보류, 단기 양성생 정원의 대폭 증원 등을 시행하였고, 외국항행운수소득의 면세 등 해운세제 지원방안을 시행하였다.

정부는 1974년 9월 '외항해운육성방안'을 발표했는데 대한해운공사가 정기항로에 컨테이너화를 추진하도록 하였고, 1975년 대형 컨테이너선 코리안 리더(2만 4,000톤)를 투입하였다. 해운산업과 관련하여 가장 중요한 개념은 아마도 컨테이너 물류혁명일 것이다. 1956년 4월 26일 뉴욕 뉴저지항에서 커다란 알루미늄 박스를 배에 실었다. 당시 미국에서 화물을 선박에 선적하는 데 소요되는 비용은 톤당 5.86달러에 달했다.

그런데 컨테이너를 도입하자 그 비용이 톤당 16센트로 줄었다. 약 37배나 감소한 것이다. 나중에 적정한 장비를 도입하면 그 비용이 약 600배 감소하게 된다. 일자리가 없어진 부두노동자의 격렬한 항의가 뒤따랐다. 2006년 약 9,000척의 컨테이너선이 바다에 떠 있게 되었고 이 배가 한꺼번에 실어나를 수 있는 컨테이너(20피트)도 1,115만 TEU에 이르게 되었다. 전파속도 면에서 가히 물류혁명이라고 할 만하다. 한진해운은 컨테이너선 85척을 보유하고 있고 주력 컨테이너선은 6,000~7,000TEU를 실을 수 있다. 컨테이너선의 규모가 빠른 속도로 커지고 있는데 2만 TEU를 적재할 수 있는 선박이 수심이 가장 좋은 광양항에 입항하였다. 컨테이너선의 규모 확대를 제약하는 것은 파나마운하 및 수에즈운하이다. 운하의 폭과 깊이, 굴곡이 컨테이너선의 대규모화를 제약한다. 그러므로 컨테이너선은 선폭은 고정하고 상하 방향으로 커지며 길이가 길어지게 된다. 컨테이너선의 변화 때문에 부두의 길이가 커지고(예전에는 부두길이가 300미터였는데 최근에는 400미터가 적절하게 되었다) 고정 설치하는 크레인의 개수가 늘었다. 또 해상교량의 높이(수로의 높이)가 문제되고 있다. 광양항 이순신대교는 당초 수로 폭 800미터, 수로 높이 100미터를 요구했는데 교량 높이 100미터, 넓은 경간 폭으로 설치하였다. 이 교량은 수로 높이 65미터, 수로 폭 600미터에 불과하다. 수로 위에 교량을 설치하고 수로 높이, 수로 폭 대신에 교량 높이, 교량경간을 주장하였다. 컨테이너물류혁명은 국제운송규격, 즉 해상운송규격, 항만운송규격, 도로운송규격 등의 변경을 통하여 부두설계, 부두운영, 도로 폭, 도로 높이, 도로의 회전반경, 트럭의 운행속도, 창고운영 등에 큰 영향을 미치고 있으며 통관, 보안 등에서도 변화를 가져와 많은 특례가 인정되는 협약이 발달하였다.

1970년대 중반부터는 계획조선사업을 시행하였다. 계획조선사업은 해운업, 조선업 및 관련 공업의 연계육성을 위해 정부가 매년 실수요자를 선정하고 선박건조자금을 지원하여 국내 조선소에서 선박을 건조하도록 하는 사업이다. 실수요자 선정기준에서 장기운송계약 등 화물운송수요를 확보한 사업자를 선정하기 때문에 해운업과 조선업의 연계육성이 가능한 것이다. 이 제도는 "우리 화물은 우리 배로 나르고 우리 배는 우리 조선소에서 건조한다"는 취지로 시작해서 그동안 국내 해운 조선산업의 성장에 크게 기여하였다. 또 이 시기에 국적취득조건부나용선의 통관시점에 관한 시비가 발생하였다. 세관은 선박이 경영에 투입될 때가 통관시점이라는 것이고, 해운업계는 돈을 다 갚아 국적을 취득할 때가 통관시점이라는 것이었다.

1976년 3월 13일 항만청이 창설되었고 1977년 12월 16일 그 명칭이 해운항만청으로 변경되었다. 해무청이 해체된 이후 분산되었던 해운항만행정이 일원화되어 해운항만정책을 일관성 있게 수립하고 집행할 수 있게 되었다. 특히 1974년 9월에 마련된 '해운조선종합육성방안'에 따라 계획조선제도가 실시됨으로써 해운과 조선행정이 어느 정도 연관성을 갖게 되었다. 해운항만청은 선복량증강시책을 추진했는데 특히 계획조선에 의한 선복량증강시책이 유효하였다. 대량화물은 계획조선에 의한 국적선이 5년 장기운송계약을 맺어 수송하게 하였다. 한국과 일본, 한국과 유럽, 한국과 미국 간의 정기항로를 확충하고 개발했으며 외항해운업체의 대형화를 유도하였다. 또 이를 위하여 해운경영환경 개선, 해운금융제도, 국제해운협력을 증진하는 데 노력을 경주하였다.

1978년에는 정부의 선복량증강시책과 중고선가 하락을 계기로 외항선복량이 100만 톤가량 증가했으며, 수출물량 또한 2,000만 톤에 달해 전년대비 30% 신장률을 보였고, 운임수입은 8억 7,500만 달러에 이르렀다. 1978년 8월 31일 '주요 수출입물자의 안정수송체제 확립방안'이 시행되었는데 이는 국적선 적취율(해상 수출입 화물량 중 국적선 수송 비중)을 높이는 데 크게 기여하였다. 1978년에는 선박법이 제정되어 외국자본 합자나 외국인의 경영 참여가 가능해졌고, 해상운송사업법 개정으로 외국인 투자회사의 운항사업 면허기준은 풀컨테이너선에 의한 원양정기항로사업에 한정되도록 입법 조치되었다. 한진해운과 시랜드의 합작투자가 허용되었고 고려해운과 NYK, 조양상선과 에버그린의 공동운항이 허가되었다. 또 1978년 10월 1일 해상운임률의 안정과 항로 질서유지를 위해 한국선주중립위원회가 발족되었다.

우리나라 외항선복량은 1981년 10월 15일 600만 톤을 돌파함으로써 세계 15위의 중진 해운국으로 부상하는 양적인 성장을 이루었다. 그러나 이 같은 선복확충시책이 해운불황을 가속화하는 불씨가 되었다. 1983년은 세계경제의 장기침체로 인한 해상물동량 감소, 시황악화에도 불구하고 계속 늘어나는 과잉 선복량 등으로 최악의 불황을 겪게 되었는데 일부 회사는 도산하거나 도산에 직면해 있었다. 정부정책에 의존하여 영업을 했으므로 경영능력이 충분히 개발되지 못했고 사업

규모가 영세해 불황을 견디는 능력이 없었다. 그에 따라 해운 시황이 어떻게 변화하는지 잘 알지 못했고, 대비 또한 할 수가 없었다. 또 정부가 시장에 과도하게 개입했으므로 민간사업자의 활동공간이 줄어들어 민간사업자의 능력을 확충하는 기회를 상실케 한 점도 있었다.

1983년 12월 23일 '해운산업합리화계획'이 산업정책심의회에 상정되어 다음과 같은 해운산업합리화추진원칙이 결정되었다.

1) 해운산업을 조세감면규제법에 의한 합리화대책산업으로 지정한다.
2) 기업합병을 유도하는 해운산업합리화를 추진한다.
3) 화물확보지원책으로 무역거래조건을 개선하고 대량화물에 대한 규제제도를 개선하여 국적선 수송권을 확보한다.
4) 경제선 확보를 위해 계획조선물량을 확대하고 금융조건의 개선과 신조선 도입을 허용한다.
5) 금융지원시책으로 원리금상환용 외화대출, 계획조선, 내자원리금상환유예, 계획조선자금의 이자보조, 여신관리규제를 완화한다.

해운산업합리화 방안의 구체적 내용은 모든 해운업계를 3~6개 그룹회사로 통폐합하여 대형선사 그룹을 형성하는 방안과 통폐합 과정 없이 개별선사가 운영선사에 선박운항권을 위탁하고 운항선사로부터 일정한 수입금을 분배받는 운영선사 설립방안이었으며, 이를 업계에 제시하고 업계가 자율적으로 합리화를 추진할 수 있도록 유도하되 추진이 어려우면 정부가 개입하거나 입법 추진하여 부실선사를 정리한다는 원칙을 세웠다. 그러나 주력선사를 중심으로 하는 통폐합 방안은 주력회사의 경영주도권 문제, 채권채무 및 평가손 처리문제, 경영협력의 성공사례가 없는 우리나라 경영풍토 등 많은 문제점이 있었고, 운영선사 설립방안은 복합경영이 어려워 시황변동에 따른 완충기능이 미흡하고 시황이 개선되었을 때 운영선사의 이탈이 우려되나 업계 간 과당경쟁을 해소할 수 있고 채권 채무 등에 대한 처리문제가 없어 관심을 많이 받았다. 대체로 대형선사는 통폐합 방안을, 중소형 선사는 운영선사 설립방안에 긍정적이었으며, 상당수 선사는 해운산업합리화 방안 자체에 부정적인 견해를 보였다.

해운산업합리화계획에 참여하고자 하는 선사는 1984년 1월 16일까지 주거래은행에 채권 채무 및 자산상황을 신고토록 했는데, 대형선사 66개사 중 외국합작사가 동의하지 않아 불참한 3개 선사를 제외한 63개사가 신고를 마쳤다. 채무액은 총 2조 5,106억 원, 채권 및 자산액은 2조 7,972억 원이었다. 63개 선사를 17개 합리화 선사로 분류했는데, 그중 6개 그룹은 통폐합 방안이 적용되는 그룹이고, 나머지 11개 그룹은 2년 뒤 흡수합병을 전제로 참여선사의 보유선박을 수탁운항하게 되는 운영선사 그룹이었다. 정부는 1984년 5월 17일 해운산업합리화추진계획을 확정했는데 이 추진계획에 따라 63개 선사가 17개 그룹으로 통폐합됨으로써 불참선사 3개사를 포함하여 20개 선사로 대폭 정비되어 해운업계의 전면적 개편이 이루어졌다. 해운합리화 참여 선사는 약 677억 원의 조세감면 혜택과 연간 3,700억 원 규모의 선가원리금 상환액을 유예받았다.

1984년 8월 7일 해운진흥법이 해운산업육성법으로 전면 개정되었는데 해운산업합리화계획의 효율적인 추진을 뒷받침할 수 있는 제도적인 장치를 마련하는 것이 주요 골자였다. 계획조선제도의 법제화와 경제선 확보를 위한 신조선 도입이 가능토록 하였고, 선하주협의회를 구성하여 선하주협력체제를 강화하고 관계부처와의 협조체제도 강화하였다.

해운산업합리화계획은 많은 갈등과 혼란을 겪기도 했지만, 선사

난립에 따른 과당경쟁이 해소되었으며 비전문 해운업체의 정리로 해운전문인이 해운업을 전담할 수 있게 되었다. 해운선사의 계열기업과 불용재산을 처분하여 재무구조가 개선되었고 부실기업이 정리되어 한국해운에 대한 국제공신력이 제고되었다. 비경제선이 경제선으로 변경되어 한국 상선대의 국제경쟁력이 높아졌고, 통폐합에 따른 인원, 설비가 감축됨으로써 경비절감이 가능해졌다. 한국 상선대가 규모의 경제를 갖추기 시작한 것이다. 범양상선은 200만 톤의 선복량을, 현대상선은 150만 톤의 선박을 보유함으로써 국적 대형선사가 등장하게 되었다. 또 하나의 특징은 해운산업합리화계획에 따라 재벌그룹이 한진, 현대 그룹을 제외하고는 거의 해운업에서 철수하게 되었다는 것이다.

3. 민주화 시기의 외항해운정책

1) 정책적 과제와 목표: 업계의 자율과 책임경영

1980년대 말에는 사회통제체제가 느슨해져서 민주화 열풍이 불었다. 연일 노사쟁의가 발생했는데 선원노조, 항만노조, 일용근로자노조, 실업자노조가 쟁의행위를 하였다. 지역주민의 요구가 강렬했고 선주협회, 화주단체, 포항제철과 같은 대형화주, 환경이나 인권, 노동 NGOs, 외국 선주나 외국 화주, 국제적 NGOs 그리고 해운업계가 자신의 주장을 강력하게 요구하였다. 요구하는 대상은 정부였다. 그간 정부가 모든 수단을 쥐고 성장정책을 실행했는데 아무래도 배분이나 안전, 노동, 인권, 기회균등 등에는 소홀한 점이 있었다. 어느 정도 성장했고 국민소득도 상당히 증가하였다. 시간이 경과함에 따라 인명의 가치나 시간가치, 안전가치 등에 대한 평가가 달라졌는데 정부의 태도나 제도 그리고 정책은 아직도 과거에 얽매여 있었다. 간략하게 말하면 새롭게 등장한 해운 관련 이해관계자가 정부에 대하여 해운정책, 정부의 태도나 사고방식, 해운 관련 제도를 변경하라고 요구한 것이다. 요구의 최종목표는 적절한 배분이었다. 해운은 외국이나 한국을 연결하는 것이므로 태생적으로 외국의 영향을 받게 되어 있다. 이 시기에 외국으로부터의 요구는 배타적·폐쇄적 해운정책을 시정하라는 것이었다. 우리나라가 이미 중진 해운국에 진입했으므로 그에 부합하는 해운정책을 실행해야 한다는 것이었다.

민주화 시기의 해운정책의 골자는 "업계의 자율과 책임경영을 바탕으로 한 해운산업의 자생력 배양"이었다. 정부가 해운정책의 주역에서 빠지고 그 대신 업계가 등장하였다. 업계가 자율적으로 하고 경영책임도 업계가 진다는 것이다. 그런데 실제로는 업계가 자율적으로 할 수 있는 것이 많지 않았다. 해운정책의 거의 모든 수단을 정부가 쥔 상태에서 업계가 자율적으로 한다는 것이 대단히 어려웠다. 그러므로 정부가 장악하고 있던 해운정책 수단을 업계로 이전하는 일은 결국 정부가 하게 되었다. 정책수단의 이전을 요구하는 자와 그것을 실행하는 자가 다를 경우 원래의 목표와 멀어질 수도 있다. 정부가 그래도 상당한 정도의 정책 경험을 가지고 있었고 정책변경 요구자의 요구가 항상 맞는 것도 아니었다. 그러므로 민주화 시기의 해운정책골자는 업계의 자율과 책임경영을 바탕으로 해운산업의 자생력 배양을 목적으로 정부가, 그간 독점하고 있었던 해운정책 수단을 민간으로 이전하는 것이었다. 그리고 그 해운정책 수단은 사업진입규제 완화, 선박확보 수단에 대한 규제완화, 임금제도의 재조정, 인명가치 상승에 따른 운임, 보험, 보건제도의 변경, 안전제도의 개편 등이었다. 외국과의 관계에서는 웨이버제도의 폐지, 지정화물제도 폐지, 제2선적제도의 도입 등 폐쇄적·차별적 해운정책 수단을 시정하는 것이었다.

2) 정책의 구현과 그 공과

1987년 말부터 세계 해운경기가 지속적으로 상승해 대부분의 외항선사가 흑자를 시현하게 되었다. 1988년 국적 외항선사들은 급격한 원화 절상에도 불구하고 해운수입이 전년보다 9% 늘어난 2조 2,519억 원을 기록하여 7년 만에 462억 원의 흑자를 기록하였다. 외항해운업계의 경영수지는 1981년 204억 원의 흑자를 기록한 이후 7년 만에 처음으로 흑자로 돌아선 것이다. 1986년은 2,434억 원, 1987년에는 1,114억 원의 적자를 기록하였다. 1988년의 이 같은 경영수지 호전은 세계 해운시황의 점진적 회복이라는 외부 요인과 함께 자동차전용선, 광탄선 등 신조 경제선 투입에 따른 매출액 증가와 해운산업합리화 시책의 결과물로 인식되었다.

이 같은 해운업계의 흑자경영에도 불구하고 부채규모가 4조 2,227억 원에 달하는 반면, 자산규모는 4조 1,194억 원이어서 흑자전환에 따른 낙관론은 시기상조로 평가되었다. 정부는 해운시책의 기본방향을 업계의 자율과 책임경영에 바탕을 둔 해운산업의 자생력 배양에 두었으며 북방해운협력증진에 박차를 가하였다. 민간 차원에서 한중해운협의회를 발족했는데 이 한중해운협의회는 첫 번째 사업으로 중국대외무역운수공사(SINOTRANS)와 1988년 9월 서울에서 실무회의를 갖고 "합작선사에 의한 한중직항로를 빠른 시일 내에 개설한다"고 공식적으로 합의하였다. 또 11월에는 한중해운협력조사단을 중국에 파견하여 현지 항만 사정을 파악하였다.

유럽항로에 취항하고 있던 대한선주와 조양상선은 1988년 6월 25일 극동운임동맹(FEFC)의 탈퇴를 통보하였다. 양 사는 6개월 후부터는 비동맹선사로 전환해서 공동운항을 실시하기로 하였다. 이 운임동맹에서 탈퇴한 이유는 한국선사의 서비스 능력이 이 운임동맹 가입 당시보다 현저하게 개선되었음에도 동맹 내에서 국적선사에 불리한 수송물량 배정과 선박투입 문제가 개선될 전망이 없는 데다가 비동맹선사의 경영전략적 우위성을 활용하여 시장점유율을 올리기 위한 것이었다. 정기선해운에서 각 선사의 집화경쟁이 치열해지고 일단 특정항로가 선복과잉이 되면 그 항로에 참여한 모든 선사의 존립을 위태롭게 할 수 있는 파멸적인 운임경쟁으로 치닫게 된다. 이러한 파멸적인 경쟁을 피하기 위해 선주 상호간 협조체제를 확립하여 경쟁을 배제하고자 생겨난 것이 운임동맹 또는 해운동맹(Shipping Conference)이다.

해운동맹은 결국 해운업자들이 운임을 깎지 않기 위해 맺은 일종의 공급자 카르텔을 말한다. 호황기였던 1970년대에는 그 수가 350개에 이르기까지 했는데 2008년 유럽연합은 이들 해운동맹에 부여했던 독점법 면제특권을 더는 주지 않기로 결정하였다. 이 결정에 따라 세계 최대 해운동맹의 하나인 극동운임동맹이 해체되었다. 해운동맹은 가맹을 원하는 선박회사에 무조건 가입을 인정하는 미국식 개방적 동맹과 일정한 조건을 붙여 가입을 인정하는 영국식 폐쇄적 동맹으로 대별된다. 현존하는 대형 해운동맹은 2M, G6, CKYHE 및 O3로 4개가 있다. 2M동맹은 덴마크의 머스크와 스위스의 MSC가 속해 있고, 시장점유율은 29.7%다. G6동맹은 독일의 하파그로이드(Hapag Lloyd), 우리나라의 현대상선 등 6개 선사로 구성되어 있고, 시장점유율은 18.6%다. CKYHE동맹은 중국의 COSCO, 우리나라의 한진해운 등 5개사이며 17.5%를 점유하고 있다. 마지막으로 O3동맹은 프랑스의 CMA-CGM, 중국의 CSCL 등 3개사로서 시장점유율은 14.6%이다.

1988년 3월 미국선사인 PACAM사가 한국의 철강제품을 수송할 수 없게 되자 범양상선과 현대상선을 미연방해사위원회(Federal Maritime Commission, FMC)에 제소하였다. 이 PACAM사는 1987년 7월 파나마 국적의 선박을 용선하여 인천항에서 철강제품을 선적하려 했으나 철강제품은 지정화물로 웨이버 발급이 불가능하게 되었다. 이를 불공정행위라고 주장하여 미연방해사위원회에 시정을 요구하는 청원서를 제출하였다. 이 건은 국가행위가 주요 원인이므로 미연방해사위원회는 1988년 8월 PACAM사의 청원을 취소토록 하고 향후 한국 정부에 대하여 지정화물제도를 폐지해 달라고 요구하였다.

한편 1987년부터 계획조선 업무는 산업은행으로 이관되었다. 다만 실수요자 선정지침은 선사의 불평을 수용하여 해운항만청이 작성해서 산업은행에 넘겨주기로 하였다. 해운시황이나 적정선복량이 중요해졌으므로 이를 위한 전산 모델을 개발하였다. 시랜드의 국내지사 설립이 허용되었으며 한중 정기직항로가 개설되었고 한러 정기직항로 개설을 합의하였다. 이 시기에 운항사업 면허에 대한 개방 문제, 자율적인 선박관리제도, 웨이버제도의 폐지 문제 등이 이슈가 되었는데 결론을 도출하지는 못했다. 그리고 해운항만청을 교통부로 흡수하는 행정개혁위원회의 정부조직개편안은 해운업계의 강력한 반발로 일단 유보되었으나 해운행정의 일원화 문제는 여전히 불씨로 남게 되었다. 상공부는 1989년 3월 '수입선다변화품목'을 지정 공고하고, 4,000톤 미만의 일반화물선과 벌크선박을 수입선다변화품목에서 제외함으로써 소형선박에 대한 중고선 도입이 자율화되었다.

1988년 이후에는 사회통제체제가 느슨해졌기 때문에 민주화 열풍이 불었다. 연속적으로 노사쟁의가 있었는데 항만노무자의 쟁의행위, 일용근로자의 노조구성, 실업자노조의 가능성, 선원노조와의 갈등, 지역주민의 요구, 어민들의 손해배상요구 등이 있었다. 1990년에는 해운업의 면허관리와 선박관리에 대한 규제를 대폭 완화하였다. 1) 항로 및 사업구역 제한을 완화하고, 2) 항로별 개방 일정을 발표했으며, 3) 면허의 종류와 기준을 단순화했고, 4) 한중 컨테이너 직항로 및 한중 정기여객선 항로가 개설되었으며, 5) 중고선 도입 허용, 선박도입관세의 5년 분납 허용, 선박보험요율제도의 개선, 국적선에 대한 '외국인 선원 혼승제도'의 도입 등이 이루어졌다. 1989년 하반기에 접어들면서부터 선원법, 선박직원법 등 선원관계법령의 개정문제가 대두되었는데 노사 간에 치열한 공방이 전개되었다. 당초 선원법은 근로기준법이나 산업재해보상법보다 대단히 좋은 법이었다. 선원법은 거의 바뀌지 않았는데 근로기준법은 경제발전에 따라 탄력적으로 개정되고 있었다. 당시 전국선원노조연맹은 선원법이 근로기준법이나 산업재해보상법에 비해 대단히 불리하다고 주장하였다. 그리고 한국해운의 장래와 선원제도합리화를 위하여 운항사제도를 도입할 필요가 있었다.

당시 노동부가 근로기준법이 규정하고 있는 보수제도를 변경하고 있었는데 주로 본봉을 올려서 퇴직금, 재해보상금, 연금 등을 올리려고 하였다. 가짓수가 많은 수당을 정리하는 것도 문제였다. 해운에서도 이러한 육상근로의 발전방향을 수용하여 기본급제도를 폐지하고 통상임금 및 평균임금제도를 도입하였다. 원칙적으로 임금은 기본급과 수당으로 구성되어 있는데 우리나라 고용주는, 경영환경의 변화가 잦아 기본급을 올리는 것을 꺼려하고 대신에 수당을 지급하는 것을 선호했다. 시간이 지나니 수당의 가짓수가 너무 많고 기본급을 기초로 산정하는 퇴직금이나 재해보상금이 너무 적어지는 문제가 있었다. 노사합의로 이 제도가 도입되었는데 특히 외국선에 승선하는 한국선원은 자신의 과거 임금을 고용주에게 설명하는 데 큰 어려움을 겪었다. 외국선주는 통상임금이나 평균임금을 이해하지 못했다. '기본급 + 수당'이라는 오래된 임금체계를 우리나라의 특수한 사정으로 운용을 잘못했는데 이를 시정하기 위하여 임금체계를 바꾸어버린 것이다.

정부는 1990년 4월 20일 해운진흥심의회에서 해운산업자율개방계획을 의결하였고, 같은해 9월 경제행정규제완화위원회가 해운산업규제완화추진계획을 의결하여 자율과 개방을 바탕으로 한 해운산업의 개방화·국제화 방침이 확정되었다. 1991년부터 원양정기선사업자의 항로 확장이 허용되었고, 한일 및 동남아 면허권을 근해면허권으로 통합하여 사업영역을 확대할 수 있게 하였다. 또 재래선 정기선사업과 부정기선사업의 면허구분을 철폐하였다. 또 부정기선사업자의 LNG 및 LPG 수송 참여를 허용하였다. 이 밖에도 선대확보와 선대관리에 대한 자유화가 확대되었다. 조양상선은 서독의 세나토라인과 동독의 DSR과 함께 트라이콘 세계일주 서비스에 대한 본 계약을 체결하여 1991년부터 공동운항에 의한 세계일주 서비스를 실시하였다.

1992년은 이념전쟁에서 지역이기주의에 기반한 경제전쟁이라는 개념으로 세계경제질서가 바뀌기 시작한 출발점이었다. 특히 우루과이라운드로 대변되는 다자간 경제질서의 변화는 1993년에 구체화되었고 우리 경제에는 큰 장벽이 되었다. 국내 해운시장에 대한 개방 압력이 점증하게 되었으므로 각종 규제완화, 한중정기항로개설 합의, 정기선 웨이버제도의 폐지와 지정화물제도의 축소, 제2선적제도의 추진 등이 변화의 주요 골자였다. 1993년 정부구매물자, 냉동냉장화물, 시멘트가 지정화물에서 제외되었다. 제2선적제도는 세금 혜택을 주목적으로 하는 편의치적제도가 확대되자 선진 해운국이 이를 제한하려고 압박하다 여의치 않자 '역외치적'이라는 새로운 선박등록제도를 도입하여 자국 상선대를 국내로 환류하는 정책을 폈다. 식민지나 자국의 통치권이 미치는 지역에 선박을 등록할 수 있게 하고, 그 혜택은 편의치적제도와 유사한 정도를 제시한 것이다. 이것이 제2선적제도라고 불리는 것이다. 제2선적제도가 시행되면서 편의치적제도는 축소되었다.

1994년 발표된 '외항해운중장기발전계획'은 중진 해운국에서 선진 해운국으로 도약 발전하기 위한 것으로 자율화·개방화를 통해 자생력을 배양하고 경쟁국보다 불리한 제도를 적극적으로 개선하여 무한경쟁시대에 대처할 수 있도록 하는 것이었다. 1) 보호규제정책에서 자율개방정책으로, 2) 보유선대 중심에서 지배선대 중심으로, 3) 자국화물 수송 중심에서 세계화물 수송 중심으로 전환하는 것이었다. 이에 따라 원양항로 신규면허 허용, 원양근해 사업구역 폐지, 북방항로 참여 제한 해제, 면허제의 등록제 또는 신고제로의 전환, 정기선 웨이버제도 폐지 등이 이루어졌고, 선박 확보를 위한 외국금융 이용을 자유화했으며, 리스금융 이용과 국외 현지법인을 통해 선박을 확보한 뒤 나용선하여 운항하는 방법을 허용하고 국적취득조건부나용선에 대한 관세를 면제하였다. 1995년에는 한국상선대의 선박보유량이 1,000만 톤을 돌파했으며, LNG 국적선 수송 시대를 열었다. 또한 척당 3명의 외국인 승선을 허용하는 외국인선원고용지침을 시행하였다.

1995년 정부는 규제와 고도성장정책을 지양하고 세계화를 지향하는 차원에서 해운법 전면개정을 추진하였다. 당시에는 이미 인명가치, 안전, 공동행위, 근로조건개선, 양성평등, 환경과 같은 개념이 분출하고 있었고, 세계화라는 용어에 이러한 개념이 포함되어 있는 것으로 해석되었으므로 해운법도 이에 대응해야 했다. 1993년 서해페리호 사건으로 인명의 가치가 크게 향상되었고 그 이후에 유류오염사고가 끊이지 않았으므로 유류오염사고의 방지가 국가적 관심을 끌었다. 공동운항 같은 것이 해운법에 의하여 허용되는 것인가 아니면 공정거래법에 의하여 제한되는가도 문제였다. 선상에서 거주하는 것이 근로시간에 포함되는가 여부와 선박설비가 남성 위주로 되어 있어 여성 해기사의 진출을 막고 있는지의 여부, 유류오염 시 제3자 피해가 금액 면에서 결정적이라는 점과 이를 보완할 보증 및 보험제도가 필요하다는 것이 큰 쟁점이 되었다.

1995년 해운법 전면개정으로 외항해운업의 진입제도를 면허제에서 등록제로 전환하는 규제완화가 이루어졌다. 1983년 해운산업합리화 이후 12년 만에 외항해운사업자가 신규진입하게 되었다. 사업진입제도로서 면허제는 정부의 재량으로 사업자를 제한할 수 있었으므로 외항해운업을 하려는 사람들의 불만이 많았다. 등록제는 객관적 사업자 자격을 미리 정하여 그 자격에 부합되는 사람은 외항해운업을 할 수 있게 하는 제도로, 운임신고제와 결합되어 운영되고 등록기준은 해상사고가 발생했을 때 배상책임을 부담할 수 있는 정도로 규정되었다. 물론 예상배상책임액에서 예상보험금을 공제한 금액을 등록기준이 정한 금액으로 하였다.

해상화물운송주선업은 폐지하여 화물유통촉진법의 복합운송주선업으로 일원화하였다. 당시 빈번하게 발생하던 기름오염사고를 방지하기 위하여 강력한 안전규제를 신설하였다. 규제완화 추세에 정면으로 반대하여 규제강화 방향으로 간 것이다. 유조선 용선규제를 크게 강화하고, 유조선 이중선체 및 이중바닥구조를 장려했으며, 노후 유조선의 한국해역으로의 진입을 통제하였다. 유조선 용선규제는 정유회사가 외국 유조선을 용선하여 원유 등을 수송했는데 해운관청이 정유회사로 하여금 유조선 사전용선신고를 하게 하여 유조선의 설비, 안전관리, 운항관리 등을 통제하는 제도였다. 정유회사를 규제하고 외국유조선사를 규제하는 것이기 때문에 정교한 조치가 설계되었다.

이러한 규제에 의존하여 국내 석유판매가액을 인상하고(12.4%), 인상차액분을 정유회사가 해양기름오염방지 및 방제에 사용하도록 하였다. 정유회사는 예선, 방제선 등을 운영하고, 방지 및 방제 설비를 구입·설치하고 정유부두 안전관리체제를 실행하는 데 필요한 인력을 확충하고 양성하였다. 또 정유회사가 유조선안전관리에 실제로 돈을 사용하는지에 대한 감독체제를 도입하였다. 그 후에 정유회사의 유조선안전관리비용의 일부를 분담금 형태로 차출하여 한국해양오염방제조합(현 해양환경관리공단)을 설립하였다. 해운법의 규제와 유조선안전관리 조치에 따라 끊임없이 발생하던 유류오염사고는 10년간 발생하지 않았다. 북방항로에 대한 규제를 완화하였고 남북협력과 남북정기직항로가 개설되어 쌀 15만 톤이 수송되었다.

1996년에 우리나라 외항선사들은 4억 2,000만 톤의 화물을 운송하였고, 90억 9,000만 달러의 운임수입을 기록했으며, 용선선박을 포함하여 3,000만 톤의 운항선단을 지배하였다. 이 시기에 외항해운정책과 관련한 주요 관심사는 OECD 가입이었고 OECD 가입은 해운시장개방을 의미하였다. 외항해운에 대한 대외개방은 지정화물제도의 폐지, 외국선사에 대한 항로개방, 외항해운에 대한 외국인 투자허용 등의 개방이 계획대로 진행되었다.

이러한 개방에 맞추어 시장관리를 위해 여러 조치가 병행되었는데, 외국인선원 혼승허용인원이 척당 6명으로 확대되고, 황해정기선사협의회 같은 사업자단체가 설립되었으며 국제선박등록제도 및 TOC 제도가 도입되었다. 또한 LNG선이 개발되어 LNG국적외항선 수송시대가 열렸다. 해운항만청이 LNG선 개발을 맡았는데 "국가안보를 위하여 유류수입량의 30%는 국적선으로 운송한다"는 1970년대 대통령 지침에 의거하여 LNG선 개발예산을 일부 확보하였고 주요 조선소 및 연구소가 참여했으며 국책과제로 선정되어 단기간에 개발을 완료하였다. 1996년에는 이미 4척이 건조되어 운항 중에 있었다. 모스형위주의 프랑스와 지적재산권 다툼이 있었으나 우리나라는 멤브레인형을 주력으로 하였다. 우리나라는 LNG를 가장 많이 사용하는 나라가 되었고, 석유안보위험을 크게 경감시켰으며, 세계 최고의 LNG선 건조국이 되었다. 또한 수백조 원의 부를 창출하였다.

4. 개방화 시기의 외항해운정책

1) 정책적 과제와 목표: 국제 기준의 적용

개방화 시기의 세계해운은 컨테이너운송혁명의 결과, 선박이 고속화·대형화되었고 해운사업자가 대규모화되고 있었다. 초대형 선사 간 인수합병 및 전략적 제휴가 진행되고 있었다. 또 선박안전을 위한 국제조약이 강화되었다. 게다가 세계시장에서 우리나라 상선대의 지위가 약진을 거듭하여 우리나라는 해운선진국에 진입하고 있었다. '해운업의 개방화'는 우리 해운업에도 국제기준이 적용됨을 의미하였다.

국제기준 적용 필요성을 인지하는 것은 주로 민간 사업자였지만 해운업에 국제기준을 적용하기 위하여 법률과 제도 등을 변경한 것은 정부였다. 국제기준을 적용한다는 것은 만약 차별적이고 폐쇄적인 규제가 있으면 이를 제거하거나 완화하고, 현행 우리나라의 규제나 기준이 국제기준에 미달하는 경우, 예컨대 노동이나 안전 분야에는 규제를 강화하는 것을 의미하였다. 그리고 해운선진국에는 있지만 우리나라에는 없는 해운제도 및 절차는 '새로운 제도의 신설 추가'를 의미하였다. 외항해운업은 국제교역에 종사하는 업종이기 때문에 그 특성상 상당한 개방성을 가지고 있다. 외항해운업 초기에 이미 상호주의에 의하여 소극적·개별적 방법으로 국제기준을 채택하기 시작하였다. 그 뒤에 우루과이라운드나 OECD 가입의 전제조건을 이행하기 위하여 정부가 적극적으로 외항해운업에 국제기준을 수용하였다. 외국자본이 외항해운업에 투자하거나, 한국에 지사를 설치하거나, 우리나라 해운시장에서 차별을 받지 않고 영업할 수 있는 것 등이 국제기준 적용의 주제였다. 그 뒤에 IMF 시대, 2008년 금융위기, FTA 체결 등을 통해서 국제기준이 전면적으로, 선택의 여지 없이 적용되었다. 이때에는 전통적으로 해운업 외적인 것으로 인식되어왔던 국제기준이 광범하게 적용된 것이 특징이다. 금융, 환율, 금리, 인권, 보건 및 노동, 해직, 세세 등이 그것이다. 또 이 시기에는 한국에는 없는 제도지만 선진국에 있는 제도 등을 도입하려는 시도가 활발히 이루어졌다. 외항해운업의 배경이나 인프라가 되는 제도를 도입하게 된 것은 "경쟁국에 비하여 불리하면 안 된다"는 민간 부문의 의견을 수용한 것이다. 선박톤세제도, 선박투자회사제도, 선박펀드, 제2선적제도, 국가필수국제선박제도 등이 그것이다.

개방화 시기의 외항해운정책은 '외항해운중장기발전계획'에서 잘 표현되고 있다. 그런데 이 외항해운중장기발전계획의 이행은 주로 외항해운업의 보호규제를 제거·감축하는 데 머물렀고 실제 개방화 정책은 몇 년 후에 실행되었다. 1994년 발표된 '외항해운중장기발전계획'은 우리나라가 선진 해운국으로 도약하기 위하여 자율화·개방화를 통하여 자생력을 배양하고 경쟁국에 비해 불리한 제도를 적극적으로 개선하여 무한경쟁시대에 대처할 수 있도록 하는 것이었다. 보호규제정책에서 자율개방정책으로, 보유선대 중심에서 지배선대 중심으로, 자국화물 수송 중심에서 세계화물 수송 중심으로 전환하는 것이었다.

개방화 시기의 외항해운정책의 골자는 국내 외항해운업에 대한 보호 및 육성을 위한 (외국사업자에 대한) 차별적 규제의 철폐, 보호규제를 철폐할 경우 한국에는 없지만 선진 해운국에서 운용 중인 제도의 도입, '보유선대, 국가선박등록, 국적선, 자국화물 수송, 외항해운업의 보호자로서의 정부'로부터 '지배선대, 선박국적제도의 탄력적 완화, 상업적 회사 선박, 세계화물 수송, 외항해운업의 심판자로서의 정부'로 사고 프레임을 바꾸는 것이었다. 외국사업자에 대한 차별적 규제의 철폐로는 수출화물에 대한 웨이버제도 폐지, 수입화물에 대한 지정화물제도 폐지, 외국인의 한국 외항해운업에 대한 투자제한 철폐, 외국사업자의 국내 지사 설치 허용, 외항해운업의 사업진입장벽 제거, 사업자의 운임요금 설정에 대한 정부의 간섭 제거, 외항해운사업자에 대한 차별적 보조금 지급 금지, 해운산업합리화와 같은 정부의 시장개입 자제, 회계나 세제, 해운행정상 차별적 관행이나 미공개 관행 등의 시정 및 공개 등이 실행되었다. 보호규제를 철폐할 경우 우리 해운사업자가 경쟁상 불리해지는 것을 방지하기 위하여 해운선진국에서 운용 중인 제도를 도입했는데 한국선주상호보험 설립, 선박투자회사제도의 도입, 국제안전관리규약(International Safety Management Code)인 ISM 코드의 적용, 선박금융제도의 개선, 크루즈사업(외항부정기여객운송사업)의 기반 마련, 제주도 선박등록특구제도, 한국형 선박펀드의 도입, 선박톤세제도의 도입, 한국자산관리공사(KAMCO)의 선박매입프로그램 등이 그것이다.

개방화 시기 외항해운업의 또다른 특징은 민주화 시기와 개방화 시기를 넘어서면서 보호규제가 사라졌고, 국제기준의 채택에 따라 외항해운업이 다른 분야로부터 어느 정도 격리될 수 있었던 것이 사라진 점이다. 외항해운업에 대한 영향이 크지 않아서 그동안 해운 외적인 것이라고 생각되었던 금리, 환율, 신용 붕괴, 해적 등이 외항해운업에 엄청난 영향을 미치기 시작하였다. 개방화 시기의 해운정책은 이에 대해 대응이나 답변을 해야 했다. 그 대응이나 답변은 해양수산부가 단독으로 실행할 수 있는 것은 아니었다.

2) 정책의 구현과 그 공과

1997년 우리나라는 외환 부족으로 국제통화기금(IMF)의 구제금융을 지원받게 되었다. 지원조건은 가혹하였다. 해운 부문에서도 세계무역기구(WTO)의 국제무역규범에 휩싸이게 되었다. 초대형 선사 간의 인수합병과 전략적 제휴, 그리고 선박안전을 위한 국제조약의 강화가 시장의 특징이었다. 우리 해운업계는 환차손과 자금난에 시달렸고 선박과잉과 부당경쟁에 신음하였다. 한편 선박도입관세의 폐지, 국제선박등록법의 시행, 한국오염방제조합의 출범, 부두운영회사(Terminal Operating Company, TOC)제도의 시행 등이 있었다. TOC제도는 컨테이너 해상운송이 보편화되면서 항만 부문에서도 부두운영 형태가 변화한 것이다. 당초 공공부두에서 복수의 하역회사가 각자의 하역장비를 이용하여 하역작업을 하였다. 이러한 방법은 하역효율을 크게 떨어뜨리고, 정부는 연간부두당 1억 원 정도의 수입이 있었으므로 공공부두 건설투자비를 회수할 수 없었다. 이 공공부두를 터미널이라는 이름의 배타적 독점 공간으로 바꾸어 그것을 TOC가 지배하게 하고 하역장비나 설비를 고정설치하고 전자기술이 체화된 설비를 도입하고 노무인력을 TOC가 직접 고용하게 하였다. 이렇게 하나의 TOC로 하여금 독점적으로 부두를 운영하게 하면 200배 정도 효율이 높아졌다. TOC는 국가에 100배 정도 인상한 임대료를 납부해야 한다. TOC제도는 부두운영을 민영화한 것이지만 향후 항만민영화의 첫걸음이 되었다.

IMF 체제하에서 국내 은행들이 건조 중인 LNG선에 대한 선박건조자금의 지급을 거부하는 사례가 있었다. 금리가 폭등하여 과거의 금리로는 건조자금을 지급할 수 없다고 한 것이다. 또 과세당국은 환율폭등에 의한 환차익에 과세하려는 경우도 있었다. 물론 환차손에 대한 보전은 없었다. 외항해운업계는 1999년 부채비율을 200% 이하로 하라는 명령(실제로는 IMF와 관련된 내용이다)에 시달렸고 해운산업육성법이 폐지되었고 내항화물운송사업자의 면허제가 등록제로 변경되었다. 사업진입제도로서의 면허제는 해운시장이 협소하므로 관청에서 사업자 수를 제한하는 제도인데 제한방법은 관청의 재량 행위였다. 면허제는 대체로 운임결정방식으로서 운임허가제와 결합되어 사용되었다.

사업진입제도로서의 등록제는 사업자가 등록기준을 충족하기만 하면 사업을 개시할 수 있도록 하는 것인데 등록기준을 객관화하고 공표하여 관청의 재량을 없앤 것이 특징이다. 등록기준은 사업자가 배상책임을 부담하거나 파산 시에 보험금 회수를 포함하여 소정의 책임을 질 수 있을 정도로 설정하였다.

2000년에는 한국선주상호보험조합이 설립되었다. 이로써 국적선사들도 국내 보험사에 가입할 수 있게 됨으로써 국부유출 방지는 물론 신속하고 양질의 클레임 서비스를 받을 수 있게 되었다. 또 운임신고제에서 운임공표제로 변경되었다. 선박양도차익 과세이연이 허용되었으며, 민간자본시장을 통한 선박건조자금의 안정적인 공급기반 마련을 목적으로 선박투자회사제도가 도입되었다.

특히 ISM 코드가 1998년 7월 1일부터 시행에 들어갔는데 ISM 코드는 일반제조업의 품질경영 및 품질보증에 관한 국제규격인 ISO 9000시리즈 중에서 서비스 부문에 관한 표준규격인 ISO 9002를 해운업계에 도입한 것으로, 해운업의 안전을 강화한 것이다. 이 코드는 선박은 물론이고 경영 및 선원에 이르기까지 전반적으로 적용되었다.

1991년부터 1998년까지 전 세계에서 발생한 해상강도 피해사례는 1,259건으로 동남아시아가 580건으로 가장 많고 극동지역 215건, 아프리카 143건 등이었다. 우리나라 역시 해적 피습이 해운업에 중요한 과제가 되었다. 해적 피습에 대한 대응요령을 마련하고 국제적 공조를 유지하면서 해적 피습에 대응하였다. 또한 이 시기에 국제유가가 상승하면서 선박연료유 가격도 상승하여 선박운항 원가가 높아지게 되어 선사들에게 경영압박을 주었다. 유럽에서는 1999년 12월 프랑스 연안에서 발생한 유조선 에리카호의 대규모 유류오염사고를 계기로 단일선체 유조선의 운항규제를 시행하였다.

2001년 8월 23일 우리나라는 IMF에서 빌린 돈을 모두 갚아 3년 8

개월 만에 IMF 관리체제를 졸업하였다. 그러나 2001년에 조양상선과 장영해운이 파산선고되었다. 정부는 해운산업의 인정적 성장기반을 마련하기 위해 선박투자회사법을 제정하고, 기업의 부채비율을 200% 이하로 축소하라는 당시 은행감독원의 기준을 해운업계의 경우에는 그 특수성을 인정하여 적용대상에서 제외될 수 있도록 하는 방안을 추진하였다. 또 포항제철의 해상운송 최저가 낙찰제를 개선했으며 사이버 해운거래소를 설치하였다.

해양수산부는 2001년 6월 26일 '해운산업중장기발전계획'을 공표했는데 그 내용은 선박금융제도 개선방안, 해운조선연계 육성방안, 연안해운 구조혁신방안, 선원인력의 안정적 확보방안, 한국해사중재원 설립방안, 크루즈산업 발전기반조성방안, 한중항로 발전방안, 남북한 해상운송 발전방안 등 20대 중점추진과제가 담겨 있었다. 이 계획이 제대로 추진되면 2010년에는 선박보유량은 3,600만 톤, 선사의 운임수입은 300억 달러, 해운산업이 GDP 중 차지하는 비율은 2% 이상으로 증가하게 되는 것이었다.

2002년 하반기부터 선박수요가 크게 늘어나면서 해운시황이 상승세로 돌아섰고 유조선 운임도 큰 폭으로 상승하였다. 그러나 해상테러 예방을 위한 컨테이너보안협정은 해상교역의 흐름에 지장을 주었으며, 프랑스 연안에서 발생한 대형 유류오염사고는 단일선체 유조선의 퇴출을 앞당기고 있었다. 2002년 4월 1일 제주도선박등록특구제도가 시행에 들어갔고 343척이 등록했는데 국적외항선이 201척, 국적취득조건부나용선이 142척이었다. 제주도선박등록특구는 제주국제자유도시특별법 제221조에 의하여 선박등록을 활성화하기 위하여 지정된 제주자치도의 개항(제주항 및 서귀포항)을 의미한다. 이 제도는 선박등록특구를 선적항으로 하는 선박에 대하여는 선박에 부과되는 국세 및 지방세를 면제해주는 제도이다. 세계적으로 보편화된 선박의 역외등록 추세를 수용하여 한국해운의 해외이적방지 및 국제경쟁력을 배양하기 위하여 도입한 제도이다. 이 특구에 등록한 국적외항선은 재산세, 지방교육세, 공동시설세가 전액 면제된다.

선박투자회사제도가 시행되었으며 외항선이 연안 컨테이너화물을 운송하는 것이 허용되었다. 외항컨테이너선이 피더선의 영역을 침범하는 것인데 사실 미국처럼 큰 나라는 우리와 달리 이것이 대단히 중요한 문제가 될 수 있다. 예컨대 시애틀에서 컨테이너를 싣고 멕시코만 북부의 미국 도시로 가게 되면 철도운송에 비해 신속하고 운송비가 저렴하다. 특히 미국은 이러한 연안 컨테이너화물이 많아 내항해운사의 반발이 컸다.

2003년에는 한국선박운용주식회사가 출범했으며 항만공사법이 제정·공포되었다. 선박운용주식회사는 선박투자회사가 마련한 선박을 수탁하여 운용하는 회사이다. 이 회사는 선박운용 성과를 선박투자회사에 주고 투자회사는 주주에게 배당을 하는 시스템이다. 그리고 과거에 국가가 직접 부두를 운영했다가 부두를 '터미널'로 바꾸고 TOC로 하여금 터미널을 운영하게 하였다. 항만공사(Port Authority)는 국가로부터 항만 내 모든 터미널의 소유권 또는 장기 대부권을 인수하여 터미널을 TOC에 임대 또는 전대한다. 그리고 TOC로부터 터미널 임대료를 받는다. 그러므로 항만공사는 '터미널임대공사'가 되는 것이다. 항만공사는 항만운영을 하지 않는다. 계약을 통해서 업무를 수행하며 법률을 집행하지 않는다. 항만운영은 항만관리청이 하는데 주로 선박입·출항, 항만보안, 국경관리, 항만서비스 감독, 항만안전관리 등이다. 항만관리청은 항만관제요원, 개항단속반, 항무과 직원, PORTMIS(항만정보관리시스템)를 갖추고 도선사와 예선 및 TOC 등을 지휘 감독하고 항만법, 개항질서법, 항만운송사업법, 항만보안법, 도선법 등을 집행하여 항만관계자나 선박 또는 일반인에 대하여 물리적 또는 법률적 강제력을 행사하여 항만을 운영한다. 항만관리청은 항만공사에 약간의 업무를 위탁했으므로 항만공사 직원이 그 업무를 수행할 때에는 공무원으로 간주된다.

2004년 우리나라는 중국과 일본에서의 한류열풍에 힘입어 선사들의 경영수지가 크게 개선되었다. 운임수입은 24조 5,000억 원에 달하였다. 해양수산부는 2004년 6월 5일 남북해운합의서와 부속합의서를 북측과 교환하였다. 이 남북해운합의서에 따라 제3국적선으로 수송하던 남북한 간의 교역물자를 남북국적선이 직접 수송할 수 있게 되었다. 각 항만 당국은 자국 항만에 입·출항하는 상대국 선박을 자국선과 동일하게 대우한다는 것이다. 한국형 선박펀드가 도입되었고 상선 선원의 주5일제 근무, 근로시간은 40시간으로 변경되었다. 포괄적으로 금지되었던 선원의 쟁의행위가 허용되었다. 물론 항해 중인 경우와 선박안전에 영향을 주는 경우는 제외하였다.

그리고 선박톤세제도가 도입되었다. 선박톤세제도는 해운기업에 대하여 영업이익이 아닌 운항선박의 순톤수와 운항일수를 기준으로 과세하는 제도로, 유럽의 해운 선진국들이 해외 이적으로 감소된 자국의 상선대를 회복하기 위하여 해운산업에 대하여 특별히 적용하는 법인세 과세표준특례제도이다. 해운기업은 적용기간 5년마다 톤세 또는 법인세를 선택해야 한다. 연평균 약 2,100억 원의 세제 혜택이 부여되고 있다. 특기할 만한 것으로 2004년 포항제철이 연간 300만 톤 규모의 철광석 장기운송을 일본선사에 비공개 수의계약으로 넘긴 것이다.

2005년에는 '해운·조선산업발전위원회'가 설립되었다. 조선산업은 막대한 초기자본이 소요되는 장치산업이며, 세계경제나 해운시황의 영향을 받기 때문에 중장기적으로 경기가 순환되는 양상을 보인다. 적정기술과 인력 확보가 필수적인 노동집약적 산업의 특성이 있고 다수의 기능인력이 필요하고 철강 등의 수요견인 산업이며 생산파급효과가 크다. 국가방위산업이므로 정부가 국가보조금을 지급하고 고가의 군함을 지속적으로 발주한다. 수주에서 인도까지 장기간이 소요되므로 파이낸싱 및 장기자금순환을 관리할 수 있는 능력이 중요하다. 2003년 1~9월까지의 수주실적은 382척, 1,313만 톤으로 전기 대비 234.4% 증가했고, 건조량은 179척 582만 톤으로 11.9% 증가하였다. 수주잔량은 699척 2,438만 톤으로 전기 대비 63.6% 증가하였다.

조선산업의 역사는 제1차 및 제2차 경제개발계획과 함께 시작되었다. 그러나 1960년대에는 계획범위가 내수시장에 머물렀다. 1970년대 제3차 경제개발계획 때에는 정부의 주요 육성산업으로 채택되어 현대중공업, 대우중공업, 삼성중공업의 조선소 건설로 국제경쟁체제를 갖추었고, 계획조선제도 및 연불수출제도의 실시 등 각종 지원책이 조선산업 발전에 지대한 공헌을 하였다. 불과 10년 만에 눈부신 발전을 거듭했고 1978년에는 수주량 기준으로 세계 2위가 되었다. 이에 '해운·조선산업발전위원회'를 설치하여 이러한 성과가 지속될 수 있는 방안을 마련하여 추진하였다.

2008년부터 국적선사 및 가스공사 간의 조인트벤처 설립을 추진했으며 국가필수국제선박제도가 시행되었다. 국가필수국제선박제도는 비상시 주요 물자를 안정적으로 운송하고 자국선원의 안정적인 고용을 위해 국가필수선박을 지정한다(국제선박등록법 제8조 제1항). 국가필수선박은 국제선박 중 총톤수 1.5만 톤 이상이고 선령 20년 미만으로 중요물자의 운송이 가능해야 한다. 중요물자는 군수품, 양곡, 원유, 액화가스, 석탄 또는 제철원료이다. 국내 화주와 장기운송계약을 체결한 선박을 우선 지정할 수 있고 특별한 사정이 없는 한 연장된다. 지정척수는 2010년 이후 88척이며 물자운송은 1억 5,000만 톤이고 2013년 손실보상액은 60억 원이었다.

2007년 BDI 운임지수가 1만 포인트를 돌파했고 유조선 시황이 매우 좋았다. 다만 동남아항로 및 한중항로는 물동량 증가세가 둔화되면서 선박과잉에 따른 집하경쟁과 고유가로 인한 운항원가의 상승으로 고전하였다. 2007년 6월에는 한미자유무역협정(FTA)이 타결되었다. 승선근무예비역제도가 도입되었는데 해기사 면허를 소지하고 3년간 승선근무를 하면 현역복무를 한 것으로 간주하는 것이다. 그리고 부산항, 평택항에 이어 2008년 인천항 노무인력 상용화가 실시되었다. 항운노조가 노조인력 풀을 가지고 있다가 필요한 때에 하역회사에 인력을 공급하던 것을 TOC가 노무인력을 상시적 · 상업적으로 고용하는 방법으로 바꾼 것이다. 부두생산효율을 크게 향상시킬 수 있으나 독점적 권한을 가지고 있던 항운노조와의 갈등을 피할 수 없었다.

2008년 상법(해상)이 개정되었는데 선박소유자의 책임한도가 상향조정되었다. 이는 국제협약의 추세에 발맞추어 그 내용을 수용한 것이다. 또 2008년에는 해양수산부가 폐지되었다.

2008년 5월 30일 1만 1,700포인트이던 BDI 운임지수가 6개월 만에 663포인트로 떨어졌으며 하반기에 리먼브라더스의 파산보호신청이 있었다. 해운시황의 하락과 금융위기로 해운선사는 선복량 감축, 용선선박의 조기반선, 선가원리금 상환, 신조선 중도금결제 지연, 대출금만기연장, 선가원리금 상환유예, 발주계약의 재조정, 외화환산회계제도의 개선, 선박펀드의 활용방안 등을 정부에 요청하게 되었다. 2008년 금융위기에 따른 해운불황은 그 특징이 굉장히 빠르다는 점이었다. 순식간에 부정기시장, 정기선시장, 유조선시장이 무너져내렸다.

정부는 2009년 4월 23일 기획재정부, 국토해양부, 금융위원회가 공동으로 마련한 '해운산업의 구조조정과 경쟁력강화방안'을 발표하였다. 그 내용은 1) 주채권은행이 실시 중인 38개 대규모 해운업체에 대한 신용위험평가를 4월 말까지 완료하고 평가결과에 따라 업체별 구조조정 및 지원방안을 이행할 수 있도록 유도하고, 2) 해운사의 원활한 구조조정 지원을 위하여 1조 원 내외의 선박펀드를 조성하여 운항 중인 선박을 시가로 매입하고 기존 채무의 조정을 유도하고, 3) 투기성 다단계용대선관행을 근절하기 위하여 무등록업체의 실태조사를 수행하고 위반사항에 대하여 고발 조치하며, 4) 선박투자회사에 대한 지분출자 제한을 폐지하여 해운, 조선, 금융기관의 선박금융업 참여를 유도한다는 것이었다.

그러나 선박펀드의 지원규모가 미미하여 선사에 큰 도움이 되지 않았으므로 정부는 11월 5일 '해운산업 동향 및 대응방안'을 발표하였다. 선박금융 위축에 대한 보완책 마련이 필요하므로 유동성 우려가 있는 일부 대형업체는 계열사 정리, 유상증자, 선박 매각 등 자구책을 포함하는 재무구조 개선약정을 통해 자율적인 구조조정과 자금 확보를 유도하도록 하였다. 또한 선박펀드의 운영을 개선하여 선순위금융의 확보가 제한적일 경우 구조조정기금을 최대 60%까지 투입할 수 있도록 탄력성을 부여하고 채권금융기관들도 선박펀드에 참여하도록 유도하는 한편, 현재 운항 중인 선박에 대해 지원되고 있는 선박펀드 매입대상을 건조 중인 선박에까지 포함하도록 그 대상을 확대하였다. 그 외에도 수출입은행의 신조선 선박금융을 지속적으로 공급하고 신조선 건조 시 국적외항선사에 수출보험공사의 대출보증에 지원을 추진하고 국적외항선사의 해외 현지법인에 대한 보증지원도 활성화하기로 하였다.

2010년이 되면서 국적선사와 대형화주 간 장기운송계약이 활발하게 이루어지고 외항선박 외국인선원 승선제한이 완전히 풀렸으며, 등록기준이 미달된 16개 선사 중 회복이 불가능하다고 판정한 10개 선사에 대하여 등록취소를 통하여 퇴출시켰다. 또 해운산업 동향파악 및 대응방안이 중요해졌으며 국가필수선박 지정기준이 완화되었다.

2010년에는 컨테이너선, 벌크선, 유조선 등 부문별 시황이 상승세를 지속하여 상반기 국내 대형 선사들이 모두 흑자로 전환했으며, 하반기에는 영업실적이 큰 폭으로 올랐다. 국적 외항 상선대는 1960년 10만 GT, 1995년 1,000만 GT, 2009년 2,300만 GT, 2013년 3,974만 GT가 되었다. 국적외항선사의 해운수입은 1970년 8,000만 달러, 1980년 18억 9,000만 달러, 1990년 39억 7,000만 달러, 2008년 469억 7,000만 달러, 2009년 244억 2,000만 달러, 2013년 315억 8,000만 달러를 기록하였다. 수출입 물동량은 1970년 2,200만 톤, 1980년 9,403만 톤, 1990년 2억 1,978만 톤, 2000년 5억 6,960만 톤, 2008년 8억 9,469만 톤, 2009년 8억 4,830만 톤, 2013년 11억 2,321만 톤, 2014년에는 11억 8,464만 톤에 이르렀다. 독일의 해운전문 리서치기관인 ISL에 따르면 2014년 우리나라의 실질 지배선대는 1,623척, 8,517만 DWT으로 세계 5위의 위상을 가졌다.

2008년 사상 최고의 호황기와 2009년 9월 리먼브라더스 사태로 인하여 해상물동량이 급격히 감소하는 롤러코스터 시황에 따라 극심한 위기에 봉착하였다. 몇년 전 호황기에 발주한 선박이 투입되고, 선박해체의 감소로 선복량은 증가하고 해상운임은 폭락하였다. 특히 호황기에 고가로 체결한 용선 부문에서의 손실 확대, 선가 하락에 따른 금융권의 압박, 신조선 건조자금 조달 차질 등이 주요 현안이었다. 불법 용대선에 대하여 감시 감독을 강화하고 톤세제 적용 요건상 용선비율을 하향 조정하였다. 대형선사는 회사채 3조 원을 발행하여 유동성을 확보하였고, 중소선사는 패스트 트랙(Fast Tract)에 가입하여 일시적으로 원금상환을 유예받았다. 신조선 건조자금 조달에 관한 것은 선사 사정이 달라서 선사별로 대응했는데 일부분이 해결되었다. 한국자산관리공사의 선박매입프로그램은 해운위기 시 선박이 헐값으로 해외에 매각되는 것을 방지하기 위한 것으로 2009년 18척, 2,400억 원이 투입되었다. 당초 계획은 1조 원이었다. 업계에서는 선사의 유동성 문제를 해결하기 위하여 선박담보가치비율(LTV) 요건 적용을 완화 또는 유예해줄 것을 건의하였고, '주채무계열 재무구조 평가기준'의 개선 건의가 있었으나 정부가 이를 수용하지 않았다.

민간단체는 국제해운거래소(ICS)에 2009년 재가입하였다. 국제해운거래소는 1921년 설립되었으며, 전 세계 상선대의 75%를 차지하고 있다. 그리고 발트해국제해사협의회(BIMCO)에 가입했는데, 이 협의회는 1905년 설립되었고(본부는 코펜하겐에 있다) 123개국 2,600여 개의 선주, 선박관리회사, 해운중개인, 해운대리점 등을 회원으로 보유한 국제해운 민간단체이다. 선박관리회사는 해상여객운송사업, 해상화물운송사업 또는 선박대여업을 경영하는 자(외국인을 포함한다)로부터 선박관리, 선원관리, 해상보험관리를 수탁하여 행하는 회사를 말한다. 해운중개업자는 해상화물의 중개, 선박의 대여 용대선 또는 매매를 중개하는 사업자를 말한다. 해운대리점업자는 선박회사(외국인을 포함한다)나 그 총대리점과 대리점 계약을 맺어 특정 항만에서 선박회사 업무를 대행 처리하는 사업자를 말한다. 선박회사는 아주 빈번하게 출입항하는 항만에는 지사를 설치하여 업무를 처리하지만 나머지 항만에서는 대리점 계약을 통하여 자사의 업무를 대행처리하게 한다.

선박확보방법별 국적외항선대 구성을 보면 국적취득조건부나용선이 475척, 3,035만 GT로 전체 선복량의 76.4%를 차지하는 지배적 방법이었다. 기타 선박확보방안은 계획조선제도, 한국은행 외화자금, 선박리스금융, 수출연불금융, 선박투자회사를 이용하는 방법이 있다. 2013년 우리나라 수출입 화물 가운데 국적선사에 의하여 수송된 화물은 1억 1,175만 톤으로 12.2%의 국적선 적취율을 기록하였다.

2011년 1월 15일 소말리아 해적에게 피랍된 삼호 주얼리호(1만 톤급) 사건 이래 우리나라는 주도적으로 연합해군작전(아덴만의 여명작전)을 시행하였다. 해적사고 동향을 살펴보면, 소말리아 해역 및 아덴만의 해적사고가 2009년 197건, 2010년 192건, 2011년 197건, 2012년 62건, 2013년 13건으로 감소하였다. 그 이유는 연합해군작전, 선박의 보안활동, 민간무장보안요원 탑승, 소말리아 정권의 안정화에 따른 것이었다. 2008년 폐지되었던 해양수산부가 2013년 새롭게 부활하였다.

5. 전망과 과제

우리나라 외항해운업은 무에서 출발하여 선박, 선원, 해운경영능력, 운송수요 등을 창출하면서 형태를 갖추기 시작했고, 산업화 시기에 정부의 보호육성규제를 통하여 양적으로 크게 성장하였다. 이러한 과도한 양적 팽창은 수급불균형에 매우 취약한 결과를 가져왔다. 정부가 시장에 개입하여 불균형 문제를 시정하였다.

민주화 시기에는 정부의 외항해운업에 대한 보호육성규제 중에서 주로 외항해운업 참여 이해관계자에 대한 적절한 배분을 가로막고 있던 규제가 집중적으로 폐지되었다. 개방화 시기에는 외국인에 대한 차별적 규제나 관행이 제거되었으며 국제기준에서 볼 때 기준 미달이었던 안전, 노동, 선박금융 등이 선진국 수준으로 개선되었다. 그리고 선진 해운국에서 운영 중인 해운관련 제도를 적극적으로 수용하였다. 지난 70년간 우리 외항해운업은 양적 성장 및 질적 변화를 경험하였다. 무수한 과오에도 불구하고 짧은 기간에 외항해운업이 크게 발전했다는 것은 우리 해운정책이 상당히 유효했음을 말해준다. 정책수단이 매우 제한된 상황에서도 창의, 과감성, 인내력이 발휘되었다.

우리나라 외항해운은 향후 비정형적 문제나 해운산업 외적인 문제에 직면할 가능성이 크다. 특히 외항해운업의 등록제 이후 또다시 중소 외항선사들이 우후죽순처럼 설립되어 해운업체는 화물수송 외에도 선박의 용대선 등 다양한 방식으로 사업을 영위하게 되었다. 2009년 미국의 금융위기로 촉발된 세계 경기의 불황으로 고비용 구조의 우리나라 선사들은 직격탄을 맞아 한국해운산업이 큰 위기에 처하게 되었다. 이 외에도 전염병, 테러, 유해미생물의 이동, 신용 붕괴 등은 이미 외항해운업에 중대한 영향을 미치고 있다고 해야 할 것이다. 비정형적 문제나 해운산업 외적인 문제에 직면하는 경우, 다시 기본으로 돌아가서 원칙에 대한 깊은 성찰이 있어야 한다. 문제의 본질을 이해하고, 적절한 시기에 문제를 제기하고, 해결을 도모하는 지혜와 열정이 필요한 것이다.

2부

항만정책의 변화

항만은 선박과 사람의 출입과 화물의 하역, 보관 및 처리, 해양친수활동 등을 위한 시설과 화물의 조립, 가공, 도장, 제조 등 부가가치 창출을 위한 장소를 말하며, 항만법상 크게 무역항과 연안항이 있다.

항만구역은 수상과 육상 구역으로 구분되며, 항만시설이라 함은 안벽과 물양장(物揚場), 항로와 정박지, 방파제 등 기본시설과 하역시설과 항로표지 등 항행보조시설, 대합실 등 기능시설, 보관창고와 업무용시설 등의 지원시설, 낚시터와 해양레저용 시설 등 항만 친수시설과 항만배후단지가 있다.

항만은 선박에 의하여 우리나라 수출입 물동량의 99.7% 이상을 처리하는 물류종합기지이며, 유류 및 생필품 등 연안화물과 연안여객 및 국제여객이 출입하는 장소로서 안전하고 편리하게 이용할 수 있는 시설을 갖추어야 하며, 항만이용자 모두에게 고도의 서비스가 요구되는 장소이다.

우리나라 항만의 변천과정은 1876년에 개항한 부산항이 최초의 무역항이며, 1883년 인천항 개항에 이어서 항만 개발과 운영이 시작되었다고 할 수 있다. 개항 30년 후인 1906년부터 항만의 중요성을 인식하여 주요 물자가 처리되는 무역항부터 개발되면서 항만에서 사람 출입과 화물의 처리가 점점 늘어났다. 또한 1970년부터 컨테이너 용기와 컨테이너 전용선에 의한 국제교역이 크게 늘어나면서 컨테이너 부두 개발과 컨테이너 화물처리 위주로 항만개발과 운영정책도 변화하였고, 부산항 신항의 경우 컨테이너 전용항만으로 개발하여 지금은 동북아의 중심항으로서 세계 6대 컨테이너항으로 발전했으며, 광양항, 인천, 평택, 울산신항의 경우에도 컨테이너 부두 개발 위주로 전환되었다.

2014년 말 현재 전국 항만에서 컨테이너 2,480만 TEU를 처리하는 놀라운 성과는 동북아 물류중심국가 구현정책, 대규모 컨테이너 부두 개발과 대형 갠트리크레인 등 하역장비의 확충, 항만운영 시스템의 자동화와 글로벌 대형 선·화주 유치정책에 주력한 결과라고 볼 수 있다.

우리나라의 항만개발과 운영정책은 박정희 대통령의 '4해 약진' 휘호 아래 1976년 3월 창설된 해운항만청 때부터 항만개발기본계획을 수립하고 소요예산을 확보하여 본격적으로 추진하게 되었고, 이 시기가 해운항만 선진국가로 도약하는 일대 전환기가 되었다. 이전까지는 건설부와 교통부에서 관장함으로써 항만정책의 이원화에 따른 많은 문제점이 발생되었으며, 국유국영체제에 의한 항만운영에도 한계가 있었다. 그러나 해운항만청에서는 세계 해상운송체계의 변화와 선·화주들의 요구에 신속하게 대응할 수 있는 항만개발과 운영정책을 수립하고 지방해운항만청에서 차질 없이 집행함으로써 인프라의 적기 확충과 선진제도의 도입 등이 쉽게 이루어지게 되었다.

이어서 김영삼 정부에 의한 해양수산부 발족과 함께 해운항만정책의 대전환기를 맞게 된다. 부 단위에서 각종 법령과 제도를 빠르게 제·

개정할 수 있었으며, 특히 관계 부처 간 긴밀한 합의를 통해서 국가 차원의 종합항만개발계획을 수립하여 소요예산을 적기에 확보하고 연차별로 체계적으로 추진할 수 있게 된 것이다.

김대중 정부와 노무현 정부에서의 개방화·민영화 방침에 따라 민자 유치에 의한 항만개발이 탄력을 받으면서 정부 재정의 한계를 극복해나갔으며, 항만운영도 국유국영체제에서 국유민영체제로, 다시 민유민영체제로 바뀌고, 국유부두의 매각, 부두운영 회사제 정착, 항만공사제 도입과 선박의 입·출항 절차 간소화 등 선진 항만운영 시스템의 구축 등이 급속하게 이루어졌다.

항만법상 항만의 종류

무역항 (31개소)	국가관리항 (14개소)	인천항, 경인항, 평택 당진항, 대산항, 군산항, 장항항, 목포항, 광양항, 여수항, 마산항, 부산항, 울산항, 포항항, 동해항
	지방관리항 (17개소)	서울항, 보령항, 태안항, 완도항, 삼천포항, 통영항, 고현항, 옥포항, 장승포항, 진해항, 속초항, 옥계항, 삼척항, 호산항, 제주항, 서귀포항, 하동항
연안항 (29개소)	국가관리 연안항 (11개소)	용기포항, 연평도항, 상왕등도항, 대흑산도항, 가거향리항, 추자항, 화순항, 거문도항, 국도항, 후포항, 울릉항
	지방관리 연안항 (18개소)	대천항, 비인항, 송공항, 홍도항, 팽목항, 갈두항, 화흥포항, 신마항, 녹동신항, 나로도항, 중화항, 부산남항, 구룡포항, 주문진항, 애월항, 한림항, 성산포항, 강구항

출처: 국토해양부(2011), 『항만업무편람』.

전국 항만 위치도

출처: 해양수산부.

4장 /

항만건설정책의 변화

강범구

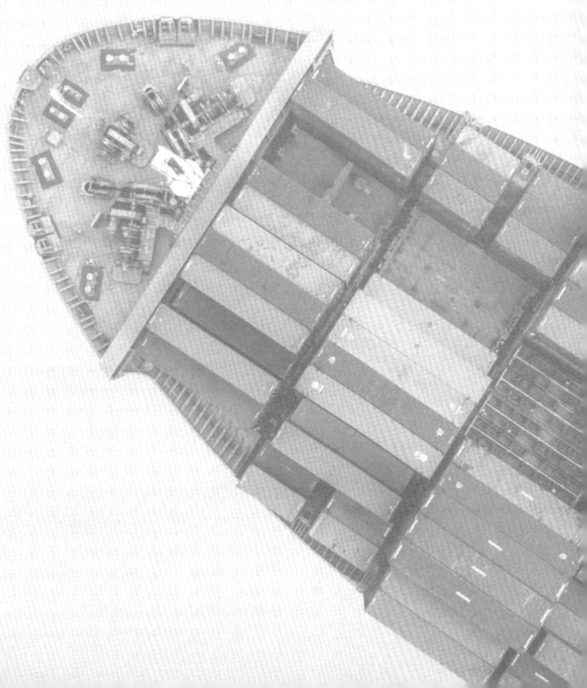

1. 서론

자원이 부족한 우리나라에서 해외의 자원과 재화를 적기에 조달하고, 생산한 재화를 적기에 수출하는 항만의 건설과 운영은 경제성장에 필수적이라 할 수 있다. 이러한 필요성으로 우리나라는 정부 수립 직후부터 적극적으로 항만건설을 추진해왔다. 이러한 정부의 항만건설 노력을 간략히 살펴보면 다음과 같다.

1948년 정부 수립 후 경제부흥을 지원하기 위하여 항만건설 기본계획을 수립하고 적극 추진했으나 예산 부족으로 항만건설은 물론 기존 시설의 유지보수도 제대로 하기 어려운 실정이었다. 이러한 상황에서 1950년 6·25전쟁으로 그나마 남아 있던 소규모의 항만도 막대한 피해를 입게 되어 해상 수송화물 처리에 애로가 많았다.

그러나 1962년부터 시작된 경제개발 5개년계획에 따라 정부는 기간산업의 건설과 사회간접자본의 확충이라는 경제개발목표에 따라 공업항을 건설하기 시작하였다. 즉 막대한 자금이 소요되는 항만은 국가가 건설하고 국가가 직접 운영하는 국유국영정책이 추진되었다.

1963년부터 시작된 울산공업지구의 지원을 위한 울산항 개발을 필두로 진해 제4비료 공장을 지원할 진해항 등을 건설하였고, 태백지역의 무연탄을 해상수송하기 위하여 묵호항 등을 건설하여 전국의 공업단지 운영에 차질이 없도록 하였다. 그 후에도 1967년부터 시작된 제2차 경제개발 5개년계획 기간 중에는 산업구조를 근대화하려는 정책목표에 따라 건설되기 시작한 포항종합제철 수송물량을 처리하기 위하여 포항신항만 공사가 1968년 착공되기도 하였다.

이와 같이 우리나라 항만건설은 1962년부터 시작된 경제개발계획에 따라 신설되는 공업단지를 지원하기 위한 공업항 건설 위주로 대규모로 건설되어 국가 경제발전을 지원하기 시작하였다.

그러나 1960년대 이후 우리 경제의 급속한 압축성장으로 수출입 화물이 대폭 증가함에 따라 1970년대에 들어 상업항으로서의 부산항과 인천항 등을 중점개발하기 시작하였고, 이와 함께 선박의 대형화 및 화물의 컨테이너화 추세에 맞추어 부산항을 비롯한 광양항 등지에 대형 컨테이너 부두를 건설하기 시작하였다. 하지만 항만건설에는 막대한 자본이 투입되므로 그 당시 정부예산으로는 적기에 소요예산을 조달하기가 어려워 IBRD 차관은 물론 국제연합개발계획(UNDP) 원조자금 등과 사우디아라비아 등에서 차관을 빌려 항만건설비용에 충당하였다.

이와 같이 우리나라는 항만을 국가가 건설하고 운영하는 국유국영 시스템으로 운영해오고 있었으나 1980년대 이후 선박의 대형화 추세에 따라 항만의 규모가 커지고 이에 따른 항만건설비용이 대폭 증가했을 뿐만 아니라 국가가 직접 운영함으로 인한 항만운영 비효율화 문제가 대두하게 되었다.

이러한 문제를 해결하기 위하여 1990년대 초반 해운항만청은 항만운영 효율화를 위하여 국유항만시설에 대하여 민간사업자가 매년 일정한 사용료를 납부하는 대신에 부두시설을 직접 관리 운영하는 국유민영 형태의 부두운영회사 제도인 TOC(Terminal Operating Company) 제도를 시행하게 되었다. 정부가 이러한 제도를 도입하게 된 배경은 민간 TOC가 부두를 이용하는 선사와 화주들을 직접 유치함으로써 인근 항만 및 부두 간에도 서비스경쟁을 하게 되어 결과적으로는 항만 이용자들에게 질 높은 서비스를 제공하게 되고, TOC 자체적으로도 비용절감 등을 위한 운영효율화를 도모함으로써 궁극적으로는 우리나라 항만운영의 효율화를 도모하게 될 것이라고 판단했기 때문이다. 이러한 제도의 시행으로 공무원들이 직접 운영할 때보다 전체적으로는 항만운영 효율성이 크게 제고되는 효과가 있었다. 그러나 이러한 제도가 더 큰 효과를 나타내기 위해서는 TOC가 근로자들을 자율적으로 고용할 수 있어야 하는데 그 당시 항만노무인력은 항운노소가 독점적으로 공급하고 있어서 정부의 이러한 기대는 궁극적으로 반쪽 효과밖에 거두지 못하는 결과를 초래하였다.

한편 각종 항만시설 건설의 경우 정부예산 확보에는 많은 시간과 절차를 거치도록 되어 있어 수요가 발생하더라도 이를 적기에 건설하기에는 많은 어려움이 발생하였다. 정부에서는 이러한 문제를 일부 해결하기 위하여 부두 인근 해역의 준설이나 간단한 일부 항만시설의 개보수 등은 민간이 직접 공사비를 투자하고 그 비용을 추후 상계 처리하는 비관리청항만공사제도를 시행하여 효과를 보기도 하였다. 그러나 1990년대 들어 항만은 물론 도로 등 사회간접자본시설의 새로운 수요는 지속적으로 증가하고 있으나 막대한 정부재정을 적기에 투입하기에는 어려움이 있어 새로운 대책을 마련해야 한다는 목소리가 커지게 되었다.

이에 따라 기획재정부 및 해운항만청 등 관련부처에서는 수차례 협의를 거쳐 1994년 8월 항만 등 사회간접자본시설에 대한 민간의 투자를 촉진하고 창의적이고 효율적인 사회간접자본시설의 확충 및 운영을 도모함으로써 국민경제 발전에 이바지함을 목적으로 '사회간접자본시설에 대한 민간자본 유치촉진법'을 제정하고 민간이 항만과 같은 사회간접자본시설에 직접 투자하고 직접 운영할 수 있도록 항만개발 및 운영시스템을 획기적으로 변화시켰다.

사회간접자본투자에 관한 이러한 획기적인 정책변화에 따라 부산항 신항 등의 경우 국내외 민간자본이 참여하여 부두시설 건설에 참여했고, 준공 후 직접 부두를 운영할 수 있게 됨으로써 항만건설도 새로운 전기를 맞게 되었다.

한편 그동안의 항만건설 방향은 항만 자체의 시설확충과 장비의 현대화 등만을 추진하면 되었으나 1990년대 중반에 컨테이너 선박이 초대형화되면서 항만의 기능과 역할이 변화하게 되었다. 즉 초대형 선박의 출현에 따라 선사에서는 선박운항경비 절감 및 선박운항 효율성을 제고하기 위하여 그동안 선박들이 각국의 주요 항만을 모두 기항하던 것을 이제는 그중 주요한 국가의 소수의 주요 항만 위주로만 선별적으로 기항하여 화물을 하역하고 나머지 항만에는 소형 피더선박을 이용하여 환적수송하는 형태로 바뀌게 되었다. 따라서 우리 정부도 부산항 등을 국내외 대형선사의 선박들이 기항하는 중심 항만이 될 수 있도록 항만건설 및 운영정책의 방향을 정하였다. 부두시설뿐만 아니라 항만배후부지를 개발하여 화물의 보관은 물론 유통과 가공 등의 기능을 수행할 수 있게 하였고, 그 외에도 항만의 부가가치를 높이기 위하여 유류공급기지의 건설과 수리조선소의 건설 등 다양한 기능을 보완하고 있다.

아래에서는 이러한 항만건설정책의 변화를 산업화·민주화·개방화라는 시기 구분에 따라 자세히 살펴보고 그 공과(功過)를 평가해보도록 하겠다.

2. 항만건설정책의 변화

1) 정부 수립 이전

청동기시대 유적인 경남 울주군 반구대 암각화에 여러 사람이 배를 타고 고래 잡는 모습이 있고, 통일신라시대에 장보고가 청해진(지금의 완도)을 근거지로 해상권을 장악하여, 당나라 및 일본과의 무역을 관장하고 황해와 동중국해 일대에 세력을 넓혔다는 사실로 보아 여러 나라에 인공적인 항만시설이 발전된 것으로 추론된다.

고려 초기, 조창이 설치된 곳은 흥원창(원주), 덕흥창(충주), 영풍창(서산), 하양창(아산), 안흥창(부안), 부용창(영광), 해릉창(나주), 해룡창(순천), 장흥창(영암), 석두창(창원), 통양창(사천) 등으로, 대표적인 항구였던 것으로 보인다.

조선시대인 1420년대의 중요 항구는 경기도 6, 충청도 8, 경상도 21, 전라도 16, 황해도 7, 강원도 6, 평안도 3, 함길도(함경도) 5곳 등 72곳에 이른다. 조선시대의 조창인 아산의 공세곶, 영광의 법성포, 나주의 영산포, 창원의 마산포, 옥구의 군산포 등지에도 간단한 축대 시설과 밧줄을 맬 바윗돌 외 별다른 시설이 없었고, 항구시설 없이도 정박이 가능한 평저선 형태의 선박이 많았으며, 배의 크기가 커지면서 하천의 하구가 좀 더 유리한 정박지가 되었다.

개항기의 대외무역은 여러 포구에서 소규모로 이루어졌으나, 내이포, 제포, 부산포, 염포만 무역항으로 허가하였다. 1876년 일본과 조일수호조규를, 1882년에는 미국과 조미수호통상조약을, 1883~1902년 동안 영국, 독일, 이탈리아, 프랑스, 러시아, 오스트리아, 청국, 벨기에, 덴마크 등과 조약을 체결하고, 통상항으로 부산과 인천, 원산항을 개방한 후, 진남포, 목포, 군산, 성진항 및 기타 주요 항도 개방하였다. 정부가 항만건설사업을 본격적으로 착수하였고, 부산, 원산, 인천 등 무역항이 근대적으로 건설되면서 방파제와 선박 계류시설도 서서히 만들어졌다.

일제강점기에는 1914년부터 하천취체규칙을 준용했는데, 항만 내 해면에 대해 조선총독부의 허가를 받도록 했으나 1918년과 1925년에는 도지사에 위임을 확대하도록 개정하였다. 1927년 조선공유수면취체규칙을 제정하여 통상항(개항 시기)으로 개방된 항만은 11개, 지정항 27개, 세관 지정항 9개, 지방항 84개였으나, 세관 지정항 9개는 중복되어 총 122개 항이었다. 11개 통상항은 부산(1876. 10), 원산(1880. 5), 인천(1883. 1), 목포(1897. 10), 진남포(1897. 10), 군산(1899. 5), 성진(1899. 5), 용암포(1906. 8), 청진(1908. 4), 신의주(1910. 8), 웅기(1921. 6) 등이다. 지정항은 각종 행정처분이 조선총독의 권한에 속하는 항만이고, 세관 지정항은 우리나라와 일본, 대만, 사할린 및 남양군도 간 선박 및 화물이 출입하는 항만이다. 조선총독부가 발행한 『조선토목 사업지』에 따르면 항만시설을 국비시설, 국고보조에 의한 지방시설, 순지방비 또는 기타 시설로 분류하고 있는데, 국비시설은 부산, 인천, 원산, 청진, 군산, 신의주, 목포항 등 13개 상항(商港, 무역항)이고, 지방항은 여수, 법성포, 감포, 주문진항 등 31개 어항이다.

을사조약(1905년) 이후 국비 420만 엔을 부산, 인천, 원산, 청진, 군산, 목포, 마산, 평양 등 11개 항에 투자했고, 1911~1928년에는 2,760만 엔을 인천항과 부산항 2기 항만건설에 지출했으며, 40개 주요 지방항에는 134만 엔을 국고로 보조하였다. 8·15해방 당시 군산, 목포, 신의주, 진남포, 청진, 웅기 등 6개 항은 시설이 완료되었고, 부산항, 인천항, 원산항, 해주항, 여수항, 마산항, 제주항 등 11개 항은 개발 중이었다. 전체 하역능력은 1,500만 톤에 불과했고 남한만은 1,000만 톤에도 미치지 못하는 실정이었다. 부산항은 1만 톤급 선박 접안이 가능한 유일의 항만으로 1, 2, 3중앙부두와 4부두 일부 건설로 연간 하역능력 450만 톤으로 전 항만의 45%를 차지하였다. 제2항인 인천항은 갑문식 제1선거가 1911~1918년 건설되어 4,500톤급 선박 접안이 가능했고, 연간 하역능력은 130만 톤이었다. 일본은 중국 진출을 위해 8,000톤급 제2선거 건설을 1935년에 착수했으나 30% 공정에서 제2차 세계대전 종료로 공사가 중단되었다. 무연탄 처리항인 묵호항 하역능력은 110만 톤이었다.

2) 정부 수립부터 산업화 시기의 항만건설

(1) 정부 수립 초기

1948년 정부 수립 후 상당 기간 동안, 어수선한 나라 사정으로 항만을 제대로 건설하지 못했다. 다만, 경제부흥을 위한 항만건설의 기본시책은 주요 항의 연간 하역능력을 1,200만 톤으로 증가시키는 것으로 계획하고 적극 추진했으나, 정부 예산 부족으로 항만시설 확충은커녕 유지보수조차 어려워 위축일로를 걷다 1950년 6·25전쟁으로 부산, 마산, 제주항을 제외한 전국 항만이 막대한 재난을 당했다. 접안 및 외곽 시설 피해가 극심하여 하역능력은 1,000만 톤에서 450만 톤으로 저하되었고, 항구마다 장기간 준설을 못하여 매몰량이 2,000만 세제곱미터에 달했으며 부산항, 인천항 등 주요 항은 대형선박의 입·출항이 어려워 이중하역으로 해상화물을 수송하였다. 국제연합 한국재건단(United Nations Korean Reconstruction Agency, UNKRA) 및 미국 원조로 1953년부터 2년간 항만 전재 복구비로 8억 8,500만 환(479만 달러)을 투자하여 부산항을 비롯한 주요 항의 항만시설이 복구됨에 따라 하역능력은 450만 톤에서 670만 톤으로 높아졌다.

정부는 건국 이래 처음으로 1955년부터 1959년까지 항만사업 5개년계획을 마련하였다. 부산항, 목포항, 인천항 등 개발에 526억 환과 외화 2,350만 달러를 투자하여 하역능력 670만 톤에서 1,600만 톤으로 증대시킬 계획을 추진하던 중, 1959년 9월 17일 엄습한 태풍 사라호와 베라호가 항만시설에 75억 환의 막대한 피해를 입혀 하역능력은 당초 목표보다 미달된 902만 톤에 그쳤으며, 사라호 태풍피해는 1961년에야 완전히 복구되었다. 또한 25개 항의 계획으로 방파제 1만 1,150미터, 물양장 2,515미터, 호안 4,820미터 등 항만 간 20킬로미터 간격마다 어선정박시설을 건설함으로써 피난항의 역할과 연안 선박의 입·출항에 기여하도록 계획하였다.

(2) 제1~5차 경제개발 5개년계획과 항만건설

가) 제1차 경제개발 5개년계획 시기

5·16군사정변 직후의 이 시기는 인구급증과 농업 중심의 낮은 성장의 악순환에서 탈피하기 위하여 개발 의지를 결집시키던 때였다. 기간산업의 건설 및 사회간접자본 확충 등이 국가의 기본목표였고, 특히 공업입국에 국가의 명운을 걸고 추진 중이던 울산공업단지를 지원하기 위해 새로운 대형 항만을 건설하고자 하였다. 5·16 군사정부가 경제개발계획을 추진하면서 잠자던 항만이 꿈틀거리기 시작하였다. 1962년 1월 27일 공포된 울산공업지구의 조성에 따른 울산항 개발사업이 1963년부터 본격적으로 착공, 2만·4만 톤급 안벽의 제2·4부두 건설이 착공되었고, 진해 제4비료 공장지원 2만 톤급 항만, 부산항 물양장 축조 등이 시행되었으며, 태백지역 무연탄 해상수송을 위한 묵호항 5천 톤급 안벽이 완공되었다. 서울의 관문인 인천항 시설 정비와 목포항 삼학도 안벽공사, 제주, 여수항 등 주요 항의 시설을 정비하였다.

제1차 경제개발계획 기간 중 사업효과는 총 52억 원의 투자로 연간 하역능력은 904만 톤(1961년)에서 1,465만 톤(1966년)으로 높아졌고, 대형선박 동시 접안능력도 63척에서 67척으로 증가하였다.

항만건설조직은 1961년 10월 2일 해무청 해체와 더불어 경제기획원 산하 국토건설청이 설립되었으며, 청 산하 국토보전국 내에 항만과가 설치되어 항만건설 업무를 수행하였다. 1962년 6월 29일 정부조직법이 개정됨에 따라 건설부로 승계되었는데, 건설부에는 계획국, 국토보전국, 수자원국, 관리국 등이 있었다. 1968년 7월 24일 국토보전국은 항만시설국으로 개편되어 국장 아래에 항만계획과, 일반항과, 공업항과, 해안과 등을 두었다.

나) 제2차 경제개발 5개년계획 기간(1967~1971)

이 시기는 산업구조를 근대화하고 자립경제를 더욱 촉진시키는 기본 목표하에 물가안정, 수출 증대, 국제협력 증진, 기술진흥 등에 중점을 둔 기간이었다. 인천항은 미군의 제1선거(현재 제1부두) 전용 때문에 심화된 인천항의 시설부족현상 해소방안으로, 1965년 11월부터 1966년 4월까지 IBRD가 타당성을 조사한 후 그 타당성이 인정되어 1966년 4월 26일 인천항 제2선거 공사가 착공되었다. 포항종합제철 제1기 지원항만으로 포항신항이 1968년 착공되어 제2차 경제개발계획 기간 중 75% 공정이 추진되었다.

동해안의 거점항인 묵호항은 1만 톤급 2선석 안벽을 완공함으로써 태백산 지역의 대단위 시멘트공장 건설에 따른 시멘트 해상수송에 크게 기여하였다. 울산항은 제2부두 4만 톤급 1선석과 제3부두 시설을 건설하여 공업항으로서의 면모를 일신하였다. 목포항 삼학도 1만 톤급 및 제주항 3천 톤급 1선석과 부산남항 물양장 등 접안시설이 이 기간에 완공되었으며, 제주항, 여수항, 부산항(조도), 마산항, 대흑산도항, 나로도항, 거문도항, 한림항, 성산포항의 외곽시설 공사를 시행하였다. 이 기간 항만시설의 정비·확충에 총 328억 원이 투자되어 하역능력이 1,465만 톤(1966년)에서 1,878만 톤(1971년)으로 제고되었고, 대형 선박의 동시 접안능력도 67척에서 81척으로 증대되었다.

정부는 1967년 3월 30일 법률 제1941호로 항만법을, 시행령은 1968년 1월 4일 대통령령 제3340호로, 시행규칙은 1970년 3월 9일 교통부령 제1369호로 제정하였다. 그 후 2009년 6월 9일 법률 제9773호로 항만을 무역항과 연안항으로 구분하되 무역항을 국가관리항과 지방관리항으로 구분하는 등, 현행 제도의 미비점을 보완한 항만법으로 개정하였다.

다) 제3차 경제개발 5개년계획 기간(1972~1976)

1, 2차 경제개발 5개년계획에 의해 수출입 화물이 급증되었으나, 이를 처리할 항만시설이 확충되지 못해 하역능력 부족으로 경제개발에 큰 장애가 되었기에, 제3차 경제개발계획 기간에는 수출 100억 달러를 대비해 획기적인 항만개발을 추진하였다.

이 시기는 농어촌 경제의 혁신적 개발, 수출의 획기적 증대 및 중화학공업의 건설에 중점을 둔 기간이었다. 이에 따라 수송수요 증가에 대비하기 위하여 부산항, 인천항, 군산항 등 13개 주요 항의 중점 개발로 하역능력을 배가하고, 선박의 대형화 및 컨테이너 증가에 대비하여 부산항, 인천항에 컨테이너 전용부두를 건설하고, 중화학공업의 중점 육성에 따르는 지원항만 건설을 적극 추진하였다. 1974년 5월 10일 인천항 제2선거가 준공됨에 따라 항만건설사상 세계에서 여섯 번째로, 동양에서는 처음으로 대형 갑문식 선거건설이라는 빛나는 업적을 남겼다. 선거 완공 이후 내항 정비와 기능 설비를 위하여 1975년에 제1단계 아시아개발은행(ADB) 차관사업을 착공하였다.

우리나라 수출입 물동량의 반을 처리하는 부산항과 태백지역 석탄과 시멘트의 수송관문인 묵호항에 항만으로는 최초로 세계은행(IBRD)과 사우디아라비아 차관(SFD)을 도입하여 부산항 제1단계 개발사업과 묵호항 확충사업을 1973년 착공하였다. 1973년 12월 '산업기지개발촉진법' 제정·공포에 따른 지원항만으로 화학공단을 위한 삼일항, 조선공단을 위한 옥포항 및 미포항, 기계공단을 위한 창원항, 비금속공업기지를 위한 온산항, 영동지구 대단위 시멘트공장의 확장을 위한 북평항 등 6개 공업항이 일제히 착공되었다. 포항종합제철 제1기 지원항만 건설이 완공되고 제2기 건설도 착공되었다. 마산수출자유지역 지원항만인 마산신항(현 마산항 제3부두)에 2만 톤급 부두 2선석과, 울산항 제1부두에 5천 톤급 1선석도 완공하였다.

제3차 경제개발 5개년계획 기간은 부산항, 인천항을 비롯한 주요 상항(무역항)과 6개 공업항 개발이 활발히 건설되던 기간으로서 총 1,134억 원이 투자됨에 따라 하역능력은 1,878만 톤(1971년)에서 3,460만 톤(1976년)으로 증가되었으며, 접안능력도 81척(최대 4만 톤)에서 129척(최대 8만 톤)으로 증대되었다.

항만건설조직을 보면, 1973년 5월 25일 부산항과 묵호항을 개발하는 IBRD 차관자금의 효율적인 관리를 위하여 교통부 산하에 부산항만관리청을 신설하고 부산, 묵호 지방의 해운국 업무와 건설부 산하 부산항건설사무소, 묵호축항사무소의 항만건설 업무를 통합하였다. 1975년 12월 31일에는 법률 제886호로 정부조직법이 개정되어 교통부 산하에 외청으로 항만청을 신설하고, 교통부가 관장하던 해사 업무 중 해운국의 소관 업무 일체를 이관받아 해운국과 운영국으로 분장하는 한편, 건설부가 관장하던 항만건설행정 중 공업항의 건설행정을 제외한 일반항의 건설행정 일체를 이관받은 시설국 등 3국 14과 4담당관으로 구성하였다.

라) 제4차 경제개발 5개년계획 기간(1977~1981)

이 시기는 성장, 능률, 형평의 조화에 국가 목표를 설정한 시기로, 항만건설 기본목표는 1981년 200억 달러 수출에 대비한 항만시설 확충 및 현대화에 역점을 두었다. 세부 방향은 무역규모 증가에 대비한 항만건설사업 계속 추진, 즉 수출입 화물 증대 및 선박 대형화에 대처한 대형 및 컨테이너 전용부두 건설과 장비 증강으로 하역능력 제고, 항만개발의 지역 안배로 균형발전, 중화학공업기지 건설에 따른 공업항 건설로 수출입 물량의 해상수송 효율성 제고였다.

부산항 제1단계 및 묵호항 개발이 1980년 12월 30일 준공됨으로써 부산항은 컨테이너 전용부두 건설과 함께 기존 제1~4부두 증개축이 마무리되어 국제적 규모의 현대식 항만으로서 손색이 없도록 건설되었고, 화물량 증가에 대비하고자 1979년 7월 23일 두 번째 대역사인 부산항 제2단계 개발사업이 IBRD 차관 도입과 정부투자사업으로 착공되었다. 인천항 내항 정비사업으로 추진된 제1단계 ADB 차관사업이 1978년 12월 13일 준공되어 효율적인 항만운영에 크게 기여하였고, 인천항 제2단계 ADB 차관사업이 1981년 10월 12일에 착공되었다. 포항신항 건설은 연간 조강 850만 톤 규모의 화물처리 지원 항만건설로 10만 톤급 부두 3선석을 포함하여 총 20선석의 부두가 건설되었고, 북평항, 인천항, 목포항, 울산항, 제주항 개발이 적극 추진되었다. 이 기간에 부산항, 인천항 등 주요 항만의 시설확충과 공업항 건설에 집중투자하고 관광객 유치를 위한 제주항, 완도항 등에 총 4,085억 원을 투자하여 하역능력이 3,460만 톤(1976년)에서 8,718만 톤(1981년)으로 증가되었으며, 접안능력도 129척(최대 8만 톤)에서 199척(최대 10만 톤)으로 증대되었다.

① 부산항 제1단계 사업

1971년 부산항 화물량은 788만 톤으로 연평균 16%씩 증가한 반면, 하역능력은 574만 톤에 불과하였고, 1968년부터 컨테이너 화물이 일본 고베항에서 피더선에 환적되어 입항, 일반화물부두에서 혼합 취급되었다. 컨테이너 모선이 직기항할 수 있는 새 컨테이너 전용부두 개발이 시급하여 정부는 1970년 2월 10일 IBRD에 차관을 신청하여, 국제연합개발계획(UNDP) 원조 77만 달러와 정부부담 24만 달러 등 101만 달러로 미국 라이언(Lyon)사가 1971년 5월 3일부터 1972년 1월 3일까지 타당성을 조사하였다. 부산항 등 17개 항의 운영효율성과 항만기구 검토, 항만개발계획을 수립하고, 부산, 묵호, 마산 등 3개 항에 대한 2차 조사 후 최종보고서가 1972년 12월 7일 제출되어, 1973년 6월 27일

차관협정이 체결되었다. 총 차관규모는 8,000만 달러이고 조건은 연리 7.25%, 5년 거치 20년 상환에 약정수수료는 0.75%였다. 그러나 1973년 10월 1차 석유파동으로 공사비가 증액, 1976년 3월 8일 사우디아라비아와 3,500만 달러(1억 2,250만 리얄)의 추가차관(SFD 자금) 협정을 체결하였다. 조건은 연리 4%에 3년 거치 15년 상환, 약정수수료는 0.5%였다. 사업내용은 컨테이너 전용부두인 제5부두(1974년 3월 13일 준공, 현대건설), 석탄, 고철, 광석 전용의 제7부두(1978년 8월 29일 준공, 동아건설), 특수화물 전용의 제8부두(1980년 12월 30일 준공, 동아건설)와 국제부두(1978년 5월 30일 준공, 현대건설), 연안부두(1978년 2월 24일 준공, 현대건설) 건설과 기존 1, 2부두의 개축을 중심으로 컨테이너 진입도로 건설, 준설, 동삼동 투기장 호안(1980년 6월 준공, 현대건설)과 하역장비 현대화 등이었다.

② 부산항 제2단계 사업

제1단계로도 부족한 하역능력 확충을 위하여 1974년 7월 15일부터 1976년 3월 16일까지 2단계 사업의 타당성 조사를 아서 디 리틀(Arthur D. Little), 킹앤개버리스(King & Gavaris) 및 트랜스 아시아(Trans-Asia) 사 등 3개사가 시행하였다. 조사단은 자성대부두를 700미터 연장하여 총 1,300미터로 확장해야 한다고 지적했고, 정부는 IBRD와 1977년 4월 28일 6,700만 달러의 차관협정을 체결하였다. 연리 8.5%에 4년 거치 12년 상환, 약정수수료는 0.75%였다. 사업내용은 제6부두 축조와 하역장비, 기존 제3, 중앙, 4부두 및 제5물양장 개축으로 6,622만 달러의 외자를 포함하여 1,016억 원이 투자되었다.

③ 인천항 제1단계 사업

1974년 당시 인천항은 부두 등의 기본시설만 갖추었고 화물 하역과 야적 및 보관시설 등 기능시설이 미비하여, 효율적인 항만운영을 위해 ADB 차관을 도입하여 115억 원의 사업비로 1975년 9월 8일부터 1978년 12월 13일까지 1단계 사업을 시행하였다. 차관협정은 1974년 4월 11일 효력을 발효하였고, 차관액은 1,163만 달러(당초 협정액은 1,630만 달러, 연리 7.5%, 5년 거치 20년 상환)였으며, 사업내용은 방파제 축조, 도로 및 야적장 포장, 상옥 신축, 예선 건조 및 기중기선 건조 등이었다.

④ 항만협회 설립

항만기술인의 친목을 도모하고 인재 양성 및 항만기술 진흥과 국제기술 교류로 항만기술의 발전을 도모할 목적으로 1976년 12월 27일 한국항만협회 창립총회를 개최, 정관심의와 임원을 선출했고, 1977년 1월 25일 민법 제32조에 의한 비영리 사단법인으로 협회 법인 설립허가를 항만청에 신청하여 1977년 2월 3일 설립허가를 받고, 1977년 2월 16일 협회 법인 설립 등기를 마쳤다. 2007년 7월 2일 항만법 일부개정안이 국회를 통과하여, 2008년 9월 12일 협회가 사단법인을 폐지하고 특수법인으로 전환되었다. 2014년 말 현재 회원 911명(단체 회원 77개사 포함) 규모로 신장하였다.

마) 제5차 경제사회발전 5개년계획 기간(1982~1986)

이 기간에는 물가안정을 경제정책의 최우선 과제로 두고, 빈약한 부존자원과 무역주도형 경제성장, 자원의 해외의존도가 높은 우리나라로서는 수출입 화물의 수송수요에 대처하는 것이 무엇보다 긴급한 과제였다. 부산, 인천, 목포, 제주 및 울산항 등 주요 항만을 지속적으로 확장하고, 국가에너지 수급계획에 따른 대형 수입석탄 부두 완공, 신항만 개발 기본계획 수립, 연안화물부두, 여객부두 및 터미널시설 확장 등을 적극 추진하였다. 지속적인 컨테이너 화물 증가에 대비하고자 부산항 제3단계 개발사업이 1985년 12월 5일 착공되었고, 1985년 9월에는 부산항의 보조항인 감천항에 사우디아라비아 차관(984년 10월 22일 협정 체결, 1억 7,400만 리얄, 4년 거치 12년 분할 상환, 연리 5%)으로 방파제 및 관공선 부두를 착공함에 따라 민자유치 시설(공유수면 매립면허, 17개 업체)을 촉진하는 계기가 되었다.

인천항 제2단계 ADB 차관사업이 1985년 11월 30일 준공됨으로써 고철 및 농산물 전용부두가 건설되고 현대식 하역기계를 국산 장비로 설치케 되었으며, 기존 제1부두 확충과 갑문유도시설 등 현대식 항만으로 계속 발전시켰다. 포항신항 건설도 지속되었고, 창원기계공업지구 항만은 1987년 완공되었으며, 북평항은 최대 5만 톤급 11척이 동시 접안할 수 있도록 1985년에 완공되었다. 온산항은 최대 5만 톤급 대형선 4선석이 1982년에 완공되었고, 7만 톤급 평택 LNG 항만건설은 1982년 2월 10일 착공하여 1985년 12월 31일 준공되었으며, 제2종합제철 및 대량 화물중계 수송기지 건설에 따른 지원항만인 광양항 건설이 1983년에 착공되었다. 이 기간에 항만시설에 총 6,544억 원을 투입하여 하역능력은 8,718만 톤(1981년)에서 1억 5,067만 톤(1986년)으로 증가되었으며, 접안능력도 199척(최대 10만 톤)에서 263척(최대 15만 톤)으로 증대되었다.

① 부산항 제3단계 사업

1980년 2월 4일부터 1981년 3월 10일까지 타당성 조사 용역을 시행한 결과 부산항에 지속적 항만시설 확충이 필요한 것으로 나타나 1982년 1월 11일부터 1984년 5월 20일까지 실시설계 용역을 했으나, 1983년 10월 경제기획원에서 타당성 조사 이후 여건 변동을 감안, 1984년에 컨테이너 부두 건설 최적 후보지의 타당성 조사 후 선정된 후보지에 1985년 이후 착공하는 것으로 부산항 3단계 개발방향을 조정하였다.

1986년 8월 6일 IBRD와 1억 3,450만 달러의 차관협정을 체결했는데, 조건은 변동금리 이자율(당시 8.5%)에 3년 거치 12년 상환, 약정수수료 0.75%였다. 작업장 조성, 신선대 부두 건설과 조도·오륙도 방파제, 도로, 철도 등이 신설되었다.

② 인천항 제2단계 사업

인천항 화물량이 급증하자 1981년까지 진행 중인 건설공사가 완공되더라도 시설능력이 부족하여 391억 원의 사업비로 1981년 10월 12일부터 1985년 12월 30일까지 2단계 사업을 시행하였다. 차관액은 3,540만 달러(당초 협정액은 5,052만 달러, 연리 8.1%, 4년 거치 20년 상환)였으며, 사업내용은 5만 톤급 3선석의 제8부두 건설, 제1부두 확장 및 갑문 유도시설 건설 등이었다.

③ 컨테이너 부두 입지선정조사와 컨테이너 부두 양항정책

컨테이너 화물로 인한 서울과 부산을 잇는 축의 교통난 완화와 국토균형개발 차원에서 기존의 부산항이 아닌 제2의 컨테이너 부두 입지를 검토하라는 경제기획원의 권고로 1983년 예산에 3억 5천만 원이 책정되었고, 해운항만청이 주관하고 (사)한국산업경제연구원과 (주)세광종합기술단의 연구합작 및 일본의 OCDI, 미국의 TBS와의 연구협력으로 1983년 7월부터 1985년 4월까지 수송, 국제해운, 항만기술, 경제성 분석 부문으로 나누어 연구용역을 시행하고, 1985년 4월 6일 최종보고서를 해운항만청에 제출하였다. 조사 대상 후보지는 인천, 아산, 고군산, 목포, 광양, 안정, 낙동강 하구, 부산 등 8개소를 대상으로 분석했고, 항만기술 측면과 사회경제적 측면에서 비교 평가한 결과, 최종 3개 후보항은 기존 컨테이너항으로서의 부산항, 인천항, 새로운 항만입지로서의 광양항이었고, 이들 3개 지역의 자체순위는 광양, 부산, 인천

항 순이었다. 분석 결과, 컨테이너 증가에 대비한 신항만 개발 입지는 항만의 자연조건, 건설상의 기술조건 및 건설 비용, 내륙 수송망의 확충 및 내륙 수송비, 지역 소득효과, 사회경제적 비용 및 편익 등의 측면에서는 광양이 유리한 것으로 분석되었지만, 수송산업의 집적효과, 배후도시 및 연관산업의 확충도, 기존 컨테이너항으로서의 세계적인 지명도와 기득권, 컨테이너 화물의 영남권 편중에 의한 선사 및 화주의 선호도 등에서는 부산이 유리한 것으로 나타났다.

결론적으로 과잉 물량에 대응하도록 경제규모단위(3선좌 내외) 부두를 부산에 건설함과 동시에, 광양에는 본래의 단계별 계획에 따른 부두개발과 배후도시 건설을 복합적이고 완벽하게 추진, 부산의 증설 부두가 한계에 이르는 시점(1992년 추정)에 가서 부두, 배후도시, 연관산업의 집적 등이 종합된 완전한 기능을 갖춘 항만이 운영될 수 있도록 하는 것이 바람직한 대안으로 권고되었다. 1984년 12월 세미나 개최 후, "국제 컨테이너 수송체제와 국토균형개발을 감안, 컨테이너 부두로 부산항과 광양항을 병행 개발하되, 1단계로 부산항 컨테이너 부두 건설을 1985년 착수하고, 2단계로 광양항 일반부두 건설(향후 컨테이너 부두로 활용)을 1986년 착수"하는 것으로 1985년 1월 24일 전두환 대통령의 재가를 받았고, 재가 시 부산항 컨테이너 부두건설은 1985년 착공할 수 있도록 소요예산 100억 원을, 광양항 건설은 1985년에 기본계획 및 실시설계를 위한 소요예산 20억 원을 지원하고, 재정 부담을 줄이기 위해 부산항 컨테이너 부두 건설에 민자유치(부두, 하역장비) 추진을 건의하였다.

양항정책(two port policy)은 세계 교역량 증대, 중국의 급격한 성장으로 동북아지역 물동량의 급격한 증가로 각국이 경쟁적으로 항만을 개발하기에 이르러, 기간항로상에 위치한 부산항과 광양항을 동북아 컨테이너 중심항으로 병행 육성하는 정책으로, 물류경쟁력을 확보하고 서울과 부산을 잇는 축의 교통난 해소, 지역균형개발 등의 효과를 도모하기 위해 추진한 정책이다. 부산항과 광양항을 한반도의 양대 중심항만(hub port)으로 개발하는 양항정책은 1985년 광양항의 컨테이너 부두 입지 확정과 1987년 1단계 개발사업 착공으로 본격적으로 추진되기 시작하였다. 당시 계획은 부산항의 시설능력이 한계에 달하는 1992년까지 부두, 배후지 도시 및 관련 산업의 집적이 종합된 항만을 개발한다는 것이었다. 그러나 광양항 1단계 부두 4선석이 완공된 것은 당초 계획보다 5년 정도 늦은 1997년 말이었으며, 이듬해 7월이 되어서야 운영이 개시되었다. 1994년 1월에 발생한 고베 대지진 이후 한동안 동북아지역에 심각한 항만시설 부족현상이 나타났음을 고려할 때, 만약 광양항 개발계획이 당초 계획대로 차질 없이 이루어졌더라면 역내 항만구도는 지금과는 달라졌을 것이라는 생각이 든다.

이와 같이 양항정책은 30년간 추진되어오고 있으나, 현재의 여건은 1980년대 중반 추진 당시의 상황과는 사뭇 다르다. 우선 1990년대 중반부터 부산항 신항 개발이 추진되어왔고, 부산 구항에도 우암부두, 감천부두, 감만부두, 신감만부두 등 다수의 컨테이너 부두가 신규로 개장되었기 때문이다. 그러나 양대 중심항만 개발정책이 근본적으로 수정된 것은 아니다. 광양항은 이미 중심항으로 기능하기에 충분한 시설을 확보하고 있다.

하지만 역사적 변천사를 보면, 양항정책의 출발점은 부산시와 부산 정치권, 부산 언론이 늘어나는 부산항의 컨테이너를 공해성 화물로 간주하여 컨테이너 트레일러 1대가 승용차 64대만큼 도심도로를 파손하고 소음을 유발한다는 이유로, 1980년대 초반 부산항 3단계 개발 및 감천항의 항만계획 및 배후·진입도로 도시계획시설 결정 요구에 극히 부정적이고 미온적인 태도로 일관하던 중 부산 출신의 경제기획원 예산실장이 컨테이너 부두 입지를 재검토하도록 권고하여 부산항은 3단계 사업까지만 개발하고 광양항을 병행개발토록 국가방침을 결정하게 된 것이다. 이에 따라 광양항 개발이 본격적으로 시작되었으나, 부산권에서 뒤늦게 컨테이너 화물을 황금알을 낳는 거위로 인식하여 부산항 4단계 사업에 연이어 부산항 신항을 새로이 계획하게 만듦에 따라, 제반 물류 기반시설이 부족하고 배후공단이 취약한 광양항은 활성화되기가 어려워졌다. 부산항 신항 건설로 광양항의 동반성장의 어려움이 시작된 것이다.

하지만 부산 정치권과 언론에서는 이러한 태생적인 역사는 잊은 채, 부산항은 국제적인 경쟁력과 지명도를 가진 대한민국 유일의 항만이라는 점을 강조하면서, 경쟁력 없는 광양항에 왜 예산을 투자하냐고 정부를 공격하였다. 반면, 호남 정치권에서는 양항정책을 왜 폐기했냐며 광양항 활성화정책을 줄기차게 주문해왔다. 당시 전윤철 감사원장은 부산항과 광양항을 One Port로 운영할 수 있는 방안을 검토하라는 정책감사를 실시한 바 있다. 그러나 양항의 통합 내지 연계운영도 지방자치제로 인한 한계로 실현 가능성이 희박하다고 볼 수밖에 없었다. 2014년 컨테이너 처리실적은 1,868만 TEU(우리나라 전체의 75.3%)이나, 광양항은 234만 TEU(9.4%)로 자립기반이 될 300만 TEU를 달성하지 못하고 있다.

양항정책은 부산항과 광양항을 동북아 물류중심지로 육성하는 '동북아 물류중심지화' 전략의 핵심정책이다. 그러나 양항정책에 내재된 성장과 분배라는 상충된 목표로 인해 양항정책은 끊임없는 논란만 야기시켰다. 양항정책은 성장정책으로 GDP 규모 증가와 함께 부산항과 광양항의 항만투자는 지속적으로 증가해왔다. 그러나 부산항에 비해 광양항의 투자 비중은 낮은 편이다. 1990년대 말부터 항만정책의 기조가 양항정책에서 전국 지역 산업단지 자체 컨테이너항만을 추가로 개발하는 정책으로 변화되어, 부산항 항만투자는 부산항 외의 항만투자와 큰 관련성이 없으나, 광양항 투자는 기타 항 투자와 역의 상관관계에 있는 것으로 나타났다. 양항정책은 부산항과 광양항을 동북아 물류 중심지로 육성시킨다는 성장지향적인 산업정책이지만, 실질적으로는 지역 분배 측면을 고려한 정책이었다고 할 수 있다.

3) 민주화 시기의 항만건설

(1) 제6차 경제사회발전 5개년계획(1987~1991)과 항만건설

민주화 시기에는 연평균 10%의 높은 경제성장과 100억 달러 이상의 국제수지 흑자를 기록하여, 세계 해운체계 변화에 신속하게 대처하고 균형적인 항만개발을 위하여 지속적으로 추진하였다. 컨테이너 화물 처리를 위한 부산항, 광양항의 개발 가속화, 중부권 중추기지로 발전하고 있는 군산외항 확장, 목포항과 제주지역 항만 개발로 관광산업 육성 기본시설을 갖추었다. 부산항 제3단계 사업 진입도로, 철도 및 배후도로를 제외한 모든 공사가 1991년 12월에 완공됨으로써 신선대 컨테이너 전용부두 건설과 조도 및 오륙도 방파제 축조 등 북외항 면모를 일신함과 동시에 항내 수면적도 크게 확장되었다. 감천항 서방파제가 1989년 8월, 고철·행정선·일반부두가 1990년 8월 각각 준공되어 민간기업들의 전용부두 건설이 활발히 추진되었으며, 국제 여객부두 완공으로 88서울올림픽의 성화 봉송과 관광객 유치에 기여하였다. 또한 인천항 선거운영 효율화를 위하여 갑문의 5만 톤급 내측 예비 문비 1기가 1987년 착공, 1990년 준공되었고, 10만 톤급 1선석의 석탄부두가 1988년에 준공되었다. 공업항 중 제철산업의 포항신항 및 광양항, 기계공업의 창원항, 석유화학산업의 2단계 개발 항인 여천 삼일항 등도 1991년까지 거의 완공되었다. 국토의 균형개발과 대(對)중국교역 전진기지 조성을 위해 1988년 대불, 1989년 군장, 1990년에는 기존 아산

〈표 3-2〉 부산지역 항만배후도로 건설비 지원 실적

도로명	연장(km)	시행 주체	총 사업비(백만 원)		
			계	지방비	국고
3단계 컨테이너 부두 배후도로(1공구)	2.4	국가	37,500	–	37,500
3단계 컨테이너 부두 배후도로(2공구)	1.3	국가	42,900	–	42,900
3단계 컨테이너 부두 진입도로	2.5	국가	3,100	–	3,100
우암고가차도	3.1	국가	83,400	–	83,400
충장로	1.3	국가	5,800	–	5,800
부두로(충장로) 고가차도	0.6	국가	5,500	–	5,500
부두순환도로(1공구)	1.56	국가	65,400	–	65,400
부두순환도로(2공구)	2.43	국가	56,700	–	56,700
부두순환도로(2공구 종점부)	1.467	국가	35,864	–	35,864
감천항 진입도로	0.4	국가	20,000	–	20,000
감천항 임항도로	1.1	국가	20,000	–	20,000
감천항 동측도로	0.3	국가	20,000	–	20,000
감천항 서측도로	0.89	국가	18,100	–	18,100
양산ICD 인입철도 대체도로(대3–5호선)	0.7	국가	9,071	–	9,071
양산ICD 진입도로	1.885	국가	19,133	6,377	12,756
북항대교	3.33	민자	538,400	476,900	61,500
영도통과도로	3.4	지자체	309,000	216,300	92,700
천마터널	3.52	지자체	279,500	249,600	29,900
북항대교~동명오거리 고가 지하차도	0.72	지자체	139,700	97,800	41,900
남항대교	1.93	지자체	344,000	240,800	103,200
광안대로	7.4	지자체	787,300	507,100	280,200
제3도시고속도로	10.8	지자체	761,500	591,500	170,000
감천항 배후도로	5.1	지자체	118,600	79,800	38,800
수영강변도로	15.9	지자체	295,600	190,400	105,200

출처: 한국해양수산개발원(2009), 『동북아 물류중심항만정책의 평가』.

산업기지 개발구역을 추가로 지정함에 따라 서해안 공업항 건설을 본격적으로 추진했고, 1991년 정부조직법 개정 후에 공업항은 건설부에서 해운항만청으로 이관되었다. 1987년 제주항 국제여객부두 1만 톤급, 1988년 울산항 제2, 3부두 연결부두 및 속초항 5천 톤급, 1989년 군산외항 제2부두, 1990년 목포항 삼학도 내 3만 톤급 부두와 완도항에 2만 톤급 제3부두가 준공되었다. 이 기간에 항만시설 확장개발에 총 8,952억 원을 투자하여 하역능력은 1억 5,067만 톤(1986년)에서 2억 4,836만 톤(1991년)으로 증가되었고, 접안능력도 263척(최대 15만 톤)에서 421척(최대 26만 톤)으로 증대되었다.

가) 항만과 병행 추진된 항만배후도로정책

1991년 4~8월 부산항 3단계, 감천항 및 광양항 추가경정예산 800억 원 편성과정에서 해운항만청은 그동안 방파제와 부두 등 항만시설 건설에만 치중해오던 예산확보전략을 항만배후도로와 인입철도 등 항만배후수송시설도 일괄하여 병행 확보할 필요성을 인식하게 되었다. 이는 이후 해운항만청이 경제기획원을 끈질기게 설득하여, 항만 인근도로 예산도 항만예산 범위에 포함되도록 하는 중요한 계기가 되었다.

2000년대 중반 기획예산처가 통행 교통량을 예측하여, 항만 차량 수송비율만큼의 국비를 지자체에 지원하는 '항만배후도로 건설지원지침'이 정립될 때까지는 전액 국비로 항만배후수송시설을 지원하여 항만화물의 수송능력이 획기적으로 개선되었다. 2013년 6월 28일 일부 개정된 '항만배후도로 건설지원지침'(해양수산부 예규 제25호)을 보면, 항만과 항만배후단지의 개발 촉진과 항만차량의 원활한 수송을 위한 항만배후도로의 신설·확장 지원을 규정하고 있는데, 대상도로를 이용하는 전체 차량 중 항만배후도로를 이용하는 차량 중 해당 항만을 기종점으로 하여 화물을 수송하는 차량인 항만차량의 비율이 25% 이상이고 건설사업의 B/C가 1.0 이상일 때 건설보조금을 교부할 수 있고, 그 규모는 예비 타당성 조사 또는 국책연구기관의 검토를 거쳐 산정하되 총 사업비의 50%를 초과할 수 없도록 하고 있다.

나) 컨테이너세 부과 및 부산항 배후도로 건설비 국고 지원

컨테이너세는 '명분상'으로는 부산시가 부산항의 경쟁력을 강화하고 도심교통 혼잡을 해소하기 위한 항만배후도로 건설 소요 재원을 조달하기 위해 1992년부터 부산항을 입·출항하는 선박에 선적된 컨테이너에 대해 20피트짜리 1개당 2만 원씩 지역개발세를 징수한 것이다. 당초 2001년 말까지 10년간 징수하기로 했다가 배후도로 건설에 대한 국비 지원 부족을 이유로 2006년 말까지 5년간 연장하여 15년간 1조 166억 원을 징수하여 부산 시내 도로를 건설하였다. 컨테이너세 징수기간 연장 이후 무역업계는 컨테이너세가 전 세계에서 유일하게 부산에서만 부과돼, 국내 기업의 물류비 부담을 가중시키고 있다며 지속적으로 폐지를 요구해왔는데, 부산시는 주요 항만배후도로의 건설이 마무리 단계에 접어들었다는 판단에 따라 더는 연장하지 않기로 방침을 정했지만, 사실은 극렬하게 전개된 2003년 5월 화물연대 파업 당시 항만배후도로라는 이름을 핑계로 여타 시내 도로 건설에 오래전부터 30%의 국비 지원을 받아오면서 컨테이너세를 이중으로 징수하는 모순 때문에 종료하게 된 것이다. 첫해에 372억 원이었으나 매년 부산항의 컨테이너 처리물량이 늘어나면서 컨테이너세도 덩달아 증가해 1995년에는 567억 원, 2003년에는 828억 원, 2005년에는 917억 원에 달했다. 컨테이너세를 재원으로 건설된 항만배후도로는 동서고가도로 및 접속도로(총 공사비 4,947억 원), 구포대교 및 접속도로(1,261억 원), 충장로 고가도로(143억 원), 제3도시고속도로(7,615억 원), 광안대로(7,873억 원), 감천항 배후도로(1,186억 원), 남항대교(3,440억 원) 등 7개 노선이다.

이들 항만배후도로를 건설하는 데 투입된 공사비 2조 8,687억 원 중 국비지원금(1조 4,079억 원)을 제외한 부산시 부담금의 대부분을 컨테이너세로 충당한 셈이다. 컨테이너세 외에도 컨테이너 차량이 부산 시내 도로 파손을 가중시킨다는 논리로 항만과 연결되는 모든 노선의 도로에 대하여 국비 지원을 요구하여 엄청난 국고 지원을 받아냈다.

(2) 신경제 5개년계획(1992~1996)과 항만건설

이 시기에는 물류의 중요성이 부각되면서 항만은 기능 면에서 환적, 금융, 통관 등 복합기능을 수행하는 종합물류 전진기지로 발전하는 추세로, 항만시설의 확보율을 93%로 높여 항만적체현상 해소에 역점을 두고 계획을 수립하였다. 세부방향은 권역별·기능별로 거점항만을 중점 개발, 서해안시대 및 대북방 교역시대에 대비한 항만건설, 컨테이너 부두시설 대폭 확충, 항만적체 해소를 위한 항만개발 등이었다. 부산항 제4단계 개발사업을 1987년 착수하여 정부가 시행한 동측안벽 등은 1994년에 완공했고, 한국컨테이너부두공단이 시행한 감만부두(컨테이너 부두, 도로, 철도, 하역기계 등)는 72% 공정을 보였으며, 내륙 컨테이너 화물기지로 양산 ICD가 1992년 착공되었다. 인천항은 잡화, 철강, 자동차 등을 취급하는 제5부두가 1993년에, 잡화부두인 제6부두가 1994년에, 국제여객·카페리부두와 새로운 연안여객터미널이 1995년에 완공되었으며, 정부의 3대 국책사업인 아산항 관리부두, 안벽, 한보철강 부두 등이 착공되었다. 군산항 역무선 부두가 1992년에, 제3부두가 1995년에, 목포항 외항부두 5,000톤급과 내항안벽 2,000톤급이 1994년에, 카페리부두와 대불항 안벽이 1996년에 각각 완공되었다. 광양항을 제2의 컨테이너 중심항으로 개발하고자 정부가 시행한 5만 톤급 컨테이너 부두 1선석을 1991년에, 준설 및 배후 수송시설은 1997년에, 한국컨테이너부두공단이 시행한 5만 톤급 컨테이너 부두 3선석,

건물, 하역장비 등은 1997년에 완공되었다. 울산항 제6부두가 1994년 12월에, 제7부두가 1996년 12월에 준공되었고, 동해항은 1990년 시작된 제2단계 확장사업을 지속적으로 추진했고, 포항신항 1만 톤급 2선석이 준공되었다. 이 기간에 항만개발에 1조 6,421억 원을 투자하여 하역능력은 2억 4,836만 톤(1991년)에서 2억 9,525만 톤(1996년)으로 증가되었으며 선박 동시접안능력도 421척에서 520척으로 증대되었다.

가) 9대 신항만 건설계획 수립

신항만건설촉진법에 의해 신항만으로 지정된 항만은 총 9개 항이다. 1997년 5월 9일 '신항만 예정지역 지정 및 신항만건설기본계획 수립확정' 방침을 장승우 차관, 신상우 장관으로부터 받았다. 신항만건설촉진법과 시행령이 공포·시행됨에 따라 3대 국책사업과 7대 신항만사업의 방침을 확정하였다. 1차 지정은 항만법에 의해 이미 기본계획이 고시된 부산항 신항, 광양항, 아산항, 목포 신외항, 포항 영일만 신항, 보령신항 등 6개 항만으로 1997년 7월 31일 사회간접자본건설 추진위원회 심의를 거쳐 신항만으로 지정되었고, 이 중 부산항 신항, 광양항, 아산항은 3대 국책사업으로 추진되었다.

한편 제2차 지정 항만은 신항만건설촉진법에 의해 1999년 3월 지정 고시된 3개 항으로서 울산신항, 새만금신항, 인천북항이다. 또한 2000년대 항만 수요에 대비하여 해운항만청은 1995년 5월 신항만기획단이라는 임시조직을 편성하여 신항만기획관 아래 기획담당, 건설1담당, 건설2담당을 두었다. 1997년 12월 계획상 9개 신항만건설사업의 총 사업비는 17조 3,509억 원으로 이 중 재정투자는 7조 5,617억 원(44%)이었고, 민자는 9조 7,892억 원(56%)이었다. 시설별로는 안벽이 56킬로미터, 방파제 21킬로미터, 호안 35킬로미터, 준설 1억 8,000만 세제곱미터이고, 부두시설 236선석에 하역능력은 3억 2,200만 톤(컨테이너 988만 TEU)이 증대되었다. 투자우선순위는 국책사업인 부산항 신항, 광양항, 평택(아산)항에 이어, 체선, 체화 해소를 위해 시급한 인천북항, 울산신항, 민자 의향 기업이 있는 목포 신외항, 포항 영일만 신항 순이었다.

나) 사회간접자본 확충(5대 국책사업) 대책에 3대 항만 포함

1996년 3월에는 21세기에 대비한 종합적인 사회간접자본 확충방안을 마련해 보고하라는 김영삼 대통령 지시에 따라, 재정경제원에서는 사회간접자본 실무대책위원회를 구성하고, 실무작업기구로서 사회간접자본 실무작업반을 구성하였다. 추진기구로는 재정경제원 차관을 위원장으로, 건교부 차관(부위원장), 재경원 제1차관보, 예산실장, 내무부 차관보, 건교부 수송정책실장, 해운항만청 및 철도청 차장, 한국개발연구원·국토개발연구원·교통개발연구원·해운산업연구원 부원장 등으로 구성된 사회간접자본 실무대책위원회와 재경원 김영주 국장을 반장으로 재경원, 건교부, 해운항만청, 한국고속철도건설공단, 국토개발연구원 등에서 파견된 사회간접자본 실무작업반으로 구성되었다. 1996년 4월 15일부터 7월 16일까지 대책을 수립한 후 1996년 7월 16일 대통령 주재 보고회의에 사회간접자본 확충대책을 보고하였다.

재정경제원은 재원소요 및 대책, 민자유치 활성화 방안을, 건설교통부는 사회간접자본 확충방안, 주요 국책사업의 효율적 추진대책을, 해운항만청은 가덕도 신항만, 광양항, 아산항 등 3개 항만 개발계획 및 제도개선을, 신공항건설공단은 인천국제공항 개발현황 및 계획을, 한국고속철도건설공단은 경부고속철도 개발현황 및 계획을 보고하였다. 부산항 신항은 1995년부터 2011년까지 총 5조 5,000억 원(재정 1조 7,000억 원)의 사업비로 컨테이너 부두 24선석(연간 처리능력 460만 TEU) 등 동북아 국제물류 중심항(hub-port)으로 개발하고, 광양항은 1987년부터 2011년까지 2조 5,000억 원(재정 7,000억 원)으로 컨테이너 부두 24선석(연간 처리능력 530만 TEU) 등 장기 컨테이너 물동량 증가에 대비한 동아시아 중심 물류기지로 개발하며, 아산항은 1989년부터 2011년까지 2조 9,000억 원(재정 1조 9,000억 원)으로 양곡, 자동차부두 등 62선석(연간 처리능력 6,200만 톤) 건설로 수도권 화물 적체해소 및 대중국 기지로 조성하도록 계획하였다.

다) 해양수산부 신설

21세기는 새로운 해양경쟁시대를 맞게 되어 종합적이고 체계적인 해양행정체제를 구축하고 우리나라의 해양잠재력을 적극 개발하기 위하여 김영삼 정부 후반기인 1996년 5월 31일 법률 제5153호로 정부조직법을 개정하여 해양수산부가 신설되었으며, 기능 면에서는 해운, 항만, 수산, 해양환경 보전, 해양조사, 해양자원 개발, 해양과학기술 연구, 개발 및 해난심판 업무를 관장하게 되었고, 기구는 2실 6국 7관 36과 5담당관 7담당 및 국립수산진흥원, 중앙해난심판원, 지방해운항만청 등 109개 소속기관으로서, 정원은 본부 563명, 소속기관 3,903명, 총 4,466명이었다.

라) 신항만건설촉진법 제정

1996년 8월 8일 해양수산부가 발족되면서 항만건설에 박차를 가하기 위해 신항만건설촉진법 제정을 추진하여 1996년 12월 31일 공포되고, 시행령은 1997년 4월 15일 공포되었다. 이 법의 가장 큰 특징은 신항만 건설 시 각종 인허가 절차를 간소화하고 사업의 효율적 촉진 및 공사의 품질 확보를 위한 특례를 정하고 있다. 즉, 국토이용관리법, 도시계획법, 수도법, 하수도법 등 25개 법의 의제 처리를 규정하고 교통영향 평가, 건축심의, 건설기술심의 등을 신항만건설 추진위원회 및 심의위원회를 통하여 자체적으로 시행하도록 하였다. 여건이 양호한 항만개발 후보지는 이미 개발이 완료되어 신항만 계획지역은 지질, 수심 등 자연조건이 불리하기 때문에 기존 항만법으로는 대규모 신항만의 적기 건설에 한계가 있고 물류, 관광, 금융기능 등 국제 종합물류 거점항으로 개발하고, 방파제 등 기본시설은 정부가 건설하되 수익이 발생되는 접안시설 및 배후부지 등에 대규모 민자유치를 병행 추진하기 위하여 특별법이 필요하게 되었다.

마) 민자유치촉진법에 의한 적극적 민자 유치

사회간접자본시설에 대한 민간의 투자를 촉진하고 창의적이고 효율적인 사회간접자본시설의 확충·운영을 도모함으로써 국민경제의 발전에 이바지함을 목적으로 1994년 8월 '사회간접자본시설에 대한 민간자본유치촉진법'이 제정되었다. 이에 따라 항만시설 등 사회간접자본시설사업에 민간이 자본을 투자하는 경우 금융지원, 조세감면 및 각종 부담금 감면 등의 지원을 받을 수 있고, 대규모 기업집단에 속하는 기업들이 민자유치사업에 참여하는 경우 공정거래법상의 출자총액 제한의 예외 인정을 받게 됨으로써 대기업들의 투자에 의해 대규모 항만개발사업을 추진할 수 있게 되었다. 민자유치 기본계획에 따라 주무관청의 책임하에 사업을 추진하되, 일정규모 이상의 민자사업은 기획재정부에 민자유치 심의위원회를 설치하여 운영하였다. 해수부는 1995년 '항만부문 민자유치 처리요령'을 훈령으로 제정하여, 같은 해 10월 23일 인천항 종합여객시설물을, 같은 해 12월에는 목포 신외항 다목적부두를 고시하였다.

정부에서는 사회간접자본 확충대책으로 민자유치 활성화 방안을 제시하였다. 원활한 재원조달을 위해 현금차관 도입을 허용하고, 10년 이상 장기대출을 허용했으며, 여신한도 관리상의 예외 인정으로 금융상 제약요인을 완화하고, SPC에 대한 법인세를 정부투자기관 수준으로 우대함은 물론, 적정 수익성 확보방안도 강구하였다.

바) 부산항 신항 착공예산 책정 및 각종 보호구역 해제의 난관 극복

1996년 당시 국회 농림해양수산위원회는 '부산 가덕도 신항만(부산항 신항)' 개발예산 책정문제로 진통을 겪었다. 농림해양수산위원회는 1996년 11월 12일 예정시간보다 5시간 늦은 오후 9시에 전체회의를 속개하여 농림부와 해양수산부에 대한 예산심의를 벌였으나 농림부 소관만 합의처리하고 해양수산부에 대한 예산심의는 처리하지 않았다. 당시 회의에서 국민회의 소속 의원들은 부산항 신항 예산 1,170억 원을 계상해주는 조건으로 광양항이나 새만금항 개발예산의 증액을 요구했고, 자민련 의원들은 부산항 신항 예산 전액을 삭감해야 한다고 주장했으나, 신한국당 의원들은 부산항 신항 개발은 국가경제 차원에서 고려해야 할 사업이기 때문에 원안통과를 주장하였다. 농림해양수산위원회는 상임위 심의 마지막 날인 11월 13일 다시 전체회의를 속개하여 나머지 미합의 부분을 일괄처리하기로 했으나, 국민회의와 자민련 의원들이 부산항 신항 예산 삭감을 전략적으로 공략하고, 위원장마저도 국민회의 소속이어서 찬반표결도 어려워 미합의된 채 예결위로 넘겨졌으나 예결위에서도 합의가 되지 않아 결국 찬반표결을 거쳐 처리되었다.

부산항 신항 예정지역은 각종 보호구역으로 지정된 지역이었다. 특히 문화재보호법에 의한 문화재 보호구역, 즉 시베리아로 갔다가 겨울에 찾아오는 각종 철새의 서식지 보호구역이라 문화재위원회와 격론을 벌였다. 모든 위원을 개별로 접촉하여 국책사업의 중요성과 시급성을 설득하여 가덕도 서측으로만 개발하는 조건으로 문화재위원회 심의를 어렵사리 통과하였다. 또한 '국토의 계획 및 이용에 관한 법'에 따른 자연환경 보전지역, '자연환경보전법'에 의한 자연생태계보전지역 등 규제구역 해제를 위하여 건교부 및 환경부와 지리한 협의를 거쳐 보호구역을 해제하였다.

사) 독도 접안시설 건설

1991년 6월 독도 경비와 관련된 모든 문제점을 검토 보완하고 경비능력을 강화하기 위한 '독도방위관련 대통령 지침' 시달에 따라 유관기관 회의, 현지답사를 거쳐 독도 경비대원의 생필품 수송을 위한 지원항 기능만 수용하는 것으로 결정되었다. 해운항만청에서 1993년 5월 28일부터 1994년 5월 13일까지 '독도 접안시설 기본 및 실시 설계용역(3억 5,000만 원, 한국종합기술공사/우보엔지니어링)'을 시행하고, 대안입찰방식으로 1995년 11월 10일 입찰하여, (주)삼협개발이 낙찰되었으며, 같은 해 12월 19일에 착공, 1997년 11월 24일 준공(공사비 167억 원)되었다. 이 사업은 주민 및 주민 생필품 수송을 위한 500톤급 접안시설 1선석과 배후부지 조성, 진입도로를 개설하는 사업으로서, 사업효과로는 독도 주민이 좀 더 안정된 생활을 할 수 있고, 독도 인근 어장에서 조업하는 어선의 대피 및 휴식에 이용할 수 있으며, 독도에 대한 우리 국민의 자긍심을 높이고, 많은 국민이 외교 분쟁의 대상이 되고 있는 독도를 직접 관광함으로써 나라 사랑하는 마음을 더욱 드높이는 것이다.

4) 개방화 시기의 항만건설

(1) 국민의 정부에서 참여정부(1998~2008)까지

이 시기는 컨테이너선 대형화에 따른 허브앤스포크(Hub & Spoke) 시스템[1]의 가속화로 대형선이 간선항로만 기항하게 됨에 따라 동북아 물류중심항만정책을 주요 국가전략으로 수립하고, 부산항 신항 조기 건설을 위한 각종 장애요인, 즉 야당의 예산편성 극렬 반대, 어업 보상 민원, 모래채취원 문제, 깔따구 창권문제, 항만 명칭과 행정구역 갈등 등의 해소에 정부 역량을 집중하였다. 한편 양항정책의 정착을 위하여 광양항도 부산항 신항과 병행하여 적극 개발하였다. 또한 항만 클러스터 구축을 강화하기 위하여 항만배후단지를 적극 개발하고, 항만 물동량 상시 모니터링 제도를 수립하여 트리거 룰 제도를 도입했으며, 적정 하역능력 산정 시스템을 구축하고, 항만재개발법을 제정하는 등 항만 재개발제도를 정착시키고 부산 북항 재개발사업을 본격적으로 시작하였다.

가) 동북아 물류중심항만정책

1990년대 중반에 몇 가지 새로운 현상이 나타났다. 첫째, 컨테이너선의 대형화이다. 1992년에는 포스트 파나막스급인 4,900만 TEU급 컨테이너선이 출현하였다. 둘째, 선박의 대형화와 함께 허브앤스포크 현상이 가속화되기 시작하였다. 대형선은 운항비가 높고 한꺼번에 대량으로 물량을 취급해야 효율적이라 간선항로만 기항하고, 지선항로에는 피더선박이 투입되면서 대형 항만에서 환적작업을 수행하는 것이다. 셋째, 중국의 개혁개방정책으로 중국경제가 급성장하면서 동아시아 경제도 활성화하기 시작하였다. 넷째, 싱가포르, 홍콩, 로테르담 항처럼 대형 항만이 출현하였다. 아울러 제3세대 항만 개념이 출현하면서 배후단지 조성을 통한 중심항만 경쟁이 전개되기 시작하였다. 이러한 해운·항만 환경 변화에 대응하기 위해 해양수산부는 단순한 시설 확충형 항만정책에서 소위 허브 포트(hub port), 즉 '중심항만'으로 도약

---

1 '허브앤스포크' 시스템이란 각 지점에서 발생되는 물량을 중심이 되는 한 거점(허브)에 집중시킨 후, 각각의 지점(스포크)으로 다시 분류하여 이동시키는 시스템을 말한다.

하기 위한 항만정책으로 변경하기 시작하였다. 중심항만이 되기 위해서는 첫째, 해당 항만 취급 물량, 특히 수출입 화물량이 많아야 한다. 둘째, 위치가 좋아야 하는데, 간선항로상에 위치하거나 간선항로로부터 이로(離路)거리가 멀지 않아야 하고, 인근에 다수의 소형 항만이 있어야 한다. 로테르담, 싱가포르, 홍콩항이 이런 여건을 갖추고 있는데, 부산항도 이러한 여건을 갖추고 있고, 광양항은 간선항로에서 이로거리가 짧다는 판단으로 중심항만 육성계획에 포함시켜, 1995년 '중심항만 개발계획'을 수립하였다.

1995년 해운항만청은 '전국항만 기본계획'을 수립하고, 부산항을 동북아의 환적 및 중계 거점항으로 육성하기 위해 부산항 4단계 4선석을 1997년까지 개발하고, 1996년 7월 13일 부산항 기본계획을 변경하여 가덕도 신항만을 21세기 동북아 물류중심항만 및 동북아 물류중심기지로 건설해나가겠다고 발표하였다. 2005년까지 10개, 2011년까지 총 24개 선석개발을 목표로 설정한 것이다. 그 후 해수부는 2001년에 '전국 무역항 항만기본계획'을 수립하면서 ① 부산항과 광양항을 동북아의 중심항만으로 개발하고, ② 환적 중심항만 역할을 강화해나가겠다고 발표하였다. 이로써 부산항과 광양항에 동북아의 주요 물류거점, 환적거점 및 국제 물류허브 기능이 부여된 것이다. 여기에서 '동북아 중심항만'이라는 개념은 중국과 일본의 환적화물을 유치·처리하는 항만을 의미한다. 2001년 기본계획에서 2011년까지 개발목표가 가덕도 신항만에 30선석, 광양항에 33선석으로 확대되었다.

동북아 중심항만정책은 순조롭게 진행되었는데, 정책 추진과정에서 우리나라에 유리한 여건이 형성되기에 이른다. 첫째는 1995년 발생한 고베 대지진으로 고베항은 2년간 이용되지 못했고, 그로 인해 부산항을 경유하는 일본의 수출입 화물이 급증하였다. 둘째는 북중국 지역의 폭발적인 경제성장으로 항만물동량이 급증했으나, 이 지역은 수심이 얕고 안개일수가 많아 대수심항만을 개발하기가 어렵고, 항만시설 또한 미비하여 부산항을 경유하는 비율이 매우 높았다. 셋째, 환적화물의 증가세는 향후에도 지속될 것으로 판단되었다. 실제 환적화물의 유치성과가 지대하여 2000년부터 2002년까지 부산항은 세계 컨테이너항만 규모에서 3위에 기록될 정도로 성장하였다.

2001년 3월 개장한 인천국제공항도 동북아의 중심공항으로 발전함에 따라 2002년 정부는 중심항만과 중심공항 정책을 더 확대하고 이를 범정부 차원에서 추진하기 위하여 '동북아 비즈니스 중심국가 실현' 정책을 수립하여, 중심항만 개발 외에 중심공항 건설 및 기타 인프라 건설과 물류서비스 제공정책을 포함하였다. 노무현 정부의 동북아경제중심추진위원회는 2003년 5월 2일 제3차 국정회의에서 '동북아 물류네트워크 구축' 구상을 발표하고, 2004년 8월 27일 '동북아 물류중심추진 로드맵'을 공식적인 국가계획으로 채택하였다. 정부는 이 로드맵에서 부산·광양항을 '동북아 물류중심항만'으로 육성하기로 천명하고, 2011년까지 부산항 신항 30선석, 광양항 33선석을 구체적인 개발목표로 제시하였다. 아울러 상하이 양산 신항만 개장에 앞서 2005년 12월까지 부산항 신항 3개 선석을 조기에 완공[2]하고, 2011년 기준 컨테이너 물동량 3,000만 TEU를 확보하며, 그중 환적화물은 45%로서 약 1,350만 TEU를 유치하겠다는 야심찬 계획을 발표하였다.

정부는 동북아 물류중심정책의 비전을 '세계의 화물·정보·사람이 모이는 동북아의 관문'으로 설정하고, 비전 달성을 위해 세계 최고 수준의 공항·항만 개발, 세계적 기업의 물류센터·지역본부 유치 등 두 가지 목표를 수립하였다. 물류중심시로 발전하기 위한 전략으로 첫째,

2 이에 따라 외자유치를 촉진하고, 사회경제적 비용 6,110억 원과 국가·지역사회 수입 3,600억 원 발생 등 9,710억 원의 국부 창출효과가 있었다.

선택과 집중 및 선점과 차별화 전략으로서 도로 투자 편중을 지양하여 항만 및 철도에 집중투자하고, 부산항·광양항·인천공항을 대상으로 세계적 기업의 물류센터·지역본부 및 첨단기업을 유치하며, 둘째, 약점보완전략으로 물류 부문에서는 시설 확충, 연계교통, 물류인력, 전문기업을 육성하고, 물류 이외 부문에서는 시장 확대, 노동시장 안정성 제고, 외국어 능력 향상 및 외국인 투자환경 조성을 범정부 차원에서 추진하며, 셋째, 국제 물류 및 국내 물류 체계가 병행될 수 있도록 개선하는 전략이다. '동북아 물류중심항만' 개념은 세계적 기업이 동북아 지역본부나 물류센터를 부산항과 광양항의 배후단지에 설립하고 국내외에서 원자재, 주요 부품, 완성품을 항만을 통해 조달하여 제조·조립·가공·포장·라벨링 등의 부가가치 물류 서비스를 제공하여, 항만을 통해 동북아 전 지역으로 완성품을 공급하는 거점 역할을 수행하는 항만이라고 할 수 있다.

나) 부산항 신항 개발에 따른 지역 이기주의 대두와 해결

① 어업보상 민원 해결

부산항 신항이 개발되는 가덕도 해역 일대의 어업권은 크게 가덕도 동측 해역의 부산수역 어업권과 가덕도 서측 해역의 경남권(마산·진해만 수역) 어업권으로 나뉘는데, 면허어업은 각각 78건에 2,149헥타르, 635건에 7,495헥타르, 허가어업은 11개 어촌계에 1,206건, 77개 어촌계에 7,041건, 신고어업은 338건, 1,750건으로 부산권은 강서구, 사하구, 경남권은 마산시, 창원시, 통영군, 거제시, 고성군, 창원군 권역이다. 부산항 신항 개발에 따른 피해보상은 크게 어업의 제한 또는 취소에 따른 어업피해 보상과 개발구역 내에 포함된 토지나 지장물의 보상으로 나뉜다. 부산항 신항 기본계획에서 추산한 보상비용은 5,075억 원이었다. 피해보상은 1996년 8월부터 부산시, 경남도, 부산지방해양수산청,

부산시 수협 관계자들이 협의해왔으나 관행어업보상 등에 대한 이견으로 차질을 빚다가 관계당국과 부산·진해·의창 수협과 피조개 양식조합 등 4개 수협 간의 약정서가 1997년 3월 4일 최종 타결되기에 이른다. 해수부와 부산시, 경남도는 어민들과 함께 용역기관을 각각 두 곳씩 선정토록 하여 부산과 경남 해역에 대한 어업피해 조사용역에 착수하였다. 1999년 7월 말에는 부산항 신항 피해조사 범위가 최종 확정되었는데, 부산과 경남 36개 어촌계로 대상 어민은 2만 1,272명, 어선 척수는 4,520척이었다.

② 국민의 정부, 부산항 신항 사업 재검토설과 극복

1997년 11월 부산항 신항 착공식을 앞두고 국회가 제동을 걸고, 재정경제원이 공사예산까지 삭감하는 사태가 벌어졌다. 1997년 7월 26일 국회 경제 분야 대정부 질문에서 국민회의는 부산항 신항 사업이 다른 대규모 정부 공사와 달리 1, 2단계 사업을 한꺼번에 착공하려 하고 있어 경부고속철도와 함께 정치적인 졸속 결정의 대표적 사례가 될 것이라고 주장하였다. 또한 부산항 신항이 건설될 경우 막대한 투자비에도 불구하고 물류비는 계속 증대될 것이고 부산은 교통지옥으로 변할 것이라고 전제한 뒤, 국민적 합의나 사업 타당성 중 어느 것 하나 확보하지 못하고 있는 신항 사업을 즉각 중단, 차기 정부로 넘기고 광양항 개발을 서둘러야 한다고 목소리를 높였다. 결국 1998년 2월 대통령직 인수위원회는 IMF 체제에서 금리가 20%대에 달하는 등 민간투자 여건 변화를 감안하여 부산항 신항의 사업성을 재검토하기로 방침을 정하였다. 그러나 부산지역의 강한 반발과 김대중 대통령의 부산항 신항 건설 적극 지원 공약 등으로 재검토 방향은 시기와 규모, 사업비 재검토로 후퇴하는 등 우여곡절 끝에, 다행히도 사업계획대로 원만히 추진하는 것으로 합의하였다.

③ 부산항 신항 공사용 모래 부족 해소

부산항 신항만(주)은 당초 경남 통영시 한산면 매몰도 주변을 모래채취장으로 선정했으나 어민들의 반발로 모래채취장을 통영시 욕지도 남방 50킬로미터 지점의 배타적경제수역(EEZ)으로 옮겼다. 소요 모래 4,000만 세제곱미터를 채취할 계획이었으나, 일본과 사전에 협의를 거쳐야 하고 통영과 거제 일원의 어민들이 반발하였다. 지리한 협의를 해오던 중 2005년 1월 13일 국방부가 욕지도 남방 EEZ에서 군사작전에 지장이 없는 조건으로 바닷모래 채취를 허가하였다. 모래 부족 사태는 공사기간 내내 이어졌다. 정부는 EEZ 내에서 바닷모래 등 골재를 채취하는 행위에 대해 부과하는 공유수면 점용료와 사용료를 2006년 1월 1일부터 수산발전기금에 편입시켜 어민들과 어업발전을 위해 쓰도록 하는 '어업협정 체결에 따른 어업인 등의 지원 및 수산업발전 특별법' 개정법률을 2005년 6월 말 국회를 통과시켰다. 이로 말미암아 어민들의 반발요인은 최소화되었고, 부산항 신항은 물론 전국 건설현장에 대한 골재공급이 원활해졌다.

④ 서방파제 급속침하 해결

부산항 신항 방파제 착공 당시 해양수산부는 방파제 하부 연약토층 두께가 평균 50미터 정도로 깊어서 전면 굴착 치환하는 것은 비경제적이고 시공성도 없는 것으로 판단하여, 일본 간사이공항 건설 시 적용했던 공법인 연약지반 50미터 중 12미터 두께만 준설하고 모래다짐말뚝(sand compaction pile)을 타설하는 부분굴착 치환공법을 국내 최초로 도입하였다. 그러나 85% 공정을 보이던 2001년 9월 22일 서방파제 중간부분 120미터가량이 3~5미터 정도 급격히 침하되는 사고가 발생하였다. 한국지반공학회의 자문을 받아 압성토 공법으로 복구하여, 전면굴착치환에 드는 공사비 3,050억 원의 45% 수준인 1,378억 원(침하 보완 공사비 98억 원 포함)을 들여 2012년 12월 동·서방파제 1,490미터를 준공하였다.

⑤ 해충(깔따구) 창궐 해결

2000년 2월 준설토 투기장 공사가 시작되면서 6.44제곱킬로미터의 준설토 매립지에 각종 유기물이 쌓이자 2002년부터 파리떼, 깔따구떼, 거미 등이 폭발적으로 늘어나 인근 14개 마을 1만 2,000여 명의 주민이 생활에 큰 고통을 받았다. 해수부는 2005년 9월 강무현 차관을 위원장으로 관계기관, 전문가, 주민대표들로 해충피해대책위원회를 구성하여 방제대책, 피해보상대책, 해양환경보호대책 등을 논의하였다. 2006년 5월 24일 웅동 준설토 투기장 주변 주민들이 물가파리와 깔따구 등 해충 발생으로 인한 피해보상신청을 환경분쟁조정위원회에 제출하였고, 위원회는 18억 원의 보상금을 지급하라는 결정을 내렸다. 해양수산부는 2005년 12월부터 2007년 4월까지 투기장 전 구간에 곤충 성장억제제인 '스밀라브' 등 친환경 방제약품을 살포해 해충 발생을 대부분 차단하는 데 성공하였고, 지속적으로 모니터링을 실시하였다.

⑥ 신항만 명칭 갈등과 해결

경상남도에서 1997년 2월 3일 '부산(가덕) 신항만' 명칭을 '부산·진해 신항'으로 변경 건의한 후, 경남도와 도의회, 부산시와 시의회 간에 30여 차례 해양수산부 등을 항의 방문하였고, 20여 차례의 해양수산부 중재 노력에도 진전이 없었다. 2005년 2~3월에는 양 지자체와 협의회, 해양수산부 장관의 주선으로 양 시사체장·지역 여야대표 국회의원 간 논의, 선사·화주·운영사 등 '민간협의회' 구성 논의, 청와대 업무보고 시에는 대통령이 해양수산부가 소신을 갖고 정리할 것을 당부하였다. 같은 해 5월에는 명칭결정위원회를 개최하고, 국조실 '행정협의조정위원회'에 조정신청을 했으나, 9월 14일 "항만명칭 결정은 국가 전속사무로서 협의·조정 대상이 아니다"라며 '각하' 결정되었다. 11월 18일에는 국무총리 주재 관계장관회의에서 명칭 대안을 논의했고, 해양수산부는 2005년 12월 19일 중앙항만정책심의회를 열어 그동안 호칭되던 '부산항 신항'이라는 건설사업 명칭을 '신항'으로 확정하고 2006년 초 역사적인 개장에 대비하기로 하여, 1997년 8월 사업고시 이후 8년간 계속되어온 부산시와 경남도 간의 '항만 명칭' 논쟁에 종지부를 찍고, 부산항의 국제경쟁력 향상에 최선을 다할 것임을 발표하였다. 무역항의 명칭은 부산항의 역사, 국제적 인지도, 항만의 국제경쟁력 등을 감안, '부산항'을 유지하고, 부산항 항만운영세칙(지방청장 고시)에 명기할 해상구역 명칭은 '부산항 신항'(영문 명칭: Busan New Port)으로 확정하였다.

⑦ 신항만 행정구역 분쟁 조정

부산시와 경남도 경계해역에 매립조성 중인 부산항 신항이 2005년부터 단계적으로 준공됨에 따라 행정구역 관할권을 두고 양 지자체가 첨예하게 대립하였다. 최종 행정구역 경계는 행정안전부가 추진 중이던 법령제정 또는 헌법재판소 판결에 의해 확정 예정이었지만 시기가 맞지 않아 1차 준공시설(2005~2006, 6선석)에 대해 해양수산부에서 임시관할 지자체를 지정하여 항만을 운영하였고, 2차 준공시설(2009, 7선석)은 임시관할 지정(지번) 없이 준공 후 운영하고, 건축물은 지방청에서 건축 허가하고 제세금은 공탁 처리하였다. 2007년 1월과 3월에 준공시설 임시관할권 지정에 따라 부산시와 경남도가 각각 헌법재판소에 권한 쟁의심판을 청구하여, 현장검증 실시 후 2010년 6월 24일 헌법재판소에서 국가지형도상 해상경계선 중 1977년 해상경계선을 기준으로 북서쪽은 경남지역, 동남쪽은 부산지역으로 최종 판결하기에 이르렀다. 이에 따라 북컨테이너 13개 선석 중 부산, 경남이 각각 6개 선석을 귀속하고 1개 선석은 분할하게 되었다. 평택·당진항의 경우는 1998년 3월 평택시가 서부두 준공 토지를 등록한 후, 1999년 12월 당진군이 중복등록 및 2000년 9월 헌재에 권한쟁의심판을 청구하여, 2004년 9월 헌법재판소가 당진군 승소판결(해상경계선을 기준으로 매립지 귀속 결정)을 내렸으나, 2009년 4월 지방자치법 일부개정으로 평택시가 2010년 2월 신규 매립지에 대한 귀속단체 결정 신청을 하여, 2015년 4월 13일 중앙분쟁조정위원회가 지리적 연접관계, 주민 편의성, 형평성, 효율성, 이웃하는 지자체 간의 상생협력 등을 종합적으로 고려하여 서부두 일원을 경기도 평택시 귀속으로 결정하자 충남도와 당진시가 다시금 반발하여 대법원에 소송을 제기하였다.

다) 항만배후단지 적극 개발

네덜란드 로테르담항, 싱가포르 싱가포르항, 중국 상하이항 등 항만에서 배후단지를 통하여 부가가치를 창출하는 선례를 심층 연구하여 항만의 범위를 배후단지 건설까지 확대하도록 항만법을 개정하였고, 제1차 항만배후단지개발 종합계획 수립(2006. 12) 시 항만공사가 설립된 항만은 자체 수입이 있으므로 재정지원을 축소하고, 기타 항만은 정부가 전액 부담하는 것을 원칙으로 개발하되, 항만배후단지 재정지원율을 부산항과 평택·당진항은 50%, 광양항은 100%, 인천항은 25%(수도권의 배후물류 시장규모 및 선호도가 높은 점을 감안), 울산항은 0%(2007. 7. 울산항만공사 의결), 포항·목포·마산항은 100%로 결정하여 항만배후단지를 적극 개발하여 운영하였다. 항만배후단지는 1종과 2종으로 구분되는데, 1종 항만배후단지는 무역항의 항만구역에 지원시설과 항만친수시설을 집단적으로 설치·육성함으로써 항만의 부가가치와 항만 관련 산업의 활성화를 도모하기 위한 것이고, 2종 항만배후단지는 항만구역(1종 항만배후단지로 지정한 항만구역을 제외한다)에 일반 업무시설·판매시설·주거시설 등을 설치함으로써 항만 및 1종 항만배후단지의 기능을 제고하고 항만이용자들의 편익을 꾀하기 위한 것이다.

라) 트리거 제도 도입

2000년대 전반까지만 하더라도 수출입 물동량 및 환적물동량은 지속적으로 증가했으나, 2000년대 후반에는 물량 증가세가 약화되었다. 수출화물은 국내 산업구조의 고도화로 인한 수출품목의 경박단소화, 국내 기업의 해외 이전 등의 복합적인 요인에 의해 증가세가 점진적으로 둔화되었다. 수입화물도 국내 경기에 많은 영향을 받고 있으며, 수출물량과 유사하게 둔화될 가능성이 높다. 환적화물의 향후 전망도 다소 감소가 예상되었는데, 그 원인으로는 다음 세 가지가 있다. 첫째, 환적물량의 주요 발생지인 중국이 대규모 항만개발을 추진함에 따라 대형선의 직기항 체제가 진전되고 있다. 둘째, 일본의 슈퍼 중추항만 육성정책이다. 항만이용 비용을 30% 인하하고 화물의 항만 체류기간을 3일에서 1일로 단축하는 것이다. 셋째, 가오슝, 홍콩 등에서도 대규모 항만개발 및 효율적인 항만운영체제를 구축하기 위한 정책이 추진되고 있다.

이러한 환경변화에 따라 정부는 2006년 물류중심항만정책의 큰 틀은 그대로 유지하면서 세부전략을 일부 수정한 바 있다. 2006년에 항만환경 변화를 모니터링하고 조사 연구를 전담하기 위해 한국해양수산개발원(KMI)에 '항만수요예측센터'를 설립하고, 그 후 관련 모니터링을 실시해왔다. 이어서 수요량의 변화를 감안하여 개발 일정을 조정하는 '트리거 룰'을 2007년에 도입하였다. 또한 이를 제도화하기 위해 2009년 6월에 이 내용을 '항만법'에 반영하였다. 이에 따라 향후에는 항만환경 변화에 대한 상시 대응체제 및 트리거 룰을 지속적으로 유지·활용해야 할 것이다. 이 정책은 당초 2005년 9월 기획재정부 산업

경제 심의관실과 중기 재정계획을 협의하던 중, 광양항의 지속적인 확충을 요구하던 호남 정치권에 대한 정부 측의 설득 논리로 로테르담항 등 해외 사례를 참조하여 점진적으로 개발할 것을 권고받아 수립된 것이다.

현재 트리거 룰은 기존 부두능력을 초과하는 물동량 전망치가 신규로 개발되는 부두능력의 50%에 이르게 될 경우 신규부두가 운영되도록 개발 일정을 조정하도록 하고 있다. 이때 50%의 비율을 기존 부두의 규모와 무관하게 설정하고 있다. 기존 부두의 능력이 정해져 있더라도 실제 처리량은 능력보다 약간의 여유가 있는 것이 일반적인 현상이기 때문에, 예를 들어 각각 2개와 20개 컨테이너선석이 있는 항만에 일관되게 적용하는 것은 무리가 있다. 선석이 적은 항만은 50%를 조금 낮추고 선석이 많은 항만은 50%를 조금 높이는 방식으로 조정할 필요가 있다.

마) 항만 클러스터 구축 강화

동북아 물류중심항만정책의 계획적인 추진으로 선석개발은 계획대로 잘 이루어져왔으나 소프트웨어 측면의 중요성이나 정비는 다소 간과된 측면이 없지 않다고 판단된다. 광양항의 경우, 선석개발이 완료되면 이용률이 증가할 것으로 기대했으나 현실은 그렇지 않다. 한편 부산항 북항의 경우, 심각한 시설 부족이 지속되었음에도 이용률이 떨어지거나 물동량이 정체되는 현상은 나타나지 않았다. 선석은 부족하지만 나머지 사회적 인프라가 잘 갖추어져 있어 이용률은 계속 높게 유지되었다. '항만 클러스터'란 항만배후에 항만 기능과 관련된 갖가지 기능을 종합적으로 집적해놓은 집적지를 의미한다. 항만 및 항만배후단지가 활성화되려면 항만 클러스터 구축이 필요하다는 것이 최근 강조되고 있다. 항만이 제 기능을 다하려면 각종 부수적인 서비스,

즉 선박수리 기능, 연료공급 기능, 선용품 공급 기능, 컨테이너 수리 기능, 화물보관 기능, 물류 서비스 기능, LCL 화물집화 기능, 트럭 휴게소 기능, 화물정보 공급 기능, 해운·항만관계 종사자 주거 기능, 선원교대 기능 등이 갖춰져야 하는데, 기존 부산항 북항에는 이런 제반 기능이 구비되어 있으나, 광양항과 부산항 신항은 그렇지 못하다. 우선 부산항 신항은 선박수리 기능과 연료공급 기능을 확충하고, 광양항은 LCL 화물집화 기능, 공차(空車)의 효율적 운행을 위한 화물정보 기능, 수리조선 기능 등을 갖추어나가야 한다.

바) 하역능력산정 시스템 구축

수요예측 관련 모니터링과 정밀도 강화 못지않게 중요한 것이 항만하역능력의 평가이다. 부두별 하역능력은 항만수요의 충족을 위한 신규 부두의 개발 필요성과 개발규모를 결정하는 데 가장 중요한 부분이기 때문이다. 부두별 하역능력은 선석 규모, 하역장비 성능과 생산성, 선박의 대기율, 장비가동률 및 유지보수 수준, 1일 작업시간, 연간 작업일수, 배후 야드 면적, 이동 장비의 성능과 생산성, 취급품목, 취급선박의 구조, 부두의 레이아웃, 부두 길이 등의 영향을 받는다.

최근까지 정부는 컨테이너 부두 하역능력을 5만 DWT급 선석은 40만 TEU, 2만 DWT급 선석은 17만 TEU로 평가하고 있다. 이 능력은 2004년에 평가된 것으로 그 전에는 각각 30만 및 10.7만 TEU로 평가된 것을 현실화한 수치이다. 그럼에도 현행 부두별 하역능력에 대해 논란이 적지 않다. 그리고 개발되는 신규 부두의 하역능력에 대해서도 논란이 발생하고 있다. 하역능력은 물리적·기술적 관점 외에 운영업체나 정책당국의 정책의지가 가미되어 결정되기 때문에 그렇다. 하역능력을 높이면 개발규모가 축소되므로 기존 터미널 운영업체는 많은 물량을 처리하여 매출에는 도움이 되지만, 항만서비스 수준이 저하되어 중국, 일본 등의 환적화물을 유치하려는 정책을 망가뜨릴 수 있다. 따라서 적정 하역능력을 결정하는 기준의 객관화가 매우 중요하다.

사) 항만재개발 제도의 정착

항만과 배후도시의 성장과 확장, 선박의 대형화, 화물의 컨테이너화 등 물류환경이 급격히 변화함에 따라 항만 및 기능지원시설의 생애주기(life-cycle)가 점차 단축되고 있으며, 이에 따른 항만의 기능적 노후화 시설이 증가하고 있어 적절한 기능전환의 필요성이 대두되었다. 또한 국민소득의 향상, 생활환경의 개선 및 여가활동의 증대 등 쾌적한 환경공간에 대한 수요가 증대됨에 따라 기존의 노후 또는 유휴화된 항만공간에 대한 재개발 요구가 증가하고 있는 추세이다. 이러한 노후 및 유휴 항만을 재개발하여 국가경쟁력을 높이고 경제발전에 기여하고자 2005년 5월부터 항만재개발 시행방안을 수립하고 2006년 9월에는 항만재개발 기본계획 용역을 착수했으며, 2007년 5월 11일에는 '항만과 그 주변지역의 개발 및 이용에 관한 법률'을 제정·공표함으로써 항만재개발사업에 박차를 가하게 되었다.

항만재개발 대상 항만은 2007년부터 2016년까지 부산항, 인천항, 대천항, 군산항, 목포항, 제주항, 광양항, 여수항, 포항항, 묵호항 등 10개 항만에 대하여 항만재개발 기본계획을 확정 고시(2007. 5. 11)했고, 부산 북항 재개발은 노후한 부산 북항을 국제여객부두, 크루즈부두, 마리나 건설과 친수공원, 국제해양관광 및 비즈니스 거점으로 재개발하고자 2008년부터 2019년까지 8조 4,621억 원(정부, 부산항만공사, 민자)으로 추진 중이며, 인천 영종 드림 아일랜드 조성은 준설토 투기장에 중국, 일본 등 동북아시아와 세계 한상(韓商)을 겨냥한 국제적인 대규모 종합관광·레저 허브로 개발하기 위하여 2014년부터 2020년까지 2조 400억 원으로 워터파크, 아쿠아리움, 호텔, 아웃렛, 마리나, 테마공원 등을 조성하는 사업을 계획 중이다.

거제 고현항 재개발은 2014년부터 2020년까지 2조 1,422억 원으로 주거, 마리나, 수변공원 등 구도심지역과 연계된 고품격 친수 해양관광도시를 조성할 계획이고, 광양항 묘도 재개발사업은 2016년부터 2029년까지 4조 8,000억 원으로 물류·에너지 허브를 조성하는 사업이며, 인천내항(1, 8부두) 재개발은 2015년부터 2020년까지 352억 원으로 전시, 컨벤션, 키즈랜드, 친수공간 등을 조성하는 사업으로 활발하게 추진 중이다.

아) 항만산업의 경제적 파급효과

항만산업은 막대한 부가가치를 창출할 뿐만 아니라 고용효과, 투자유발효과가 있는 것으로 분석되어, 2000년 기준 항만산업의 부가가치는 GDP의 5.4%인 25조 4,130억 원 규모이고, 부산항, 인천항, 광양항의 경우 지역경제 GRP의 각각 7.02%, 6.06%, 5.05%를 담당하는 것으로 나타났다. 항만의존산업[3]을 포함할 경우 22.4%, 35.0%, 49.4%나 되는 것으로 분석되었다. 미국 롱비치 0.4%, 영국 런던 0.3%, 부산 1.47%, 인천 0.3%, 광양 0.1% 등으로 한국 항만의 국가경제 기여도가 높게 나타났다.

(2) 이명박 정부(2008~2013)에서 현재까지

이명박 정부 출범과 함께 건설교통부와 해양수산부를 통합하기 위하여 2008년 2월 28일 법률 제8852호로 정부조직법을 개정하여 국토해양부가 신설되었으며, 본부 기구는 2차관 5실 3국 1대변인 18관 92과

3 항만을 통해 수출입을 해야만 하는 도소매업 등의 산업군을 말한다.

9팀 2센터에 정원은 1,100명이었다. 국토해양부 출범과 함께 사회간접자본 총괄부처로 행정조직이 일원화됨에 따른 시너지 효과, 상호 중폭 규모의 인사교류로 건설교통 분야의 정책 벤치마킹이 가능하였다. 특히 해외건설 수출진흥정책의 영향으로 해외항만 개발 지원 분야는 괄목할 만한 성장을 보여주었고, 폭풍 및 지진해일 대응계획인 아라미르 프로젝트(2011)와 내진성능 보강 등 많은 정책의 발전이 있었다.

국가경제 성장동력 확충을 위한 부산항, 광양항, 울산항, 인천항 및 평택·당진항 등 거점항만 육성전략을 수립하고, 마리나 항만개발정책을 도입했으며, 지방자치제도의 정착에 따라 일부 항만개발 및 관리 업무를 지자체로 위임하였다. 독도 방파제 건설 및 접안시설 확장 공사계획을 수립하고, 해양영토 수호를 위한 국가관리연안항을 지정했으며, 2011년 국제항만협회(International Association of Ports & Harbors, IAPH) 부산총회를 성공적으로 유치하였다. 또한 기후변화에 대비한 아라미르 프로젝트 계획을 수립하고, 광역 준설토 매립장 조성 및 도시용지 확보 계획수립, 우리 기업의 해외 항만시장 진출 지원 및 항만 민자사업을 적극 추진하였다.

한편 박근혜 정부 출범 직후인 2013년 3월 22일 국회 제출 52일 만에 17부 3처 17청의 정부조직법이 개정되어 해양수산부가 5년 만에 부활되었으나, 초대 장관의 자질 논란과 2014년 4월 16일 304명이 사망·실종되는 대형 해난사고인 세월호 침몰사고 발생으로, 부활 이후 적극적인 항만건설정책을 펴지 못하고 있는 실정이다.

가) 국가경제 성장동력 확충을 위한 거점항만 육성전략 수립

① 부산항

부산항 재도약을 위하여 종합항만물류 기능을 강화해나가고 있다. 부산항 시설현황은 컨테이너 부두 38선석(신항 21, 북항 17), 배후단지 353

만 제곱미터(41개 업체 입주)로써 2014년 컨테이너 처리실적 1,868만 TEU로 국내 전체 2,480만 TEU의 75.3%를 차지하고 있다.

주요 현안으로는 컨테이너 전용항으로 성장한계를 극복하고 새로운 부가가치 창출을 위한 종합항만물류 서비스 제공 항만으로 육성할 필요가 있고, 선박 대형화와 통항선박 증가(하루 100여 척)로 신항 항로 혼잡도가 증가되고 있으며, 배후도로 정체도 심화되고 있다. 또한 신항 활성화로 북항 물동량은 정체되고, 반면 신항은 물동량이 지속적으로 증가하여 컨테이너 부두시설의 부족현상이 예상된다. 부산항의 컨테이너 화물은 2020년까지 연평균 6.6% 증가가 예상되고, 신항 대 북항 컨테이너 비중은 2008년 12 대 88에서 2014년 64 대 36으로 역전되었다.

컨테이너 중심항으로서의 위상 제고를 위해 신항 2~4단계 3선석, 2~5단계 3선석 및 피더 부두 2선석을 2019년까지 완공하고, 수리조선소, 유류중계기지, LNG 벙커링 기지를 조성하여 하역·연료공급·선박수리가 가능한 원스톱 서비스 및 자동차 부품, 조선기자재 등 비컨테이너 화물 처리를 위한 일반화물 부두 등 종합항만물류서비스 기반을 마련하며, 1만 2천 TEU급 이상 선박의 상시 입·출항을 위한 항로 증심(15 → 17m)과 토도(土島) 제거, 항로폭 확장 등 통항안전성 개선방안 마련 및 우회 배후도로 신설 등 신항 배후도로 여건 개선으로 향후 항만 서비스 수준을 지속적으로 향상시킬 계획이다. 또한 '부산항 POST 2020'을 위한 신항 3단계 사업(컨 5선석, 일반 3선석)의 기반시설인 방파제 건설 및 장래 신항 확장 입지 마련을 위한 중장기 발전방안도 수립 중이다.

2014년 실적 기준으로 세계 10대 컨테이너 항만(7개가 중국 항만)은 1위가 상하이항으로 3,529만 TEU를 처리했고, 전년보다 5.0%가 늘어났다. 2위는 싱가포르항 3,355만 TEU(3.0% 증가), 3위 선전항 2,403

만 TEU(3.2% 증가), 4위 홍콩항 2,223만 TEU(0.5% 감소), 5위 닝보-저우산항 1,944만 TEU(12.2% 증가, 2014년에 5위로 등극), 6위 부산항 1,868만 TEU(5.6% 증가), 7위 칭다오항 1,662만 TEU(7.1% 증가), 8위 광저우항 1,616만 TEU(5.6% 증가), 9위 두바이항 1,525만 TEU(11.8% 증가), 10위는 톈진항으로서 1,405만 TEU를 처리하여 전년보다 8.1% 증가하였다.

② 광양항

광양항은 수역시설 정비 등으로 경쟁력을 강화해나가고 있다. 광양항 시설현황은 컨테이너 14, 일반 74 등 총 88개 선석과 배후단지 388만 제곱미터(24개 업체 입주)이다. 2014년 처리한 총 물동량은 2억 5,326만 톤으로 국내 전체 14억 1,590만 톤의 17.9%를 차지하고 있고, 컨테이너는 234만 TEU로 국내 전체 2,480만 TEU의 9.4%이다. 주요 현안으로는 배후 산업기반이 취약하고 적은 정기항로 수(주당 부산항은 389항차인 데 비해 광양항은 87항차) 등으로 컨테이너 물동량이 부족함에 따라 컨테이너 부두 개발보다는 경쟁력 강화에 주력할 필요가 있고, 항로 일부 구간의 수심이 얕고 협소하여 운항 효율성 저하 및 안전사고가 우려되며, 선박 초대형화(1만 8,000TEU급 컨테이너 선박 및 35만 톤 이상 원료 운반선 운항 예정)에 따른 선제적 대응이 필요할 뿐더러, 위험물 취급이 많은 낙포부두의 전면 개축에 재정지원이 필요한 실정이다.

앞으로는 여수 신북항 건설(방파제 1,360미터, 관공선·역무선부두 702미터/2,999억 원/2012~2020)을 통해 양질의 역무서비스(급유, 급수, 도선 등)를 제공하여 항만경쟁력을 높이고, '묘도수노·특정해역 확장 및 암초 제거사업' 및 '제3항로 확장사업' 추진 기반을 마련하며, 낙포부두 안전 확보를 위한 정부와 민간의 사업비 분담 등 사업추진방안을 마련할 계획이다.

③ 울산항

정부는 울산항을 세계 4대 석유물류거점으로 육성할 계획이다. 울산항 시설현황은 유류·액체화학 28, 컨테이너 5, 자동차 3, 일반부두 71 등 총 107개 선석이다. 2014년 처리한 유류·액체화학 화물은 1.54억 톤으로 국내 전체 4.5억 톤의 34%를 차지하고 있고, 자동차 수출은 120만 대로 국내 전체 306만 대의 39%를 차지하고 있다. 주요 현안으로는 석유 소비가 급증하고 있는 동북아지역의 석유 저장과 거래를 위한 인프라를 적기에 확보하여 울산항을 세계 3대 오일허브인 미 걸프연안, ARA(Antwerp, Rotterdam, Amsterdam), 싱가포르처럼 동북아 석유물류의 거점으로 육성하는 것으로, 울산항만공사, 석유공사, 탱크운영사와 사업추진방안(지분율, 자본조달방안 등)을 논의한 후, 오일허브 1단계 사업[4] 및 2단계 사업[5]을 추진할 계획이다.

④ 인천항 및 평택·당진항

인천항 및 평택·당진항은 향후 수도권 거점항으로 육성할 계획이다. 인천항 시설은 컨테이너 11선석, 일반부두 96선석 등 총 107선석과 항만배후단지 143만 제곱미터(계획 606만 제곱미터) 규모이며, 2014년 처리한 화물은 1.5억 톤으로 국내 전체 14.1억 톤의 11%이고, 컨테이너는 234만 TEU로 국내 전체의 9.5%이다. 인천항은 내항(일반화물, 재개발), 남항(국제여객), 북항(일반화물), 신항(컨테이너)으로 기능이 구분되어 있고, 주요 현안으로는 인천 신항의 대(對)중국 교역 거점항으로서의 역할 제고를 위하여 대형선 유치가 가능하도록 증심 준설을 시행하고,

---

4 2011~2016년, 5선석, 저장 탱크 990만 배럴, 5,872억 원, 외곽시설 6,458억 원은 별도.

5 2016~2020년, 4선석, 저장탱크 1,850배럴, 1조 748억 원, 외곽시설 1만 1,264억 원은 별도.

급증하는 한·중 여객 및 화물의 유치와 크루즈 선박이 접안할 수 있도록 크루즈 및 국제여객 전용부두를 조기에 확보할 필요성이 있다.

평택·당진항 시설은 자동차부두 4선석, 철재 17선석 등 총 58선석과 항만배후단지 141만 제곱미터(계획 370만 제곱미터) 규모이며, 2014년 처리한 화물은 1.17억 톤으로 국내 전체의 8.3%이고, 자동차 수출은 151만 대로 국내 전체의 49%이다. 주요 현안으로는 국제여객부두 사업의 민자유치 무산 및 신평-내항 간 연육교의 사업 성격 및 재원분담 논란으로 사업이 지연되고 있어, 국제여객부두는 기획재정부와 협의하여 민자에서 재정사업으로 전환하여 추진하고, 신평-내항 간 연육교 사업은 타당성 조사 용역을 통해 도로의 기능, 추진주체, 재원분담 방안 등을 마련하여 추진해야 할 것이다.

나) 마리나 항만정책의 태동

'마리나 항만시설'이란 마리나 선박의 정박시설 또는 계류장 등 마리나 선박의 출입 및 보관, 사람의 승선과 하선 등을 위한 기반시설과 이용자 서비스 시설을 말한다. 국토해양부는 2009년 6월 9일 '마리나 항만의 조성 및 관리 등에 관한 법률'을 제정하고, 2010년 1월 10년간(2010~2019년) 거점형, 리조트형 및 레포츠형 등 중장기 마리나 항만 개발방향을 제시하는 '마리나 항만 기본계획'을 고시했는데, 추정사업비 2조 8,000억 원은 사업시행자가 자체 조달하는 것을 원칙으로 하고, 국가는 방파제, 도로 등 기반시설에 예산을 지원할 수 있게 되어 있다. 2014년 하반기에는 마리나 항만 구역 내 관광·요트산업 집적화를 위한 배후단지의 법적 근거를 마련하고, 사업자 지정요건 완화[6] 및 국유

6 특수목적법인 설립 시 출자 주체 수를 2개 이상에서 1개 이상으로 완화.

지 임대기간 특례[7] 등 마리나 항만 민간투자 촉진을 위한 제도 개선을 추진했고, 한·중·일 동북아 3국간 공동연구를 통해서 국제마리나 네트워크를 구축하는 방안도 마련 중이다. 현재 해양관광의 중심지, 마리나 산업 클러스터, 국제 마리나 네트워크 구축 등을 위해 인천 덕적도, 경북 후포, 전북 고군산, 전남 여수 EXPO, 경남 명동, 울산 진하 등 6개소의 국가 지원 거점형 마리나 항만개발을 차질 없이 추진 중이다.

사업 시행은 지자체 또는 민자유치를 원칙으로 하고, 국가는 기본 설계 및 기반시설 조성비용을 지원(1개소당 최대 300억 원 미만)한다. 장기적으로 마리나 항만건설 활성화를 위해서는 이탈리아나 프랑스와 마찬가지로, 주거용 아파트 선분양 후 건설방식처럼 요트 선석 선분양제를 도입하여 일정한 분양금을 사전 모금하여 진입도로, 방파제 등 기반시설을 건설한 후, 선석을 요트 크기에 따른 선석당 분양단가를 정한 뒤 장기(20년) 분양하는 방식을 도입해야 할 것이다. 현재 운영 중인 전국 마리나 시설은 한강 서울마리나, 화성 전곡마리나 등 32개소, 1,750척이고, 개발 중인 것이 7개소에 950척이다.

다) 항만개발 업무 지자체 위임

지방자치제도가 안정화되면서 항만의 개발 및 관리에 대한 지자체의 관심과 참여가 대폭 확대되고, 미국, 유럽, 일본 등 전 세계적으로도 지자체가 지역의 특성을 고려하여 도시와 조화로운 항만계획을 수립·개발하는 추세이고, 중국도 2001년 개발·관리권이 지자체에 이양되었다. 2009년 항만법 시행령 개정에 따라 항만개발 및 운영 업무를 지자체에 위임하는 규정을 마련하고, 2010년에 대통령 재가를 받아 항만공

7 5년 또는 10년의 국유지 임대 기간을 최소 20년 이상으로 예외 인정.

사의 시행 등 42개 위임사무를 확정하였다. 우리나라의 31개 무역항과 29개 연안항 등 전체 60개 항만 중 14개 국가관리 무역항과 11개 국가관리 연안항 등 25개 항만을 국가(해양수산부)가 관리하고, 나머지 17개 무역항[8] 및 18개 연안항[9]은 국가 예산을 지원받아 지자체가 개발·관리하고 있다.

최근의 항만개발 시행주체를 살펴보면, 정부는 도로, 철도, 방파제, 호안, 준설 등 비수익성 기반시설과 공용부두, 여객터미널 등 공익성이 강한 접안시설에만 재정을 투자한다. 수익성 또는 전용성이 있는 자가부두 등 항만시설은 민간이 시행하고, 항만공사는 외곽시설, 준설 등을 제외한 관할 항만의 항만시설을 담당한다.

라) 독도 방파제 건설 및 접안시설 확장계획 수립

정부는 독도 운항 선박의 접안일수 개선을 통한 독도 거주민의 정주여건 개선, 방문객 휴식공간 제공 및 안전 확보로 상시 지원 체제를 구축하고, 독도의 지속가능한 이용성 제공으로 독도 영토관리를 강화하기 위해 방파제를 건설하고 접안선박 규모를 2,000톤급으로 확대하여 연중 접안일수를 148일에서 248일로 증대하는 사업을 2008년 7월 국무총리 주재 국가정책조정회의에서 추진하기로 결정하였다. 그리고 2008년 8월 정부합동 독도영토관리대책단에서 이 사업을 독도영토관리강화사업으로 선정한 후, 2009년 4월 20일부터 2010년 6월 15일까지 기본계획용역, 2010년 12월 8일부터 2011년 12월 2일까지 기본설계용역, 2011년 12월 23일부터 2012년 12월 16일까지 실시설계용역을 시행하였다. 이 사업은 4,074억 원의 사업비로 4년간 해수소통이

8 서울항, 하동항, 삼천포항, 진해항, 삼척항, 태안항, 보령항 등.

9 부산남항, 강구항, 주문진항, 홍도항, 신마항, 대천항, 애월항 등.

가능한 재킷식 방파제 259.2미터, 연결교 156.8미터 등을 친환경적으로 건설토록 계획했으나, 일본과의 외교적 마찰을 우려하는 외교부 입장으로 현재까지도 착공이 지연되고 있다.

마) 서울항 지정

정부는 '경인 아라뱃길'과 연계하여 서울에서 중국 등 동북아 주요 연안도시와의 연결을 통한 문화·관광 발전을 기하려는 서울시의 요청에 따라, 국가경쟁력을 높이고 국가홍보전략 차원의 상징성, 가치 등을 고려한 국제 수상관광 거점을 마련하기 위하여 관계부처 협의를 거쳐 2010년 6월 1일 항만법 시행령을 개정, 우리나라 최초의 하구항만인 서울항(지방관리 무역항)을 지정·공포하였다. 서울특별시 영등포구 여의도동 일원의 한강공원 둔치 및 전면수역 37만 790제곱미터(육상구역 3,540제곱미터, 해상구역 36만 7,250제곱미터)를 서울항으로 지정, 6,500톤급 선석을 확보하여 국제 크루즈(6,500톤급) 및 연안 크루즈(2,000~3,000톤급)선을 운항할 계획으로, 소요 사업비는 접안시설에 416억 원, 항로준설(수심 6.3미터)에 2,250억 원이 소요되고, 서울시가 비관리청 항만공사로 추진할 계획이었으나 현재까지 착수가 지연되고 있다.

바) 해양영토 수호를 위한 국가관리연안항 지정

2010년 3월 26일 천안함 사태와 같은 해 11월 23일 연평도 포격사건이 연이어 발생하고 독도, 이어도 등에 대한 영유권 분쟁, EEZ 내 불법조업 증가 등으로 국가안보 및 영해관리 목적의 항만개발 필요성이 높아지게 되었다. 특히 백령도, 울릉도 등 전략적으로 중요한 도서의 항만은 해양영토를 관리하는 전진기지 역할을 하면서도 시설이 열악하여 해군 군함이나 해경정 상시접안이 곤란하여 장시간 출동시간 소요로 어려움이 많았다. 2010년 12월 27일 청와대에서 있은 2011년 업무계획 보고에서 "항만법을 개정해 연평도 등 서해 5도와 울릉도 등 낙도 주요 항 10곳을 국가관리항으로 지정해 5,000톤급 함정이 접안할 수 있도록 시설을 강화하기로 했다"고 보고했고, 주요 신문 및 방송에서 일제히 속보로 국토해양부 업무보고를 헤드라인 뉴스로 보도하였다. 심지어 중국, 일본 등 해외언론에서도 촉각을 곤두세웠다.

국가관리 연안항은 개정된 항만법상 "국가안보 또는 영해관리에 중요하거나 기상 악화 등 유사시 선박의 대피를 주목적으로 하는 항만"으로 정의하고 있다. 지자체 등의 추천, 협의, 심의회 등을 거쳐 2012년 8월 22일 11개 항[10]을 국가관리 연안항으로 지정하였다. 이에 따라 지자체에 위임되었던 연안항에서 국가관리 연안항으로 전환된 8개 항만의 개발은 2012년 8월 23일부터 지방해양항만청으로 다시 이관되었다. 영해관리 강화를 위해 해경부두(11선석), 어업지도선 부두(5선석), 해군부두를 신설하고, 친수공간 조성, 여객부두 건설 등으로 주민 정주 여건을 개선하고 있다.

사) 2011 IAPH 부산총회의 성공적 유치

2011년 5월 23일부터 27일까지 부산에서 IAPH 제27차 총회가, 1987년 4월 25일부터 5월 2일까지 서울에서 15차 총회가 열린 후 24년 만에 열렸다. IAPH는 총재와 사무총장을 포함해 7명의 임원을 두고 있으며, 집행위원은 모두 16명이다. 해운·항만 관련 세계 최대 협력기구인 IAPH 총회의 부산 유치는 2004년 2월 부산에서 IAPH 아시아·오세아니아 지역총회가 열렸을 때, 당시 집행위원이었던 김영남 한국컨테이너부두공단 이사장이 개회사를 통해 2011년 총회를 부산에서 하

10 서해권역의 용기포항, 연평도항, 상왕등도항, 대흑산도항, 가거항리항, 남해권역의 추자항, 화순항, 거문도항, 국도항, 동해권역의 후포항, 울릉 사동항.

자고 공식 제안했던 것이다. 상하이가 양산항이 조기개장하는 2005년에 맞춰 IAPH 총회를 개최한 데 대해, 부산항 신항이 완공되는 2011년에 맞춰 IAPH 총회를 개최하여 부산항을 대대적으로 홍보하겠다는 의도였다. 부산 총회가 사실상 확정된 것은 2007년 1월 30일 베트남 호치민 지역 이사회에서였다. 2004년부터 지속적으로 기울여온 노력이 호치민 회의에서 IAPH 회원국들을 설득하는 데 큰 역할을 한 것이다.

마침내 부산에서 열린 제27차 IAPH 총회에서는 부산항 신항에 대한 홍보는 물론 항만 재개발이 한창 이뤄지고 있는 부산 북항의 변화된 모습까지 세계 항만 관계자들에게 선보여 부산항의 위상을 높일 수 있는 좋은 기회가 되었다.

아) 기후변화에 대비한 아라미르 프로젝트 계획 수립

국토해양부 물류항만실은 지구온난화 등 기후변화에 따라 항만과 배후 도심권에 폭풍 및 지진해일 내습으로 인한 침수피해가 증가할 것으로 예상하여 이에 대한 방재대책과 항만 중요시설물인 방파제 등 외곽시설 보강이 필요한 것으로 판단하고 2011년 7월 12일 '아라미르 프로젝트'를 수립하였다. 재해취약지역 정비는 태풍 및 일본 서북부 연안에서 발생하는 지진으로 국내 항만에 내습하는 폭풍해일 및 지진 해일고를 산정하고, 이로 인한 총 54개 항만과 배후도시의 침수예상 범위를 산정하여 무역항 15, 연안항 7 등 22개 항만에 예상 피해액을 총 28.6제곱킬로미터, 4조 459억 원으로 예상하였다. 재해 이력이 있는 부산항, 광양항, 목포항 등 10개 항만은 1단계로 2020년까지 정비(6,208억 원)하고, 잔여 12개 항만은 2단계로 2030년까지(5,678억 원) 정비하되, 도입될 방재시설물은 국내외 적용사례, 항만 입지 및 형상을 분석하여 게이트, 방재언덕, 방호벽 형식 등으로 결정하도록 하였다.

한편 외곽시설 보강은, 지구온난화로 파고가 높아져 방파제 유실 등 피해가 커짐에 따라 전국 41개 항만의 137개 방파제에 대한 재추산 설계 파랑을 적용한 안정성 검토 결과, 안정성이 확보되지 않은 32개 항만의 71개의 시설을 보강(1조 3,520억 원)하되, 취약부위 유형에 따라 제체 단면보강, 피복제 보강, 상치 증고 등 보강공법을 선정하여 보강하도록 계획하였다.

자) 국가 미항 프로젝트 추진을 통해 품격 있는 항만도시 조성

부산항, 인천항 등 주요 항만은 배후도시의 발전과 함께 성장·확장되었으나, 수리조선소, 유류부두 및 저장탱크, 곡물 사일로, 바지선 접안시설, 모래부두, 목재부두 등 노후 및 공해유발 항만시설물이 임항(臨港) 지역 내에 산재해 있어 잦은 민원을 일으키고 해안 경관의 저해요소로 작용하고 있다. 따라서 해당 시설물을 도시와 떨어진 곳으로 이전하여 집적해놓을 필요가 있으나 시설 소유주 및 지자체는 영세성, 갈등 유발, 대안 부재 등으로 이전에 소극적이다. 이에 주요 무역항 내에 산재한 노후 및 공해유발 시설물에 대한 이전·집적화 방안을 마련하는 국가 미항 프로젝트를 추진 중이다. 도시 규모, 크루즈 등 해양관광 연계 가능성 등을 고려하여 부산항과 인천항부터 단계적으로 추진하고 있다. 부산항은 영도에 밀집된 환경 저해시설을 집단 이전 후 영도를 세계적 관광명소로 육성하고, 인천항은 북성 포구 워터프런트 조성 방안을 마련하고 있다.

차) 광역 준설토 매립장 조성 및 도시용지 확보계획 수립

부두 개발, 항로 깊이를 늘리는 등 연안지역의 다양한 개발로 준설토가 지속적으로 발생하고 있다. 하지만 단기적 투기대책 수립으로는 여건변화에 탄력적으로 대응하기가 어렵고, 런던협약에 따른 환경오염과 경제성 결여 등으로 준설토 외해 투기는 사실상 불가능한 상황이다. 2050년까지 2억 1,000세제곱미터의 유지 준설토가 발생될 것으로 예측되어, 장기적인 수요에 대응할 권역별 대형 광역 준설토 매립장(투기장) 조성이 필요하게 되었다. 이에 정부는 2011년 10월부터 2012년 12월까지 기본계획 용역을 거쳐 관계부처 및 지자체와 협의, 해양생태계 조사, 환경영향평가를 거쳐, 준설토량 및 투기거리, 경제성, 향후 활용 방안 등을 고려하여 광양항 송도 서측 해상의 남해 서부권, 인천 신항 송도 매립지 전면 해상의 서해 중부권, 새만금 방조제 전면 해상의 서해 중·남부권 등 3개 권역의 광역 준설토 매립장 조성을 추진 중이다. 준설토 투기로 조성되는 매립지는 일본 도쿄만 임해 부도심 개발사업처럼 단계별로 필요한 도시용지로 개발하여 지역경제 활성화에 도움을 줄 수 있도록 계획하는 것으로 추진 중이다.

카) 우리 기업의 해외 항만시장 진출 지원

정부는 국내 기업의 진출 가능성이 높은 해외 항만에 집중 투자하기 위하여 해외 항만 개발협력사업의 기존 지원국 중 당해 사업 발주 가능성이 높은 국가를 대상으로 민관합동 수주지원단 활동을 강화해왔다. 2009년 투르크메니스탄의 투르크맨바쉬항 현대화사업 타당성 조사와 아세안(ASEAN) 항만 DB 시스템 구축을 시작으로, 2010년 콩고민주공화국의 바나나항과 카메룬의 림베항 개발 타당성 조사, 아세안 해상교통 통합 로드맵 수립 지원용역, 2011년 가나, 필리핀, 온두라스 항만개발 기본계획 및 타당성 조사, 2012년 우루과이 몬테비데오항, 캄보디아, 알제리 항만 기본계획 및 타당성 조사, 2013년 페루, 적도기니, 리비아 항만 기본계획 및 타당성 조사, 2014년 러시아 극동지역, 미얀마, 과테말라, 루마니아 항만 기본계획을 수립하였고, 2015년에는 케냐, 콜롬비아, 피지, 바투아누 항만 기본계획 수립과 인도네시아 해양 인프라 구축 기본계획, 아세안의 메콩강 내륙 주 운수로 교통연구 및 캄보디아 수리조선소 타당성 조사 등을 지원하였다. 해외 항만개발의 국내외 인적 네트워크를 확충·유지하고 노하우를 축적하며, 전문인력을 양성하여 해외협력사업의 사업화 및 수주 역량을 강화하기 위한 해외항만개발 지원센터 설립의 법적 근거도 마련하여 해외 항만건설 진출을 체계화하고자 노력 중이고. 학계, 전문기관, 해외사업 유관기관(KOICA, KOTRA), 주요 건설·엔지니어링 등 전문가로 투자협의체를 구성·운영 중이다.

타) 항만 민자사업의 적극 추진

① 항만 민자사업 MRG 변천사

우리나라 민간투자제도 발전과정은 크게 4기로 구분할 수 있다. 제1기는 대부분의 사회간접자본 투자가 정부 주도의 재정사업으로 추진되던 중, 투자 재원 부족 문제를 해결하기 위해 도로법, 항만법 등 개별법에 의해 산발적으로 민자사업이 추진되던 1968년부터 민자유치촉진법이 제정된 1994년 8월 이전까지이고, 제2기는 법이 제정된 1994년부터 '사회간접자본시설에 대한 민간투자법'이 제정되어 적용되기 전인 1999년 8월까지로 민간투자사업 추진절차가 명확해지고 정부가 매년 '민자유치기본계획' 수립을 통해 대상사업을 고시하는 등 능동적인 정책으로 전환했으며, 무상사용기간, 시설사용료, 정부 지원 등에 대한 기준을 명확히 하고, 사업성 부족문제를 해결할 수 있게 사업자에게 부대사업을 허용하였다. 하지만 대상사업 선정의 잘못, 금융시장 여건의 미조성, 사업추진 경험의 부족 등 세반 여건이 성숙되지 못하고, 외환위기 및 특혜 시비 우려로 실적이 저조하였다. 제3기는 민자유치촉진법의 문제점을 해소하고 부족한 사회간접자본 시설을 확대하기 위하여 민자유치종합대책을 수립하고 '사회간접자본시설에 대한 민간투자법'을 제정하는 등 제도개선을 도모한 1999년 8월부터 운영수입 보장이 폐지되기 전인 2005년까지인데 투자활성화를 위한 정부의 적극적인 지원과 절차 간소화, 인센티브 제공 등이 개선되었고, 제4기는 2006년부터 현재까지인데 MRG(Minimum Revenue Guarantee, 최소 수입보장)가 폐지 또는 축소되고 민간제안 사업 활성화로 제3자 경쟁이 치열했으나, 2008년 미국 서브 프라임 모기지 사태 이후 금융약정 체결이 어려워지고 여러 사업이 지연되는 등 어려움이 발생하였다.

② 민간투자사업 기본계획 변경 내용

1999년 민간투자사업 기본계획 시에 수입보장 기간은 무제한으로 했고, 보장률은 고시사업 90%, 제안사업 80%로, 2003년에는 수입보장기간을 15년으로 축소했고, 보장률은 1~5년에는 고시사업 90%, 제안사업 80%, 6~10년에는 고시사업 80%, 제안사업 70%, 11~15년에는 고시사업 70%, 제안사업 60%로 했으며, 실제수입 50% 미만 수입보장을 배제하였다. 2004년에는 재무적 투자자에 대한 인센티브를 확대하고, 자금 재조달 이익을 정부와 50 대 50으로 공유하는 자금 재조달 지침을 제시했으며, 2005년에는 임대형 민간투자사업(Build-Transfer-Lease, BTL) 시행지침을 추가하고 사업추진절차를 간소화(실시계획 승인: 6개월 → 3개월)하였다. 2006년에는 민간제안사업의 MRG를 폐지하고, 정부고시사업의 MRG도 75%(1~5년), 65%(6~10년)로 축소하고, 보장기간도 축소(15년 → 10년)했으며, 2007년에는 제안비용 보상기준 및 대상을 구체화했고, 2009년에는 정부고시사업도 운영수입 보장을 완전 폐지했고, 사업시행자의 자기자본비율을 완화(BTO 사업의 경우 25% → 20%)하였다. 2010년에는 부대사업 활성화를 통한 수익성 보전 및 이용자 부담을 완화했고, 2011년에는 타당성 단계 축소, AHP 분석방법 도입 등 정부고시사업 활성화 방안을 마련하고, 다양한 방식의 민자사업 추진을 유도하였다. 2014년에는 자금재조달 관련 규정을 명확히 하여 예측 가능성을 높이고, 부대사업 활성화를 위해 부대사업 이익 공유제를 도입했으며, 사업단계별 추진기한을 명확히 하였다.

③ 항만 민자사업 MRG 보장조건 및 지급액

MRG 폐지: 부산항 신항 1단계(사업기간 2007년 1월부터 50년간, 총 투자비 2조 4,000억 원)는 당초 20년간 0~90%로 되어 있었으나, 사업자 요청으로 2003년 5월 폐지했고, 인천북항 1-1단계(2007년 1월부터 2041년 8월, 1,103억 원)는 당초 20년간 0~80%였으나, 항운노조 상용화와 법인세율 인하를 반영하여 2009년 4월과 2009년 7월에 각각 폐지하였다.

MRG 조정: 목포신항 1-1단계(2004년 6월부터 50년, 1,013억 원)는 당초 20년간 0~90%였으나, 2009년 6월 간주사용료[11] 폐지, 자금 재조달을 반영하여 20년간 50~90%(4.5년), 79.43%(8년), 77.43%(7.5년)로 조정했고, 2014년까지 MRG 지급액은 419억 원(전체 추정액 1,226억 원)이다. 목포신항 1-2단계(2004년 10월부터 50년, 266억 원)는 당초 20년간 0~80%였으나, 2009년 6월 간주사용료 폐지, 자금 재조달을 반영하여 20년간 50~80%(4.5년), 79.43%(8년), 77.43%(7.5년)로 조정했고, 2014까지 MRG 지급액은 99억 원(전체 추정액 345억 원)이다.

MRG 유지: 인천북항 2-1단계(2008년 4월부터 50년, 2,543억 원)는 현재 15년간 0~80%, 포항영일만신항 1-1단계(2009년 8월부터 50년, 3,316억 원)는 현재 14년간 50~90%(5년), 85%(5년), 80%(4년)이고, 2014년까지 MRG 지급액은 1,202억 원(전체 추정액 2,940억 원)이다. 마산항 1-1단계(2004년 12월부터 50년, 3,092억 원)는 현재 14년간 50~90%(5년),

11 항만의 실제사용료가 결정사용료(협약상 기준사용료×소비자물가변동지수)의 일정 수준에 미달할 경우 적용하는 사용료.

80%(5년), 70%(4년)이다. 울산신항 1-1단계(2009년 7월부터 50년, 2,578억 원)는 현재 15년간 50~90%(5년), 85%(5년), 80%(5년)이고, 2014년까지 MRG 지급액은 107억 원(전체 추정액 294억 원)이다.

파) 국제 크루즈 부두 및 여객터미널 확충

크루즈 관광객이 급증하고 크루즈 선박이 대형화되는 등 여건이 변화함에 따라 크루즈 부두 개발계획을 수정하고, 한국과 중국, 일본의 공동연구로 동북아 크루즈산업 활성화 방안도 마련 중이다. 크루즈 부두는 2020년까지 9선석 확충을 목표로(현재 3선석 운영 중) 부산북항 10만 톤급 1선석 완공(2014년 12월) 등 지속적으로 확충하고 있고, 국제여객터미널은 2020년까지 7개소[12] 확충을 목표로 대산항과 제주항은 지속개발(2013~2015년), 인천·속초항은 설계 중이다.

크루즈선 관광객 1명이 한국에서 소비하는 돈은 약 1,068달러로 항만에서 컨테이너 10개를 처리할 때 벌어들이는 수입과 맞먹는다. 크루즈 시장은 빠르게 성장하고 있고, 우리나라는 한중일 크루즈 항로의 중심에 있다. 2014년 우리나라를 찾은 크루즈 관광객은 105만 명이고, 그들로부터 벌어들인 관광수입은 1조 원가량이다. 정원이 1,600명인 7만 톤급 크루즈 1척이 취항하면 연간 직간접적 고용은 1,600명, 경제효과는 2,067억 원에 달하는 것으로 파악되고 있다.

하) 세계 중심에 우뚝 선 부산항 신항의 위상

부산항 신항은 초기 계획단계에서는 국회에서, 또 현장에서 수많은 난관과 극렬한 반대민원이 있었지만 범정부적인 동북아 물류중심 항만 정책에 따라 집중도 높고 치밀하게, 빠른 건설기간 내에 계획대로 종

12 인천, 평택, 부산, 속초, 제주 등 5개항은 노후시설 개축, 대산, 포항 등 2개항은 신규 건설.

합 물류항만으로 완벽하게 건설함에 따라 국가발전에 기여가 컸다. 개항 직후부터 인근 경쟁국가인 일본과 중국의 중앙 및 지방 정부의 수많은 항만 전문가들의 방문이 줄을 이었고, 국제해사기구(IMO), 국제항만협회(IAPH) 등 국제기구는 물론, 유럽, 아프리카, 중동 및 남미 등 개발도상국 대통령과 지도자급 인사들의 부산항 신항 방문이 현재까지도 이뤄지고 있다. 2010년 부산항 신항을 방문했던 카메룬의 총리는 불과 60년 전 6·25전쟁 때 자국의 원조를 받았던 폐허의 나라 대한민국이 그 짧은 기간에 어떻게 이렇게 완벽한 사회간접자본 시설, 특히 부산항 신항과 같은 항만시설을 건설했는지 이해할 수가 없다고 감탄할 정도로 우리는 국가적인 자부심을 가져도 되는 진정으로 훌륭한 세계 제1의 항만을 소유하게 된 것이다.

3. 전망과 과제

항만은 종합토목시설로서 주로 수중에서 시공되어 지반의 불규칙성과 해상 일기의 변동성이 크기 때문에, 약 10년의 완성기간을 두고 계획 및 건설되어야 한다. 항만기술이 걸음마 단계였던 1980년대 초반, 부산항 1, 2단계 IBRD 차관사업으로 자성대 부두를 건설할 당시 설계·감리용역사인 미국의 라이언사 등으로부터 전수받은 항만 설계·건설기술은, 설계·시공 일괄입찰(Turnkey) 방식의 도입 등으로 오늘날 세계최고 수준으로 성장하여, 중동, 동남아, 아프리카, 중남미 등 여러 나라에 수출하기에 이르렀다.

우리 항만은 짧은 기간에 지속적인 투자로 양적인 면에서는 하역능력의 경우 1945년 1,000만 톤, 1950년 450만 톤, 1971년 1,878만 톤, 1990년 2억 2,432만 톤, 2014년 10억 3,938만 톤으로 69년간 104배나 늘었고, 총 물동량은 1960년 490만 톤, 1970년 3,279만 톤, 1990년 3억 4,555만 톤, 2010년 12억 407만 톤, 2014년 14억 1,590만 톤으로 54년간 289배나 늘어났다. 특히 컨테이너 처리시설은 선진국 수준에 도달한 반면, 벌크 터미널 등 산업단지 지원 시설과 여객·크루즈 부두 및 터미널은 국격에 맞게 과감하게 리모델링할 필요가 있고 항만환경의 획기적인 개선이 필요하다. 컨테이너 부두시설 증설은 세계 해운환경 변화를 예의 주시하면서 트리거 룰에 따라 지속적으로 모니터링해야 할 것이다.

부산항 신항이 동북아 중심항만의 자리를 공고히 하기 위해서는 유류중계기지, 수리조선단지 등 부대시설이 구비되어야 하고, 배후단지 내 컨벤션 센터, 금융지원시설 등 종합지원시설을 확보하고 대형선 운항에 지장을 초래하는 토도를 제거하고 선박 대형화에 대비한 18미터 수심의 항로도 시급히 확보해야 할 것이다. 지난해 부산항은 개항 이래 최대인 1,868만 TEU의 컨테이너 물동량 처리실적을 올렸다. 총 컨테이너 물동량 기준으로는 세계 6위, 환적화물 기준으로는 세계 3위에 해당하는 실적이다. 하지만 2014년 부산항에서 처리한 총 화물량(3억 4,600만 톤) 중 컨테이너 화물(3억 2,100만 톤) 비중은 92.8%로서, 싱가포르의 59%, 로테르담항의 27.5%보다 월등히 높아 항만의 부가가치 창출에서 한계에 다다를 수 있기 때문에, 다양한 포트폴리오를 구성해서 총 부가가치를 높일 필요가 있다. 이를 위해 부산항 신항은 환적 중심 항만으로, 북항은 크루즈, 마리나 등 해양관광 활성화를 위한 허브로 이원화해서 발전시켜야 할 것이다.

부산항, 광양항 컨테이너 양항정책은 이미 30년 전 정부가 선포한 대국민 약속으로, 지속적으로 유지·발전시켜야 할 것이다. 다만, 상당 수준의 컨테이너 처리시설이 구비되어 있으나 물동량이 활성화되지 못하고 있는 광양항은 물량 유치를 위한 활성화 정책에 모든 역량을 집중하되, 부산항 신항은 북극항로 현실화 전망 등 세계 해운환경 동향을 예의 주시하여 추가시설 확보를 위한 대비를 게을리하지 말아야 할 것이다.

울산항은 지정학적 이점을 살려 동북아 오일허브로 집중 개발할 필요가 있고, 인천항은 부산항과 함께 중국 관광객 대규모 유치를 위한 국제여객·크루즈·요트 집객시설 확충이 시급하고, 공항 및 철도 역사에 버금가는 선진형 다기능 종합터미널을 확보할 필요가 있다. 중국인 해외관광객이 1억 명을 넘었고, 그들이 쓴 돈도 175조 원이나 되며, 그중 610만 명이 한국을 찾았다. 이제 관광객의 니즈와 취향을 정확히 파악하여 맞춤형 해양상품 개발에 힘써야 할 때다.

부산 영도를 싱가포르 센토사섬처럼 도심 자연공원, 마리나 항만, 컨벤션 센터, 쇼핑몰, 스포츠 센터 등 집객시설 위주로 개발하는 등 항만환경의 혁신적인 쇄신책이 필요하고, 부산항, 인천항 등 오래된 항만의 환경을 개선하고 일부 항만구역은 산책로 확보 등으로 시민 접근성이 양호한 근린공원 형태로 변모시켜야 할 것이다.

일본 도쿄만 임해 부도심처럼 우리나라도 동·서·남해안에 수백~천만 평 크기의 대규모 준설토 투기장 3~4개소를 계획하여 향후 50년간 항만 준설토를 수토(收土)한 뒤, 지반개량을 통하여 장래 필요한 항만 및 도시용지로 단계적으로 개발할 필요가 있다.

오래된 항만지역은 일본 요코하마의 미나토미라이 프로젝트처럼 중앙정부, 지자체, 주민들이 동참하는 항만 재개발로 신도심을 재생시켜 지역 신경제 거점으로 개발해야 하고, 크루즈산업 활성화를 위한 신상 카지노 설치 등 중국·일본 관광객 유인책을 적극 강구할 필요가 있다. 남부 프랑스, 이탈리아처럼 청정한 남서해안 도서지역에 중국 등 인접국 수요층을 끌어들일 수 있는 주거시설을 갖춘 회원제 마리나와 공공용 마리나를 겸비한 수천 척 규모의 대규모 마리나 단지 개발과 이탈리아 로마공항 인근처럼 집단화된 각종 요트 부품 및 요트 완성품 생산단지를 조성하는 등 마리나 산업 육성책 마련이 시급하다.

프랑스 남부의 까마르그항(Port Camargue)은 지중해에 접해 있지만 모기떼와 늪지대뿐이던 낙후지역 '랑그도크루시용(Languedoc-Roussillon)'을 제3섹터 방식으로 대단위 해양관광단지로 개발하기 위해, 드골 대통령이 1960년대 중반부터 30년간 대통령궁에 기획단을 두고 국가 프로젝트로 기획한 6개 개발지구 중 하나인 유럽 제일의 마리나항이다. 요트 5,000척을 수용할 수 있고, 그중 2,239선석은 회원제 임해복합 개발형 마리나 리조트이다. 이 리조트는 선석마다 주택이 딸려 있고 100만 달러 전후로 거래되지만 매입 신청을 하면 4~5년을 기다려야 할 정도로 북유럽인들에게 인기가 많다. 나머지 2,761선석은 공용 마리나로 운영 중이다.

한편 그동안 동북아 물류중심항만정책에 따라 환적물동량 대량 유치를 지향하는 낙관적인 물동량 예측에 따라, 다소 무질서하고 과도하게 추진되어온 항만 민자사업은 신중하게 재검토하여 불필요한 사업은 과감히 정리하고 필수불가결한 사업만 선택적으로 제한하여 추진해야 할 것이다.

또한 국토교통부의 도로국, 철도국, 수자원국 모두 계획, 건설, 운영 부서가 같은 국 내에 있으나, 해양수산부는 항만국과 해운물류국으로 항만의 계획·건설과 운영 부서가 이원화되어 정책의 유기적인 조정이 어렵고, 부서 이기주의로 때로는 시설 과잉 또는 시설부족 현상을 초래할 가능성도 있다. 정부 수립 이후 해운항만청 때까지 개발국에서 항만 기본계획을 담당하다가, 1996년 해양수산부 신설 시에 항만정책국이 항만기본계획을 관장하도록 하였다. 그러다가 1999년 5월 24일 해양수산부 항만국으로 또다시 환원되어 오늘에 이르고 있어 항만정책의 효율성을 위해 조직체계 정비를 재검토할 필요가 있다.

5장 /

항만운영정책의 변화

류영하

1. 서론

1) 항만운영정책의 의의

항만은 모든 수출입 화물의 기종점이자 종합물류기지다. 따라서 항만운영정책은 항만에 입·출항하는 모든 선박과 화물을 가장 신속하고 안전하게 처리하여 선박운항 스케줄에 맞추어주고 선사와 화주(貨主)가 불편함이 없도록 하고, 항만시설의 이용률을 극대화하여 물류비 절감과 국부(國富)를 창출하는 데 그 의의가 있다.

즉, 월활한 항만운영을 위해서는 선박이 항만에 입항할 때부터 신속하게 정박지를 지정하여 입항수속절차를 마치게 하고 해상교통관제시스템(Vessel Traffic System, VTS)을 통하여 항만에 대한 모든 정보를 제공해주고 적극적인 관제활동과 예선 및 도선의 지원, 야적장과 창고 등 항만시설과 급유 및 급수 등의 신속한 지원, 항내 운항선박들에 대한 개항질서 유지, 항만경비와 보안활동, 항만근로자의 수급관리와 항만운송산업체의 육성, 항만하역장비의 현대화, 적정한 항만시설사용료의 책정과 서비스 향상을 통한 글로벌 대형선사와 다국적 물류기업의 유치에 관한 일련의 정책들이 필요하다.

우리나라의 항만은 1876년 부산항이 국제무역항으로 개항하면서부터 외국적 선박에 대하여도 입·출항을 허가하고 정박지와 부두 사용 허가, 항만시설사용료의 부과, 우마차 및 인력에 의한 화물의 하역과 항만 내 종사자들에 대한 관리, 개항질서법과 항만운송사업법, 항만법의 제정과 여러 가지 제도를 마련하기 시작하였다.

우리나라는 산업화 시기가 시작되는 1960년대부터 1970년대까지 세계적으로 수출입 화물의 컨테이너화, 컨테이너 전용선에 의한 해상물동량의 급증과 함께 항만개발과 운영의 중요성을 인식하게 되었다.

1976년 박정희 대통령의 해운항만청 신설을 계기로 항만관련법과 제도의 정비, 하역요금 및 항만시설사용료의 개선 등 종합적이고 체계적인 항만관리운영의 기틀이 마련되었다.

이어서 민주화 시기에 들어서면서 전국 항만에 VTS를 구축하여 항만 내 선박의 입·출항을 원활하게 지원하고, 항만하역장비의 현대화, 항만운영의 자동화정책들이 추진되었다. 특히 김영삼 정부 시기에 해양수산부를 신설하면서부터 기존의 국가에 의한 경직된 항만운영의 직영체제에서 민간에 의한 부두운영방식으로 전환되었고, 항만의 생산성을 높이기 위한 부두운영회사, 즉 TOC(Terminal Operating Company)제도의 추진, 항운노조에 의한 노무공급 독점의 폐단과 불합리한 문제를 개선하기 위하여 항만근로자 상용화 추진, 항만입·출항 절차의 간소화 정책들이 신속하게 추진되었다.

이어서 1998년부터 개방화·정보화 시대에 들어서면서 항만운영의 민영화가 급속하게 추진되었다. 국가부두의 매각, 민간에 의한 자가부두의 개발과 직영에 따른 항만운영정책의 변화, 항만별로 독립채산제와 상업적 원리를 도입한 항만공사(Port Authorty, PA)제도의 도입, 동북아 물류중심화 정책, 항만 안전과 보안을 위한 국제규칙의 수용과 법제도의 보강, 글로벌 대형선사와 국제물류기업의 유치, 충분한 배후부지의 조성과 제공, 저렴한 임대료 부과와 최고의 항만서비스를 제공하는 포트세일정책, 항만 내에서 모든 비즈니스 활동이 편리하게 이루어지게 하는 항만의 종합물류기지화 정책들이 항만운영정책의 근간을 이루게 되었다.

21세기 신해양시대에는 이러한 정책들의 일관성 있는 추진도 중요하지만 정책추진과정에서 예기치 못했던 문제가 야기되는 일부 정책들은 면밀히 검토 분석하여 시대에 부응하는 대안을 제시할 필요가 있다.

2) 항만운영정책의 변동과정

항만운영정책의 변동과정을 분석하기 위해서는 우선 항만운영정책의 핵심과 정책목표를 살펴볼 필요가 있다. 항만개발과 운영정책은 매우 밀접한 관계가 있으므로 세계 해운항만의 변화와 동북아 물류환경과 여건을 분석하여 그동안 우리나라의 항만개발정책과 항만운영정책에 어떠한 영향을 미쳤고, 그 변동과정에서 어떠한 정책들이 어떠한 절차를 거쳐 시행되었는지 살펴보고자 한다.

항만운영정책의 핵심은 우선 항만구역 내에서 여객과 항만종사자들의 편리하고 안전한 출입, 모든 선박과 화물의 신속하고 안전한 처리, 항만 내에서의 조립·가공 등의 부가가치를 창출하는 배후물류단지의 조성, 글로벌 대형 선·화주와 국제물류기업 유치 등 포트세일정책이다.

따라서 정부는 이러한 항만 기능을 제대로 발휘할 수 있도록 하는데 항만운영정책의 목표를 두고 추진해왔다. 이 목표는 항만법과 개항질서법, 항만운송사업법, 항만운영기본계획 등에 따라서 크게 다섯 가지로 요약 정리할 수 있다.

첫째, 수출입 물동량과 국내 연안화물의 안전하고 신속한 처리를 위한 항만근로자의 안정적인 수급관리, 현대화된 하역장비와 보관야적장의 확충과 효율적인 운영, 육상수송차량의 원활한 집배송 유지다.

둘째, 국제 카페리 및 크루즈선의 여객과 연안여객들의 편리하고 안전한 출입 관리와 서비스 향상이다.

셋째, 유류, 양곡, 무연탄, 연안생필품 등 국가전략물자의 항만 내 보관과 안정적인 수급관리이다.

넷째, 글로벌 선사와 화주, 환적화물과 다국적 물류기업의 유치 등을 통한 항만 활성화와 항만배후부지의 저렴한 제공 등 포트세일정책의 추진이다.

다섯째, 우리나라가 동북아 물류중심지로 도약할 수 있도록 충분한 배후부지와 비즈니스센터를 제공하는 등 지속적인 항만인프라의 보강과 항만생산성을 높일 수 있는 선진항만운영시스템의 구축과 서비스 향상 등이다.

다음은 우리나라가 동북아 물류중심화 정책을 추진하게 된 배경과 동북아 물류 여건의 변화과정을 살펴보고자 한다.

1980년대 말부터 동북아지역 물류 여건 변화의 주요 특징으로는 첫째, 물동량의 급격한 증가, 둘째는 역내교역 비중의 증대, 셋째는 중국 중심의 항로 재편을 들 수 있다. 동북아지역은 중국을 중심으로 한 경제규모의 증대에 따라 한국, 일본, 중국, 대만 등 동북아 주요 국가들의 총 컨테이너 항만물동량은 1985년에 1,259만 TEU로 세계물동량의 22.5%를 점유했으나, 2000년에는 7,365만 TEU로 점유율 31.8%를 기록하면서 꾸준히 증가하고 있다. 특히 중국의 세계물동량 점유율은 1985년 4.9%에서 2010년 20.9%로 크게 높아지고 있다. 또한 동북아 역내교역의 비중이 지속적으로 증대하고 있다. 역내교역의 비중 증대는 지역주의의 강화에 따른 결과로 해석할 수 있다.

세계교역질서는 국제무역기구(WTO)를 중심으로 한 범세계적 다자주의와 북미자유무역협정(NAFTA), 유럽연합(EU) 등 권역별 경제협력의 형태인 지역주의에 의해 유지되고 있다. 지역주의는 국제무역기구 체제하에서 달성하지 못했던 경제협력을 제한된 지역단위에서 달성하고자 하는 노력의 결과이다.

한편 지역주의의 강화는 근거리 항로의 비중이 증대하는 결과를 초래하고 있다. 특히 동북아시아 지역의 경제활성화와 경제협력의 증대는 향후 역내 근해항로의 물동량을 크게 증가시키는 요인이 되고 있다.

근해항로 교역의 비중 증대는 전체 수송거리의 단축을 의미하므로 단기적으로 톤·마일 기준의 해상수송 수요를 감소시키는 요인이 된다. 그러나 장기적으로는 지역경제협력의 무역창출효과에 의하여 세계 전체 교역증대에 기여할 것으로 기대되므로 전체 수송수요에 대한 효과도 플러스로 전환될 수 있을 것으로 보인다. 특히 수송거리의 단축은 수송비용 절감을 가능하게 함으로써 세계무역의 활성화에 기여할 것이다. 국제무역의 주요 장애요인 중 하나는 높은 수송비인데, 이의 절감은 교역증대를 유발할 것이기 때문이다. 즉 지역경제협력의 무역창출효과는 교역거리 단축에 따른 수송비용 절감효과와 상승작용을 함으로써 무역활성화에 기여할 것으로 기대된다.

여기에서 동북아지역은 중국 중심의 해상항로 재편이 자연스럽게 이루어지고, 이는 중국의 물동량 급증에 따른 당연한 결과이다. 중국 주요 항만의 물동량이 크게 증가함에 따라 과거 피더서비스로 연결되던 항만들도 직기항체제가 구축되고 있다. 따라서 중국에서는 크게 북부, 중부 및 남부의 세 권역을 기·종점으로 하여 북미 및 유럽과 연결되는 간선항로가 구축되고 있다. 첫째, 북중국의 칭다오, 텐진, 다롄권을 중심으로 북미 및 유럽과 연결되는 항로는 우리나라의 인천 또는 평택과도 연결되면서 확대될 전망이고, 둘째, 중부의 상하이를 중심으로 북미 및 유럽과 연결되는 항로는 향후 가장 큰 잠재력을 가진 항로로 판단되며, 셋째, 중국 남부의 홍콩, 선전을 기·종점으로 북미 및 유럽과 연결되는 항로가 있으나 이 항로는 간선항로와의 거리 등을 감안할 때 한반도가 주요 환적지로서의 역할을 수행하기는 어려울 것으로 판단된다.

동북아지역의 이러한 물류여건 변화를 고려할 때 우리나라의 부산항과 광양항은 물류거점으로서 여러 장점을 보유하고 있으며, 중국 북부지역과 중부지역 항만과의 환적화물 유치에 매우 유리한 위치에 있다. 따라서 해양수산부는 이러한 우리나라의 장점을 살려서 동북아 물류중심화 전략을 수립하고 항만운영정책을 추진하였다.

먼저 우리나라의 항만과 동북아의 주요 도시를 신속하고 높은 밀도로 연계하는 네트워크를 구축해나가면서, 항만의 배후지역에는 조립, 가공, 라벨링 등 부가가치 활동을 수행할 수 있는 충분한 공간을 조성하여 글로벌 대형 선사와 화주, 국제물류기업에 저렴하게 제공해주는 전략을 마련하였다. 또한 국제물류기업의 유치와 함께 국내적으로는 항만산업을 중심으로 물류산업, 해운산업을 연동시킨 글로벌 국내물류기업 육성정책을 수립하였다.

이상에서 살펴본 바와 같이 그동안 해양수산부에서는 국제무역항 내에서 해운산업[1] 종사자들과 항만산업[2]종사자, 항만운영주체[3]와 국내외 물류기업들이 항만 내에서 신속하게 의사결정을 하고, 화물운송계약과 선사의 유치, 서비스 제공 등 항만 내에서 이루어지는 모든 비즈니스 활동이 편리하고 활발하게 이루어질 수 있도록 하는 데 초점을 두고 항만운영정책을 시행해왔다.

앞으로는 세계물류시장의 급속한 변화와 인접국 항만들의 높은 서비스 수준 등 동북아지역의 항만개발과 운영정책의 변화에 신속하게 대응해나갈 필요가 있다.

3) 항만운영정책의 형성과정

항만운영주체는 주로 약 1만 1,000명의 항만하역근로자와 하역회사 직원 약 1,000명이 항만에 상주하면서 하역과 관련 서비스를 제공하고

1 선사와 국제해운대리점, 국제화물운송주선업 등.

2 하역업, 검수검량업, 급유업, 급수업, 선박청소업, 컨테이너 수리업 등.

3 부두운영회사, 항만공사, 해양수산부 지방청, 민자부두 운영자.

있으며, 이 밖에 항만에 입·출항하는 선박의 안전한 이안 및 접안을 위하여 예선업 종사자와 도선사들이 활동하고 있다. 또한 국가에서 직접 VTS를 운영하면서 항만 내 입·출항 서비스와 정보를 제공하고 있고, 선사직원과 국내외 해운대리점에서 관련 업무를 수행하고 있다.

여객터미널 운영요원, 급수 등 항만용역업체, 물품공급업체, 급유업체, 검수·검량업체, 위험물 취급업체의 종사자들이 하역회사와 창고보관회사, 육상수송회사, 선사 등과 네트워크를 갖추고 비즈니스 활동을 하고 있다. 따라서 해양수산부에서 항만운영정책을 수립하고 새로운 제도의 도입과 이해갈등을 조정하기 위해서는 전국항운노조연맹과 항만하역회사 단체인 항만물류협회, 즉 노사정의 원만한 대화와 협의조정이 우선 중요하다.

1976년 3월에 '해운항만청'이 신설되면서부터 법령의 정비와 새로운 제도를 마련하기 위해서 1982년에 한국해운기술원(한국해운산업연구원 → 현재 한국해양수산개발원)을 설립했으며 대부분 한국해양수산개발원에 용역을 의뢰하여 항운노조와의 대응전략과 항만근로자 수급관리정책, 항만하역요금의 수준과 적정한 부두 임대료를 산정했고, 하역장비의 기계화 방안 등을 마련해왔다. 한편 항만하역종사자 연수원을 설립하여 하역장비의 안전운항기술을 훈련하고 장비기사를 양성하고 있으며, 항만 내에서 활동하는 항만운영주체들의 효율적인 관리 통제방안을 강구해왔다.

김영삼 정부 시기에 신설된 해양수산부에서는 그동안 노사정협의의 결렬로 미루어왔던 TOC제도를 본격적으로 추진했으며, 하역장비의 자동화, 항만보안규칙의 제정 등 항만운영정책의 선진화 정책을 추진하였다. 김대중, 노무현 정부의 민영화·개방화 방침에 따라 항만운영정책도 대전환기를 맞아 정부에서는 항만운영주체와 항만이용자 단체들과 합동으로 용역을 추진하여 검토하는 등 대화와 협의조정을 통해서 범국가적 차원에서 항만공사제의 도입 등 새로운 제도를 만들고, 국부창출을 위한 항만세입의 증대, 항만운영의 생산성과 효율성을 높이기 위한 방향으로 정책을 추진하였다.

우리나라가 동북아 물류중심국가가 되기 위해서 해양 관련 대학교수와 해운항만 전문가 정책자문위원회를 통하여 전국망 위성항법시스템과 선진 항만운영시스템을 도입하고, 항만배후부지의 조성과 글로벌 선·화주의 유치전략이 마련되었으며, 포트세일을 위한 지자체와의 협력, 항운노조에 의한 독점적 노무공급체제를 바꾸기 위한 항만근로자 상용화 정책들이 추진되었다.

2. 주요 항만운영정책과 변동과정

이 절에서는 1948년 정부 수립 이후부터 산업화 시기, 민주화시 기, 개방화·정보화 시기로 대별해서 주요 항만운영정책이 어떻게 변천해왔고, 그 정책을 어디에 가치를 두고 추진해왔는지 살펴보고자 한다. 또한 정책이 수립되기까지의 추진과정과 어떠한 장애요인이 있었는지, 또 그 정책의 성과와 개선방향에 대하여 살펴보고자 한다.

첫째, 1876년 부산항 개항을 시작으로 정부 수립 후 산업화 시기까지는 건설부와 교통부(해운국)에서 항만을 직접 개발하고 운영해오다가 박정희 정부 때 해운과 항만의 중요성을 인식하게 됨에 따라 1976년 교통부 산하 외청으로 해운항만청을 신설하였다. 이때부터 본격적으로 항만 내에서의 입·출항 선박관리와 하역, 항만시설 사용료의 부과, 항만법의 제정과 관련법령의 정비 등 국유국영체제로 항만운영정책들이 이루어지게 된다.

둘째, 민주화 시기에는 수출입 화물의 컨테이너화와 컨테이너 전용선에 의한 해상운송 패턴의 변화에 따라 컨테이너 전용부두 개발과 운영이 시급해졌다. 이에 정부는 재정의 한계를 극복하기 위해서 1990년 4월에 '한국컨테이너부두공단'을 설립하고 컨테이너 부두 개발과 운영을 전담케 하였다.

특히 김영삼 정부 시기에 해양수산부가 신설되면서 민간에 의한 기업경영방식이 도입되었다. 항만의 생산과 운영 효율성을 위한 TOC 제도가 도입되었고 국유부두의 매각, 민자에 의한 자가부두의 건설과 운영에 따른 항만운영의 민영화 정책들이 이어졌다. 전국 항만에 VTS를 구축하여 항만 내 통제와 항만정보 서비스 제공정책들이 활발하게 이루어지고, 하역장비의 현대화와 자동화를 위한 항만운영정책들이 이어진다.

셋째, 개방화·정보화 시기에는 우리나라를 중심으로 한 동북아 물류 여건의 변화에 따라 항만운영정책도 대전환기를 맞이한다. 우선 항만수입을 직접 재투자하여 항만인프라를 조기에 구축하고 항만운영의 효율성을 추구할 뿐만 아니라 항만관리기능을 민간으로 이전하여 정부기능의 구조조정의 일환으로 항만공사제도를 도입하게 된다.

또한 한반도의 물류기능이 단순한 환적화물 처리에서 부가가치 물류로, 그리고 나아가 동북아 물류와 비즈니스센터로 발전해나가기 위하여 동북아 물류중심국가로의 비전을 선포하였고, 단순한 항만개발과 운영에서 탈피하여 종합물류단지로서 기능과 역할을 수행할 수 있도록 시설의 확충과 항만물류제도의 개선, 국제물류기업의 육성, 글로벌 대형 선사 및 화주와 다국적 물류기업 유치, 항만배후단지의 저렴한 제공 등 포트세일정책의 추진, 항만운영의 효율화를 위한 물류 정보시스템 구축, 항만전문기업 육성과 항만운영 전문인력 양성 위주로 정책의 변화가 이루어졌다.

1) 산업화 시기(정부 수립~1987)

(1) 항만운영산업의 육성

항만은 거대 물류시장이며 국내외 주요 물동량의 기·종점으로서 중추 역할을 하는 장소이고, 수많은 선박과 업체 종사자들의 생활 터전이기 때문에 국제경쟁력을 갖추고, 수출입 물동량의 유치와 물류비 절감, 항만종사자들의 삶의 질 향상을 위해서 항만운영산업의 육성·지원정책이 절실하게 요구되고 있었다.

특히 항만운영산업은 매우 영세하고 열악한 환경에 있지만, 항만이 국가경제에 기여하는 바가 매우 크고, 물류의 기·종점으로서 수출입 화물의 처리와 관련된 모든 비즈니스 활동이 이루어지는 장소이기 때문에 기존 정책의 보완과 함께 새로운 선진 항만의 운영제도 도입과 하역장비의 기계화 정책에 주력했던 시기이다. 따라서 이 시기에는 항만운송사업법, 항만법, 도선법, 개항질서법을 제정하고 항만운영사업 육성과 지원정책을 추진하였다.

(2) 항만운송사업의 시장진입 장벽 철폐

국유국영의 항만관리운영체제에서는 항만운송사업자(항만 하역 및 검수·검량사업)와 항만운송관련사업자들에게 항만운영권의 허가와 하역요금의 인가 등을 통하여 이들을 규제하고 통제하는 정책이 주를 이루었다. 따라서 항만운송과 운영에 참여할 수 없고 그 진입장벽은 매우 높았으나 정부에서는 경제행정에서 시장진입 규제를 완화하고 민간기업의 자유로운 경영권을 확대하고자 하는 방침을 세우고 지속적으로 규제완화정책을 시도하였다.

그러나 기존 하역회사와 관련기업들의 심한 반대로 추진하지 못하다가 1976년에 해운항만청이 설립되고부터 본격적으로 검토하기 시

〈표 5-1〉 항만운영산업의 종류와 관련법령

항만운송사업법	항만법	항만운송관련산업	도선법	기타 관련법
항만하역사업 검수업 감정업 검량업	예선업	물품공급업 선박급유업 항만용역업 컨테이너 수리업	도선사	해운법 개항질서법 어촌어항법

〈표 5-2〉 항만운송업체 현황

종류	항만운송사업			항만운송 관련사업			
	항만하역	검수	검량·감정업	항만용역	물품공급	선박급유	컨테이너 수리
업체 수	413 (한정 128)	56	63	487	1,977	385	79

출처: 해양수산부 자료(2013년 12월 말 현재).

작하여, 국회와 이해당사자에 대한 꾸준한 설득을 통하여 항만운송사업법을 개정하여 항만운송사업 및 항만운송 관련사업을 현행의 면허제 또는 허가제에서 등록제로 전환할 수 있게 되었다.

항만운영사업 규제완화정책을 추진하는 과정을 살펴보면, 종전의 면허제 또는 허가제에서는 항만운송사업 및 항만운송 관련사업에 참여하기 위하여 신규면허를 취득하려 해도 사실상 이 사업에 대한 신규면허가 실질적으로 봉쇄되어 있었다. 즉 항만별·업종별로 신규 소요물량이 있을 경우에 한하여 소요되는 사업자 수를 공고토록 규정함으로써 신규진입이 제도적으로는 허용되었으나, 기존 업자들의 기득권 유지를 위한 반발 때문에 참여사격 기순(자본금, 시설, 노동력 등)이 엄격하게 설정되어 있어서 신규업체의 시장참여가 사실상 제한되어 있었다.

그러나 이 같은 기존 업체의 과보호로는 국제화·개방화 등 세계 항만 물류시장과 환경변화에 적응하기가 어렵고, 또 면허를 둘러싼 각종 부조리를 차단하기 위해서 참여를 희망하는 업체는 일정한 시설과 기준만 갖추면 동 사업의 신규진입을 자유롭게 허용하고자 등록제로 전환하게 된 것이다. 등록제 시행 전에는 항만운송사업체가 219개, 관련 항만용역업은 144개사였던 것이 등록제 시행 후에는 항만운송사업체와 관련사업체의 시장진입이 용이해졌을 뿐만 아니라 항만서비스의 향상과 항만시설 이용률이 극대화되었다.

(3) 선박 입·출항 절차 간소화

항만에서는 선박을 빠르게 입·출항시켜 항만의 적체화를 해소하고 물류비용을 절감해야 하기 때문에 선박 입·출항 절차의 간소화 정책이 매우 중요하였다.

1970년대 말부터 규제개혁 차원에서 선박 입·출항 수속절차를 개선해오다가 당시 한국해양수산개발원과 한국선주협회, 한국항만하역협회, 관세청, 법무부 등과 긴밀한 협의과정을 거쳐 1980년대부터 항만에 입·출항 시 제출하던 서류의 수를 18종 28건에서 9종 9건으로 대폭 간소화하였다. 우리나라의 선박 입·출항 제출서류는 9종[4]인 데 반해, 국제해사기구(International Maritime Organization, IMO)의 국제해상교통간소화(Convention on Facilitation of International Maritime Traffic, FAL) 협약의 요구서식은 8종[5]이었다. 이에 따라 1999년 10월 21일 외교통상부에 FAL협약 가입요구서를 제출하는 한편, 같은 해 10월 26일부터 28일까지 해양수산부와 IMO 주관으로 FAL협약 세미나를 개최하여 가입에 따른 여러 대책을 논의하였다. 2000년 5월 10일과 9월 23일

---

4 입항 시 입항보고서, 선원명부, 승객명부, 적하목록, 항만시설사용신청서, 출항 시 출항보고서, 선원명부, 승객명부, 적하목록.

5 일반신고서, 화물신고서, 선용품신고서, 휴대품신고서, 승무원명부, 여객명부, 해상보건상태신고서, 우편물 관련서류.

에 각각 외교통상부와 법제처의 심사를 완료하고, 2001년 2월에는 국무회의에 상정하여 국제적으로도 통용되게 되었다.

2) 민주화 시기(1988~1997)

(1) 부두운영회사(TOC)제도의 도입

TOC제도는 국가가 소유하고 운영해오던 전국 항만의 국유국영체제를 국유민영체제로 전환한 것을 의미한다. 기존의 민간기업인 하역회사에서 단위부두별로 TOC를 설립하고, TOC에 선석(船席), 에이프런, 야적장, 창고 및 하역시설 등 항만시설을 일괄 임대하여 전용사용케 하는 제도를 말한다.

TOC제도를 도입한 목적은 기존의 비효율적인 부두운영방식을 개선하기 위해서였다. 그동안 선박이 항만에 입항하면 지방 항만청 공무원들이 부두와 선석을 지정해준 다음에 선박을 접안시키고 화물의 양적하, 즉 내리고 싣는 작업을 시작할 수 있었기 때문에 선사(화주)와 하역계약을 맺은 하역회사(항만운송사업자)는 하역장비(육상 크레인, 야드 트랙터 등)를 계속 이동해야 하고, 야적장과 창고 사용허가를 받은 면적만큼만 사용할 수 있었다. TOC제도는 이러한 기존의 부두운영방식을 민간에 완전히 맡기는 항만운영 민영화의 대표적인 예이다.

특히 TOC에서는 국가에 일정한 임대료를 납부하고, 임대받은 부두를 일괄하여 책임운영함으로써 하역작업의 생산성을 크게 향상시키고, 선석의 회전율을 높여 체선체화를 방지할 수 있다. 또한 창고 등을 효율적으로 활용하고 육상 하역 크레인과 야드 트랙터 등을 임대받은 부두에 고정시켜 활용함으로써 하역장비의 이동시간을 크게 줄이고, 이에 따른 경비를 절감할 수 있다. 국가적으로 볼 때도 TOC제도는 항만운영의 민영화 방침에 따라 민간기업경영방식을 도입함으로써

TOC에서 선사와 화주를 직접 유치함으로써 인근 부두 간 또 항만 간 경쟁을 유발하는 제도이다. 그렇게 하여 선주 및 화주와 국제물류기업 등 모든 항만 이용 고객들에게 질 높은 서비스를 제공함으로써 항만시설 이용 극대화는 물론이고 결국에는 국가경쟁력을 높일 수 있는 정책이다.

특히 고객의 요구(needs)에 맞는 맞춤형 서비스를 제공할 수 있도록 TOC에 최대로 자율성을 부여하는 획기적인 제도이다. 또한 소규모 유지보수와 개축, 하역장비의 고정, 야적장의 임의활용 등을 허용함으로써 민간기업별로 창의와 특성을 발휘할 수 있도록 하여 생산성을 크게 높일 수 있는 제도이다.

TOC제도는 선진 항만을 견학하고 온 공무원들과 연구원, 선사직원들과 교수 등에 의해서 꾸준하게 검토되어오다가 1992년 4월 '전국항만운영 합리화 방안' 용역을 시행하고 그 결과를 토대로 컨테이너 전용부두와 같이 일반부두에 대하여도 TOC제도의 도입이 필요하다고 판단하여 추진했으나, 전국 항만의 노무공급을 독점하고 있는 전국항운노조연맹의 반대에 부딪쳐 중단되었다. 전국항운노조연맹에서는 부두별로 TOC에서 항만 하역근로자를 채용하게 되면 항운노조원들은 일자리를 잃게 되므로 항운노조원을 그대로 수용하고, 항운노조원의 상용화와 상용화에 따른 실업보상대책을 완벽하게 수립한 후 시행할 것을 강력하게 주장하였다. 당시 해운항만청에서도 TOC제도의 효과를 극대화하고, 민간 하역회사의 요구를 수용하기 위해서는 항운노조에서 주장하는 상용화 추진 기본대책과 항운노조원 실업보상 대책을 마련한 후 추진할 수밖에 없었으며, 청 단위 중앙행정기관으로서 추진하기에는 매우 어려운 과제였다.

이후 1996년 8월 8일 김영삼 대통령의 결단에 따라 해운항만청과 수산청, 해양과학기술 및 해양환경 업무 등을 통합하여 해양수산부가 발족되면서 TOC제도의 추진도 탄력을 받게 되었다. 특히 추진역량을 갖춘 직원과 당시 청와대에 파견근무 중인 행정관의 강한 추진력과 열정이 있었으며,[6] 해양수산부 신상우 초대장관의 전폭적인 지원이 있었기에 가능하였다.

TOC제도를 추진하기 위해서 맨 처음 기본방향에 대하여 전국항운노조연맹 위원장과 한국하역협회 회장, 해양수산부장관 간에 노사정 합의가 필요했기 때문에 항운노조에 대한 꾸준한 대화와 이해 설득과정은 물론이고 논리정연한 정책보고서의 작성과 법무부, 노동부 등 관계기관과의 협조를 얻어 범정부 차원에서 추진했던 것이 결실을 맺게 되어 드디어 노사정 합의서를 채택하게 되었다. 물론 현행 항만노무공급체제를 그대로 유지하는 조건으로 서로 양보는 했지만 정부의 기본목표는 항운노조원 상용화의 전 단계로서 추진했기 때문에 당시 전국항운노조연맹 위원장은 정부에 백기를 들었다고 하였다.

한편 항운노조연맹에서 제시한 항운노조원 상용화를 추진하기 위해서는 보상금이 약 3,300억 원이 필요했고, 이를 위해서 기획재정부와 원만한 협의를 통하여 '항만현대화기금조성규정'을 마련하기로 했으며, 하역요금 중에서 선내하역 요금의 0.5%를 기금으로 조성하기로 하고 일단 TOC제도를 도입하기로 한 것이다. 이와 병행하여 TOC제도 세부이행계획을 수립하여 청와대 경제수석에게 보고했으나, 하역회사에 대한 특혜문제, 임대료수준 결정문제, TOC 선정기준 문제, 항운노조의 선보상 요구 등 많은 반대와 갈등에 부딪치게 된다. 그러나 논리정연한 대책 마련과 꾸준한 이해 설득을 통하여 TOC제도 도입 기본계획을 확정하고 전국 항만에서 파업도 불사하겠다는 노조에 대

6 당시 항만정책국장은 신길웅, 항만유통과장은 강무현, 청와대 파견근무는 박남춘 행정관이 맡고 있었다.

응하기 위해서 법무부, 노동부 등 관계기관과 합동으로 범국가적 차원에서 강력하게 추진한 것이다.

TOC제도의 구체적인 내용으로는 우선 TOC 선정기준을 전국 각 항만별·부두별로 하역회사의 물동량 취급실적에 따르기로 하고, 하역회사 간에 자율적인 이해조정 과정을 거치도록 했으며, 최우선 기본원칙은 '부두운영률 극대화와 생산성 제고'에 두었다. TOC 선정위원장은 당시 한국해양수산개발원장 조정제 원장(제2대 해양수산부 장관)으로 하고 과장과 담당사무관이 지방항만별로 순차적으로 선정위원회를 개최하면서 만장일치 합의하에 항만별·부두별로 TOC를 선정하였다.

- TOC 선정위원회: 위원장, 각 항만별 선주와 화주, 하역회사 대표, 지방항만항운노조 대표
- 선정기준: 기존 하역회사의 하역 실적 계량화, 이미 투자된 시설·장비, 인력 및 경험 등 기여도, 지방 군소하역회사 배려, 하역회사 간 이해 조정

한편 각 항만별로 하역회사 간 이해조정이 되지 않은 부두에 대하여는 부두별로 단일회사를 선정하지 못하고 복수 TOC체제로 가면서 조정해나가기로 했으며, 초창기인 1999년 3월 TOC제도 시행 37개 부두 중 17개 부두가 복수 TOC체제로 운영되었다. 다만, 앞으로 신설될 부두를 포함한 나머지 부두는 계속 TOC 단일화를 추진했으며, 각 항만별로 TOC운영위를 통하여 자율조정이 이루어지게 하였다.

또한 2004년 1월 부산항만공사(BPA)가 설립되고 이어서 인천, 울산, 여수광양 항만공사가 설립되면서부터 TOC제도에도 많은 변화가 있었으며, 해양수산부의 노력과 항만물류협회의 협조로 TOC단일화가 추진되고 있다.

〈표 5-3〉 TOC 현황

항만	부산	인천	평택	광양	여수	마산	울산	군산	목포	포항	대산	계
부두	3	7	3	5	1	1	8	6	1	7	3	45
TOC	3	10	6	1	5	1	5	6	2	5	1	45

출처: 해양수산부 자료(2013년 3월 말 현재).

TOC임대료 산정방식도 개선하여, 현재는 각 TOC가 임대한 안벽(岸壁) 면적에 비례하여 임대료를 부과하는 방식을 채택하여 합리적으로 임대료가 부과되도록 하고 있다. 단위부두의 하역수입과 지출 등 부두의 수익성에 근거한 부두별 차별적인 임대료 체계를 마련하여 임대기간이 갱신되는 시점부터 적용하게 함으로써 종전의 요율에 비해 전국 평균 11.2%의 국고 수입도 증대되었다.

TOC제도의 성과는 앞에서도 설명했듯이 우선 하역장비를 자기 부두에 고정배치하고 그때그때 다른 부두로 이동하지 않아도 되기 때문에 부두 혼잡과 시간을 크게 줄일 수 있었으며, 임대받은 야적장과 창고를 임의대로 사용할 수 있어서 하역생산성이 크게 높아졌다. 시행 1년 후 추진성과분석 결과는 다음과 같다.

- 하역생산성(시간당 하역량): 12.5% 향상
- 하역 대기시간(하역목적 대기): 7.3시간 → 4.7시간(35.6% 단축)
- 국가 임대료 수입: 11.5% 증가
- 하역회사 경영이익, 항운노조원 직업 안정성 확보, 하역장비 부두 간 이동시간 및 경비 질감, 부두체증 감축 등 부가효과
- 항만근로자 직업 안정성 확보 및 항운노조원 상용화 기반 구축

(2) 항만하역근로자 상용화(항만노무공급체제 개선)

항만하역근로자의 상용화 정책을 추진하게 된 목적은 전국항운노조연맹소속 단순 하역근로자를 하역회사 직원으로 채용하여 인력을 적재적소에 투입하여 효율적으로 운영하고, 하역장비의 기계화·현대화 추세에 맞추어 전문 항만장비기사로 양성하여 직업 안정성을 갖도록 함으로써 경비를 절감하기 위함이다.

2014년 말 현재 전국 항만하역근로자 약 2만 3,000명 중 1만 2,000명은 하역업체 소속의 상용근로자로서 장비운전이나 현장관리 업무를 담당하고 있으며, 1만 1,000명은 항운노동조합에서 공급하고 있는 인력으로서 선박에 설치되어 있는 양하장치 운전 및 단순 하역작업에만 참여하고 있다. 항운노동조합은 직업안정법 제33조 및 직업안정법시행령 제33조에 의거하여 노동부로부터 근로자공급사업을 허가받아 한국항만물류협회와의 단체협약을 통하여 인력을 공급하고 있으며, 인력공급은 통상 10~20명으로 구성된 작업반을 편성하여 투입하고 있다. 인력배치는 부두별 전속배치와 순환배치의 두 가지 방법으로 실시하고 있으며, 임금지급은 근로시간 및 투입인력과 관계없이 화물 톤당 일정액을 지급하는 일종의 도급제 형태를 유지하고 있다. 이러한 항운노동조합에 의한 일용 형태의 항만노무공급체제는 작업수요의 불규칙성으로 기계화가 저조했던 과거에는 물동량의 파동성에 탄력적으로 대응할 수 있는 효율적인 제도였다. 그러나 항만운영에서 시장원리 도입의 확대 등 환경변화와 항운노조의 비리로 사회적 물의를 빚게 됨에 따라 항만노무공급체제를 개선해야 한다는 논의가 오래전부터 산발적으로 논의되어오다가 1996년 TOC제도의 시행과 1997년 말 IMF 금융위기 이후 국가 전반에 걸친 구조조정 및 규제개혁의 일환으로 본격적으로 제기되었다.

1998년 2월부터 규제개혁위원회에서 항만노무공급체제 개선에 대한 논의가 본격적으로 진행되면서 1999년 11월 이 위원회는 2004년까지 노사정 협의를 통해서 단계적으로 현 항운노동조합원의 75%를 상용근로자로 전환할 것을 의결하였다. 이후 노사정 협의과정에서 노조측이 규제개혁위원회의 의결내용 중 단계적·선별적 상용화 추진은 여건상 수용이 곤란하다는 입장 표명과 함께 납득할 만한 수준의 보상과 전국 항만 동시 상용화를 추진하는 방안에 대하여는 반대하지 않는다는 입장을 제시하였다. 이에 따라 2000년 3월 전국 항만 동시 상용화를 추진하되, 소요재원 규모와 재원확보 방법, 고용승계 방법 등 구체적인 방안에 대하여는 연구용역을 실시한 후 노사정 협의를 통하여 결정하기로 합의하고, 2000년 5월 규제개혁위원회에서 상용화 추진 기본방향을 바꾸어 단계적 상용화에서 전국 항만에 동시 상용화로 변경 의결하였다.

1998년까지 부산항 및 인천항, 평택항에 대하여 항만근로자 상용화를 추진하여 운영하고 있으나, 그 외의 항만은 2017년 현재도 많은 경우 전국항운노조연맹으로부터 인력을 공급받고 있기 때문에 앞으로는 항만하역회사 단체인 항만물류협회와 해양수산부 간 노사정이 협의를 다시 하여 시행 중인 부산항, 인천항, 평택항의 상용화 정책 추진상의 장단점과 문제점에 대하여 정밀한 평가분석을 실시해야 한다. 항운노조원을 하역회사직원으로 채용할 경우 인건비 부담문제와 항운노조의 입장 등 현장의 목소리를 잘 수렴하여 전면 재검토해야 할 시점이라고 본다.

3) 개방화 · 정보화 시기(1998~현재)

(1) 항만공사제도 도입

항만공사(Port Authority, PA)제도는 정부로부터 독립된 기관이 항만별로 독립채산제 방식과 상업적 원리를 도입하여 항만의 관리운영 및 개발 업무를 자율적으로 수행케 하는 제도를 말한다.

항만공사는 정부가 수행하는 항만행정 업무 중 해양환경과 안전 등 공익적 성격의 업무를 제외하고, 기업적 효율성을 추구하기에 적합한 분야인 항만관리·운영 업무를 전담하기 위하여 설립된 특수법인으로서 납입자본금 전액을 정부가 출자하는 정부투자기관이다.

항만공사제도의 도입 배경에는 1908년 영국에서 최초의 항만관리 조직으로 탄생한 런던항만공사(Port of London Authority)가 있다. 런던항만공사는 완전한 민간자율에 의한 상업적인 항만관리 상태에서 발생하는 민간업자들 간의 경쟁 격화, 공공성의 저해와 경쟁력 약화 등의 문제점을 해소하기 위해서 항만 기능의 공공성 확보와 함께 경제성 원칙을 중시하는 경쟁력 있는 공기업체로 설립되었다. 이러한 항만공사제도는 미국 뉴욕/뉴저지항, 프랑스 르아브르항, 네덜란드 로테르담항, 싱가포르항 등 해외 여러 선진항만에서 각국의 여건과 실정에 맞는 다양한 항만관리체제로 도입·발전되어 항만운영의 효율성을 제고하고 있는 제도였다.

우리나라도 정부의 개방화 정책과 세계적인 흐름에 맞추어 중앙정부에서 개발하고 운영하는 항만운영제도의 미흡한 점을 보완하고, 항만운영의 효율성 및 경쟁력을 높이기 위하여 항만공사제도 도입의 필요성이 제기되었다.

그동안 우리나라 항만의 경우 1990년대까지는 항만을 공공성 위주로 개발하고 운영해왔다. 또한 국가 차원에서의 항만 배치와 효율적인 운영만을 중요시해왔기 때문에 항만이 위치한 해당 도시나 지역사회의 각종 요구를 적절하게 수용하지 못하고, 지역사회의 고용창출 및 소득증대 노력과 항만과 도시의 병행발전에 장애요인이 되어온 것이 사실이다. 특히 우리나라는 정부재정의 한계로 항만세입으로는 막대한 항만건설 소요투자비를 조달할 수 없기 때문에 항만공사를 설립해서 투자 우선순위에 따라 하역장비의 현대화, 자동화 시스템 구축, 부두시설 유지보수에 신속하게 재투자하고 기업경영방식에 의한 항만의 생산성 극대화와 적극적이고 능동적인 글로벌 대형선사와 국제물류기업의 유치를 위해서 항만공사제도가 필요하였다.

항만공사제도 도입 논의는 김영삼 정부 시기 해양수산부 발족과 함께 공무원들과 전문가들에 의해서 정책과제로 논의되기 시작했으며, 정부조직 개편을 위한 경영진단(1998. 10~1999. 3) 결과, 재정자립도(부산 113%, 인천 126%)가 높은 부산항과 인천항부터 기업성 원리에 입각한 민간운영체제로 전환되어야 한다는 정책이 제안되면서부터 본격적으로 검토·추진되었다. 1999년 3월 23일 정부는 '정부운영 및 기능조정방안'에서 항만관리 기능의 민간이전을 통한 조직과 인력의 축소 등 정부기능 구조조정의 일환으로 항만공사제도 도입을 결정하고, 부산항과 인천항의 항만관리·운영기능을 2001년까지 항만공사화하기로 의결하였다. 이에 따라 항만공사제도 도입방안 연구용역(1999. 9. 20~2000. 6. 30)을 실시하고 그 결과를 토대로 해양수산부와 지자체 간 협의내용을 기초로 항만공사법안을 마련하여 관계부처와 1차 협의를 마친 후, 2001년 11월부터 12월까지 관계부처 간 협의결과에 따라 법안을 수정하고, 이를 해당 지자체와 재협의를 거쳐서 2001년 12월 11일~31일 입법예고하였다.

항만공사법안의 주요 골자는 다음과 같다.

첫째, 항만공사는 국가가 소유하고 있는 항만시설을 출자형태로 공사에 이관하여 설립되는 정부투자기관으로서 항만시설의 개발 및 관리·운영을 위하여 필요한 사업을 수행할 수 있도록 한다.

둘째, 정부투자기관인 항만공사의 의사결정 과정에 지방자치단체 및 항만이용자단체의 참여를 보장하기 위하여 비상임이사 제청 시 정부투자기관관리기본법 규정 적용에 있어 특칙을 둔다.

셋째, 항만공사가 항만시설의 개발 및 관리·운영상 필요한 사업을 시행할 경우에는 항만기본계획에 부합해야 하며, 이 경우에 항만공사를 항만법상의 관리청으로 인정한다.

넷째, 항만시설 사용료 및 임대료의 요율은 항만공사가 정하여 해양수산부 장관에게 신고토록 하고, 항만시설을 이용하는 자의 권익보호를 위하여 필요한 경우에는 해양수산부 장관이 그 내용의 변경 또는 조정에 필요한 조치를 할 수 있도록 한다.

다섯째, 해양수산부 장관은 공사 재정의 건전성 및 항만의 공공성 확보를 위하여 필요한 범위 내에서 공사를 지도·감독할 수 있도록 한다.

2003년 5월 29일 '항만공사법'을 제정하고, 항만별로 재정자립도를 감안하여 주요 항만부터 단계적으로 항만공사를 설립하여 운영하고 있다. 그러나 항만공사제도가 시행된 지 10년이 지난 시점에서 많은 문제점이 드러나고 있으므로 이에 대한 향후 검토과제를 살펴보고자 한다.

2004년 1월 부산항만공사(BPA)를 시작으로 인천(IPA), 울산(UPA),

〈표 5-4〉 항만공사(PA) 현황

구분	부산 PA	인천 PA	울산 PA	여수 · 광양 PA
설립일	2004. 1. 16	2005. 7. 11	2007. 7. 5	2011. 8. 19
항만위원회	9명	7명	7명	7명
조직 및 정원	3본부, 149명	3본부, 139명	2본부, 25명	2본부, 83명
총자산(억 원)	47,686	23,205	2,182	10,698
정부출자(억 원)	32,976	20,672	4,730	12,545

출처: 해양수산부 자료(2014년 말 현재).

여수·광양(YGPA)에 운영하고 있으나, 2011년 기획재정부에서 공공기관 경영평가를 실시한 결과를 보면 항만에 재투자하는 실적이 극히 미흡하고 부채비율만 증가하는 등 매우 저조한 평가를 받고 있을 뿐만 아니라, 경직된 운영으로 선사나 화주, 하역회사 등 항만이용자들의 불만만 늘어나고 있는 등 부정적인 평가가 지배적이다. 또한 2009년 8월부터 9월까지 감사원에서 한국컨테이너 부두공단 및 울산항만공사에 대한 감사를 실시한 결과, 항만공사를 통합하는 방안으로 권고를 받았으며, 2008년부터 2010년도 해양수산부에 대한 국정감사에서도 항만별 항만공사 설립에 대한 문제점을 지적하고 경영책임을 질책하는 등 국회의원들의 지적이 계속되고 있다. 또한 언론보도에 따르면 항만공사의 부채가 총 3조 1,000억 원으로서 7년 만에 6배 이상 증폭하고 있고 불용예산도 1,000억 원대로서 사업계획 수립과 경영부실 문제, 항만공사가 임대료 수입(약 60% 수준)에만 의존하게 되면 중국과 일본 등 다른 나라 항만과의 경쟁에서 뒤처질 수 있다는 지적도 있다.

위와 같은 지적과 개선 요구에 대하여 정부에서 항만공사제 운영에 따른 문제점에 대하여 항만이용자와 학계 등 전문가를 대상으로 의견을 수렴하고 검토한 결과에 따르면, 현재의 체제에서 기능조정을 통하여 지방항만청과의 역할과 업무를 분명하게 할 필요가 있으며 현행 체제는 많은 문제점이 있으므로 시급히 개선해야 한다는 의견이 많았고, 극히 일부는 현행 체제를 유지해야 한다는 의견도 있었다. 또한 직접 항만에서 TOC를 운영하는 하역사와 실제 시장의 목소리에 의하면, 한국공항공사와 같이 항만공사 본부를 두고 지사 형태의 항만공사로 운영하게 되면 항만별로 임대료 등 항만 수입을 신속하게 재투자할 수 있고 임대료 수준 등 항만시설 사용료의 신속하고 일관성 있는 결정과 균형 있는 포트세일정책도 추진하기 쉬울 뿐만 아니라 임원과 관리조직의 인력을 대폭 줄일 수 있다는 의견이 많다.

항만공사제도의 도입은 우리나라 항만운영정책의 핵심이고, 앞으로는 항만이용자 위주의 운영과 항만 물류비의 절감, 항만운영산업의 발전을 위해서는 그동안 많은 지적과 현장의 목소리를 토대로 하여 항만공사제도 도입 당시의 목적과 정책변동과정을 뒤돌아보고 소기의 정책목표가 달성되는 방향으로 전면 재검토해야 하는 과제임이 분명하다고 본다.

(2) 해상교통관제시스템(VTS) 구축 운영

VTS는 RADAR, CCTV, VHF 등의 과학감시장비를 이용하여 항만을 입·출항하는 선박의 항로이탈 여부, 진행방향, 속력 등 선박통항 상태를 실시간으로 모니터링하고 감시하여 항만에 입·출항하는 모든 선박을 안전하게 안내하고 필요한 정보를 제공하는 선진화된 항만운영시스템이다.

VTS의 도입목적은 선박의 안전운항 관리기능을 강화하여 선박사고 및 해양오염 사고를 예방함은 물론, 항만이용자에게 항만운영 정보를 적시에 제공함으로써 선박운항 정보의 신뢰성을 높이는 동시에 항만시설의 회전율을 증대하고 해상교통의 안전성을 높이는 데 있다. 이 제도는 1948년 영국 리버풀에서 시작되어 1960년대 이후 유럽과 북미의 주요 항만에 보급되었고 1980년대에는 전 세계로 확산되었다.

우리나라는 1990년 초 인천 해역에서 발생한 '코리아 호프호', 여수 해역에서 발생한 '시프린스호' 등 일련의 대형 유조선 사고 등을 거치면서 '해상교통관제시스템 설치계획'을 확정하여 1993년 1월 포항항에 레이더, CCTV, 무선통신설비 등 선박 통항 감시체제를 갖춘 VTS를 갖추고 운영을 시작하였다. 이후 여수(1996. 4), 울산(1996. 9), 마산(1998. 9), 인천·평택·대산(1998. 11), 부산(1998. 12), 동해·군산·목포·제주(1999. 12), 완도(2004. 12), 부산항 신항(2005. 12), 진도 연안(2006. 7),

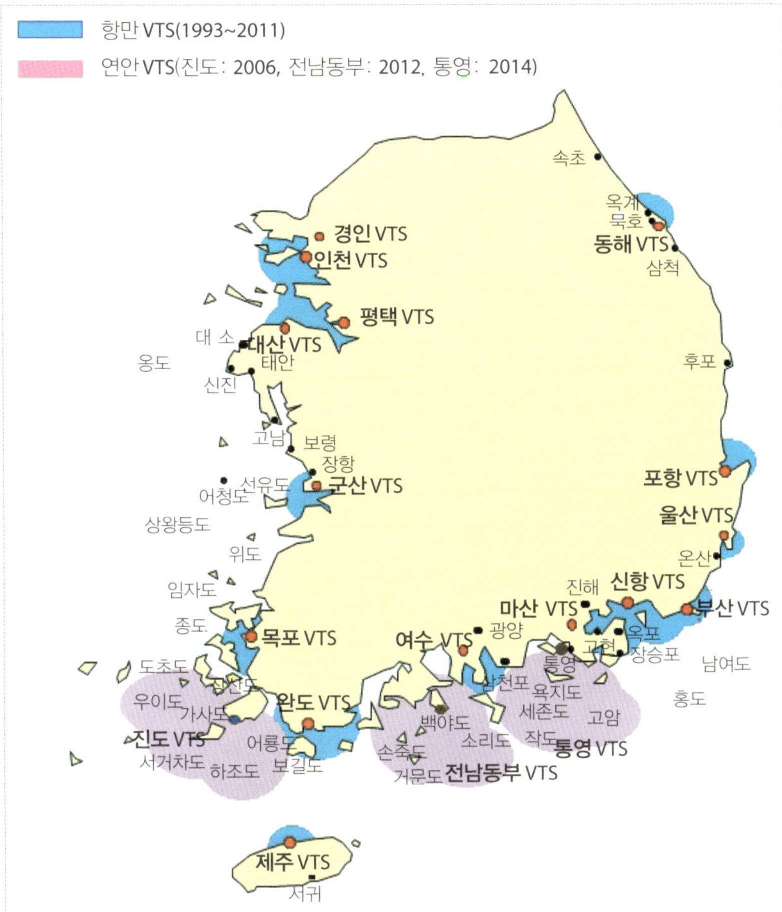

〈그림 5-1〉 해상교통관제시스템 구축 현황

출처: 아주경제 웹사이트(http://www.ajunews.com/view/20140423145639464)

경인 아라뱃길(2011. 11)에 순차적으로 설치하여 2014년 기준 전국 무역항만 15개 및 진도 연안에 VTS를 운영하고 있다. 지금까지 VTS를 운영함으로써 주요 무역항의 항계와 주변 해역의 선박 사고는 크게 감소했으나 관제구역 밖 연안해역의 사고 건수는 증가 추세에 있어, 선박 충돌 사고가 빈번하고 선박통항량이 복잡하여 사고위험성이 높은 연안해역에 VTS를 운영해야 할 필요성이 지속적으로 대두되어 왔다. 이를 해결하기 위하여 기존의 VTS 관제구역을 무역항과 그와 연접한 수역에서 점차 연안으로 확대하는 연안 VTS 구축사업을 추진하여 2006년부터 진도해역에서도 연안 VTS를 운용하기에 이르렀다.

앞으로 VTS 운영의 효율성과 효과를 높이기 위해서는 적절하고 전문화된 운영인력을 확보하는 것이 중요하다. 따라서 우리나라에서는 관제사의 전문성 향상 및 직무수행 능력을 함양하기 위하여 국제기준(IMS, IALA)에 맞는 해상교통관제자격이수 교육 및 현장 직무훈련을 실시하여 전문 관제인력을 양성하고 있다.

한편 세월호 사고로 인하여 VTS 관리운영이 국민안전처(현 행정안전부로 흡수 · 통합)로 이관됨에 따라 항만운영 정보서비스 제공과 항만 내 관제업무에 막대한 차질이 빚어지고 있다. 앞으로 인천신항과 삼척 및 보령신항 등 새로운 항만이 완공되는 대로 VTS가 반드시 구축되어야 하며, 항만뿐만 아니라 전국 연안의 위험항로에 대하여는 전국 VTS 간에 연계운영이 시급한 과제이고, 항만운영과 직결되고 항만 내 관제의 필수 인프라이기 때문에 해양수산부로 반드시 복귀되어야 한다.

(3) 항만물류시장의 선진화 정책

해운항만물류산업은 세계 전체 선복량의 80.4%를 점유하고 있는 글로벌 해운회사인 2M과 4대 얼라이언스를 중심으로 재편되고 있으며, 1만 9,000 TEU급 대형 컨테이너선이 등장하는 등 운송비 절감을 위한 글로벌 선사들의 선박대형화 추세는 가속화되고 있다. 따라서 항만물류산업에서도 대형 얼라이언스 거점 기항지 항만을 유치하기 위해 각국의 항만 간에 경쟁이 치열하다. 또한 2014년 말 세계 10대 항만의 컨테이너 물동량은 전년대비 5.2% 증가한 2억 1,530만 TEU를 기록하고 있으며, 중국의 닝보-저우산항은 전년대비 12.2% 증가율을 기록

〈표 5-5〉 세계 10대 컨테이너 항만 물동량 (단위: 만 TEU)

상하이	싱가포르	선전	홍콩	닝보-저우산	부산	칭다오	광저우	두바이	텐진
3,529	3,355	2,403	2,223	1,944	1,868	1,662	1,616	1,525	1,405

출처: 해양수산부 자료(2014년 12월 말 현재).

〈표 5-6〉 컨테이너 부두 선석(송급) 대비 물동량(수요) 변화

구분	2002	2013	증감
선석 수(개)	21	41	95%
물동량(천 TEU)	9,454	17,686	87%

출처: 항만물류협회(2013), 「항만하역시장 안정화 대책」.

하면서 부산항(5.6% 증가)을 제치고 5위로 올라섰다.

한편 항만시설규모는 꾸준한 부두개발과 운영장비의 확대 등으로 증가하고 있으나, 시설능력을 충분하게 활용할 수 있는 정도의 물동량을 창출하지 못하여 항만시설의 수요공급 간 괴리현상은 심화되고 있다. 또한 항만물류산업의 규제완화(1997년 면허제에서 등록제로 전환) 등으로 선·하주의 항만이용 여건은 호전되었다고 볼 수 있으나, 항만물류업체 수의 증가(1997년 170개사에서 2013년 388개사로 증가)에 따른 항만물류업체 간 과당경쟁은 계속 심화되고 있다. 이에 따라 수출입 화물 하역비가 1TEU당 4만 5,000원으로서 세계 1위 상하이항 하역요금 11만 5,000원의 절반에도 못 미치고, 경쟁 항만인 일본 도쿄항의 19만 원의 4분의 1 수준이다.

항만물류업체 컨테이너 처리 당기순이익 현황을 보면 2008년부터 2012년까지 5년간 369억 원의 영업손실과 2,522억 원의 당기순손실이 발생되고 있으며, 컨테이너선 외국적 선사(1,046만 4,000TEU, 60% 점유)에 대한 저가의 하역료 징수에 따라 결국 국부유출(지난 7년간 약 6,385

억 원, 연간 약 1,046억 원)이 심각한 상태이며, 국내 물류업체 간 불공정 거래 등 경쟁만 초래하고 있다. 또한 항만물류업체에서는 경영 악화를 극복하기 위해서 임금 동결 및 인력 감축을 추진하여 2004년에 2만 3,063명이던 하역 종사자가 2013년에는 1만 7,834명으로 22.7%가 일자리를 잃었다.

이러한 해운과 항만물류시장의 변화에 대응하고 항만운영산업의 건전한 발전을 위해서 추진 중인 대표적인 정책과 그 개선과제는 다음과 같다.

가) 컨테이너 하역요금 인가제로 전환

컨테이너 물동량은 항만물동량의 대부분을 차지하기 때문에 컨테이너 하역요금은 항만의 경쟁력과 항만운영정책의 중요한 부문이다. 그동안 해양수산부와 항만물류협회에서는 글로벌 대형선사의 요금인하 요구와 항만하역업체 간 출혈경쟁을 방지하기 위하여 1994년 3월 항만운송사업법 일부를 개정(컨테이너 요금 인가제로 전환, 보고·조사, 과태료 부과 조치 마련)했으나 현재까지도 컨테이너 하역요금 산정을 위한 운영사별 원가분석 단계에 머물고 있다. 중국 항만과 하역회사의 수익을 고려하여 적정한 요금을 산정해서 시행해야 하며 항만물류시장에서 잘 지켜질 수 있도록 철저한 사후관리가 필요하다고 본다.

나) 항만운송분쟁조정협의회 구성

전국 각 항만의 부두별로 시행되는 TOC제도는 항만운영정책에서 가장 중요한 제도이며, 항만근로자의 상용화 정책과도 직접적으로 관계가 있으므로 현재 추진 중인 TOC의 단일화와 함께 지속적인 보완 발전이 필요하다. 또한 TOC별로 경쟁이 치열하기 때문에 분쟁이 발생하면 신속하게 해결할 수 있도록 지원하기 위해 항만운송분쟁조정협의회를 설치·운영할 필요가 있다.

항만운송분쟁조정협의회는 항만운송사업자단체(항만물류협회)와 항만근로자단체(항운노조연맹)가 공동으로 설치·운영해야 민간주도의 자율조정이 가능해지고 효율적으로 운영될 수 있다고 본다. 다만, 항만운송분쟁조정협의회에서는 전국 항만운영의 균형을 유지하기 위해서 항만의 소유권자인 정부(해양수산부 등)가 조정자 역할을 수행해 주어야 하며, 항만인력 수출관리협의회의 적용 범위를 상용화가 완료된 부두(부산, 인천, 평택)와 컨테이너 부두는 제외하는 방식으로 항만운송사업법을 개정할 필요가 있다고 본다.

다) 항만하역 표준계약서 제정

항만물류협회와 항만물류시장에 따르면, 항만하역회사의 경영수지 개선과 항만물류시장의 공정거래질서를 유지하기 위하여 TOC제도를 보완하는 방안의 하나로, 항만하역요금의 준수와 항만하역표준계약서 시행이 시급한 실정이다.

항만물동량 감소와 업체의 증가에 따라 하역회사 간 물량확보 경쟁으로 인하여 인가된 항만하역요금이 준수되지 못하고 있다. 이로 말미암아 하역업계의 경영은 악화되고 있고, 표준화된 하역계약 양식이 없기 때문에 혼란만 발생되고 있는 가운데 우월적 지위를 이용한 선·화주의 요금인하 요구는 계속되고 있어서 당사자 간 부당거래 금지, 인가요금 준수, 안전관련 사항에 관한 사전고지 의무화 등을 포함한 표준계약서를 제정하여 철저하게 이행케 하여야 한다.

3. 전망과 과제

항만운영정책의 핵심은 국내외 선·화주들이 다시 찾고 싶은 항만을 만드는 것이다. 그러기 위해서는 가장 신속하고 안전하게 화물을 선박에 양적하해주고 선박운항 스케줄에 차질이 없도록 선박 급유와 급수, 청소, 항만 내 입·출항 정보 제공과 항만이용료 납부 등 신속한 서류처리, 예선 및 도선 등을 신속하게 지원해주어야 한다. 항만 내에서 모든 비즈니스 활동이 가능하도록 충분한 배후단지를 확보하여 제공해주어야 하며, 글로벌 대형 선·화주와 국제 물류기업들에 대해서는 비즈니스센터와 야적장, 창고시설 등에 대한 사용료를 대폭 감면해주는 방향으로 제도가 추진되어야 한다.

또한 항만운영주체들이 글로벌 선사와 화주, 다국적 국제물류기업 유치활동에 주력하게 해야 하며, 정부의 지원정책도 좀 더 강화해나갈 필요가 있다. 또한 크루즈 관광객들이 편리하게 여객터미널을 이용할 수 있도록 시설을 확충함과 동시에 항만관광과 쇼핑 등을 병행할 수 있도록 항만안내서비스와 친수문화 공간 조성정책이 필요하다고 본다. 항만운영산업 종사자들의 안전의식 고취와 전문성 확보를 위한 교육훈련제도의 대폭적인 개선이 필요하고, 항만공사제도와 항만근로자 상용화 정책은 국익 차원에서 전면적으로 재검토되어야 한다.

21세기 신해양시대에 부응하는 항만운영정책도 안전을 최우선시해야 하며, 이를 위해서는 항만 내 운항선박들에 대한 관리 통제와 개항질서의 강화가 시급하고 TOC 등 항만운송산업의 육성 지원과 항만 내에서 취급하는 위험물 하역에 관한 제도의 전면 재정비도 필요하다.

우리나라가 앞으로 동북아 물류중심국가가 되기 위해서는 항만법과 항만운송사업법, 개항질서법, 도선법들을 통합하는 방안도 필요하며, 법령과 제도를 항만운영산업 육성과 지원에 초점을 맞추어 대폭 정비(예를 들면 '항만운영 및 산업진흥에 관한 법률')해야만 한다.

앞으로 21세기 해양의 시대 정신에 맞도록 새로운 항만운영정책의 발굴과 함께 항만을 종합물류단지로 개발, 운영하여 국가경제 성장의 원동력이 되게 하기 위해서는 우선 모든 항만개발과 운영정책이 선사와 화주, 국제물류기업 등 이용자 위주로 수립되어야 하고, 항만운영산업의 통합과 육성지원정책이 필요하다. 해양수산부의 조직과 기능을 개편하여 항만개발과 운영정책을 한 부서에서 종합적이고 체계적으로 수립·집행하게 하여, 항만시설 확충 단계에서부터 항만운영의 효율성을 높이고 항만시설의 이용을 극대화해나가야 할 것이다.

3부

해양정책 및 해상 안전정책의 변화

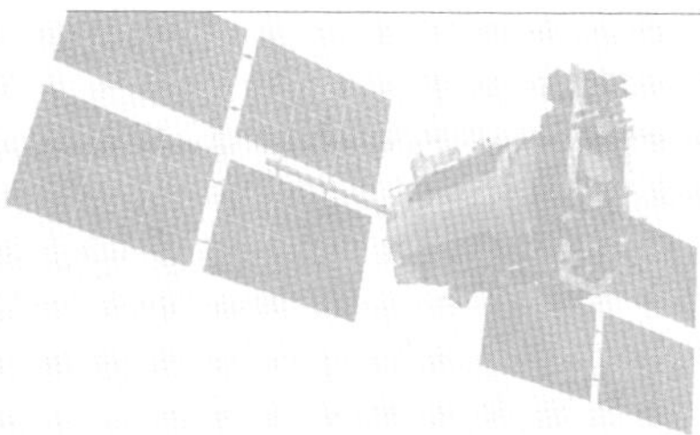

6장 해양정책의 변화
_심동현

7장 해상안전정책의 변화
_류영하

최근 많은 미래학자들은 21세기를 해양의 세기라고 말하고 있다. 그들은 육상 부존자원이 고갈되어감에 따라 이제 인류의 생존과 번영을 위해서는 해양에서 그 답을 찾아야 한다고 주장한다. 해양은 우리의 먹거리가 되는 다양한 수산생물 자원뿐만 아니라 해저에는 다양한 광물자원도 분포하고 있다. 이렇게 갈수록 중요해지는 해양을 우리는 오래전부터 기피해왔을 뿐만 아니라 정부조차 해양의 이용과 관리에 무관심하여 거의 방치해왔다고 해도 과언이 아니다.

우리나라가 해양을 종합적·체계적으로 관리하고 또 해양영토와 해양주권을 강화하는 등의 국가적 차원의 해양정책을 수립하고 추진한 것은 1996년 해양수산부 발족 이후부터라고 볼 수 있다. 특히 1994년 UN해양법협약이 발효되면서 연안국은 200해리의 배타적경제수역(EEZ)을 확보하게 되었고, 이로 인한 해양경계획정 및 해양자원개발 등을 둘러싸고 각국의 경쟁이 치열하게 전개되고 있었다. 그러나 우리나라는 전담부처도 없이 국무총리실과 외교부 등에서 이에 대한 내용 등을 확인하는 수준에 머무는 실정이었으나 1996년 8월 해양수산부가 새로 발족됨으로써 본격적으로 이에 대한 대책을 마련하기 시작하였다. 해양수산부에서는 기존의 업무인 해운항만 및 수산 업무 외에 이러한 종합적인 해양정책을 수립하고 집행하기 위하여 해양정책실을 신설하고 전담 관리하도록 하였다.

해양수산부는 이러한 업무를 담당할 조직을 정비하고 이를 통하여 해양개발중장기계획, 해양환경보전 국가기본전략 수립, 연안통합 관리계획 및 연안정비사업 10개년 계획, 공유수면매립기본계획 등 각종 해양정책을 수립해왔다. 이러한 사업을 추진하는 데는 막대한 예산이 필요했으나 기획재정부 등 관계부처에서는 이러한 새로운 사업 추진에 소극적이어서 해양수산부에서는 어려움이 많았다. 그러나 2000년대 초반 신설된 해양수산부의 해양정책국에서는 새로운 해양정책에 대한 사명감과 책임감으로 관련부처를 설득하고 꾸준히 그 중요성을 강조하여 어려운 여건이었지만 새로운 해양개발사업을 추진해나가기도 하였다.

이와 함께 해양수산부는 200해리 해양영토시대에 걸맞은 해양주권관리정책을 지속적으로 추진하였다. 특히 독도영유권 확보와 관련해서는 정부 내 외교부와의 이견으로 많은 갈등이 있었다. 해양수산부에서는 우리의 실효적 지배를 더욱 공고히 하기 위하여 독도에 선박접안시설은 물론 독도환경을 파괴하지 않는 범위에서 제한적으로나마 필요한 인공시설물 등을 설치하고자 하였으나 외교부 등에서는 한일 간 외교관계 등을 고려하여 소극적인 입장을 주장하여 양 부처 간 입장 차이가 발생하기도 하였다. 2008년에는 극지연구를 위한 쇄빙선 아라온호를 건조하여 남북 극해 및 극지 조사를 본격적으로 진행하고, 2013년에는 남극대륙에 장보고기지를 건설·운영함으로써 장래 예상되는 자원조사 등에 대비하고 있다. 또한 제주도 남쪽 해상에 이어도 해양과학기지를 건설하여 우리 선박의 안전확보는 물론 향후 예상되는 해양영토논쟁 등에 대한 국민적 관심을 높이기도 하였다.

이와 함께 해양과학기술개발 및 개발된 기술의 상용화를 적극 추진하고 있으며, 이를 위하여 미국은 물론 중국, 인도 등과의 협력도 강화하고 있다. 최근에는 해양환경보호를 위하여 육상폐기물의 해양투기를 전면 금지하는 등 해양환경정책을 적극 추진하고 있고, 새로운 블루오션으로 부상하고 있는 크루즈산업 및 요트·보트 등 다양한 해양관광산업정책도 추진하고 있다. 그러나 크루즈산업의 경우 선박 내 카지노 영업의 허용이 필수적이나 주무부처인 문화체육관광부의 반대로 정책이 표류하고 있는 실정이다.

3부에서는 해양정책의 변화를 우리나라 해양정책 변동에서 핵심적인 사건이라 할 수 있는 UN해양법협약 이전과 이후로 구분하여 살펴보고, 해상안전정책의 변화도 살펴보도록 하겠다.

해상안전정책은 우리나라 국적선뿐만 아니라 5대양 6대주의 모든 공해를 운항하는 선박이 국제협약과 규칙을 준수토록 함으로써 안전하고 자유롭고 활발하게 교역활동을 수행케 하는 데 정책목표가 있다. 또한 해양사고가 발생하면 대형 인명피해와 함께 막대한 해양오염과 재산피해를 가져오기 때문에 해양사고 예방정책과 선원 육성 및 관리정책은 매우 중요하며, 이에 관한 정책을 수립하고 현장 위주의 정책을 집행해야 한다.

이러한 정책목표를 달성하기 위해서 시대별로 추진해온 선박의 안전성 확보정책, 선원의 자질 향상과 안전교육, 해양오염 방재 및 해난구조체제의 정비, 완벽하고 편리한 해상교통 안전 및 정보시스템 구축, 현장중심의 해상사고 예방정책을 시대별로 살펴보고, 향후 전망과 중점 대응과제를 제시하고자 한다.

6장 /

해양정책의 변화

심동현

1. UN해양법협약 이전의 해양정책

UN해양법협약 이전 시기에 우리나라는 종합적이고 체계적인 해양정책이 없었다. 그러므로 각 부문별로 개별적으로 수행된 해양정책을 기술하고자 한다.

1) 수로관리 및 해운

먼저 해양개발의 가장 중요한 인프라로서의 수로관리는 군사목적의 수로관리가 실행되었다. 지리적으로 38도선 인근해역이 주된 목표장소였고 함정운용을 위하여 수심, 조류, 조석 등을 조사하고 그것을 해도로 제작하여 군사용으로 사용하였다. 당시 수로국은 미 해군 소속이었다가 한국 해군의 해군본부 작전국에 소속되었다. 그런데 수로관리의 목표가 군사용 선박을 위한 수로관리에서 점차 상업용 선박을 위한 수로관리로 변경되었다. 급속히 진행되었던 상선대(商船隊)의 확충은 국내 수로관리의 목표를 변경시켰고, 특히 외국 수로에 대한 많은 정보가 필요하게 되어 수로 업무의 국제화가 시작되었다. 우리나라도 점차 국제수로기구에 가입하거나 국제적 협력에 참여하게 되었다. 1963년 수로국은 해군에서 분리 독립하여 교통부 수로국(외국)이 되었다. 수로관리는 전문적인 분야이므로 장관 대신 수로국장이 인사, 예산, 수로 업무를 포함한 모든 책임을 지도록 하였다. 수로업무법은 그 주어가 장관 대신에 수로국장으로 정해졌고 수로국장의 권한과 책임을 규정하였다. 수로국은 수로과, 수로관측과, 수로측량과, 해도과를 두고 상선대의 운항을 뒷받침하는 수로관리를 주 업무로 하였다. 지역적으로 중동에서 한국까지의 수로에 관심과 역량을 집중하였다. 상선대를 뒷받침하기 위하여 국제적 협조관계가 필요했고 국제기구나 외국과의 협력기술 교류가 빈번하게 이루어졌다.

정부 수립기에 선박, 선원, 해운경영 등 산업의 외형을 갖춘 해운은 선복량 증강정책을 채택하였다. 국적선의 선복량이 부족하므로 수출입 화물을 적기에 운송하는 것이 불가능했고, 선복량이 부족하면 선원이 필요 없고, 해운업 경영의 경험이 쌓이지 않게 된다. 선복량이 부족하면 항만확충이 시급한 일이 되지 않고, 국가위기 시에 전략물자를 수송할 수 없어 국가안보상에도 취약점이 계속 발생한다. 국가의 생존을 과도하게 외국에 의존하게 되어 우리나라가 두 발로 설 수 없게 된다. 선복량 증강정책은 외국으로부터의 선박도입규제 완화와 국내 조선산업의 발전을 기본 축으로 하였다. 전자는 국적취득조건부나용선제도이고, 후자는 계획조선제도였다. 그리고 짧은 기간에 선복량이 증가하면 수송수요가 부족해지는데 이러한 문제를 해결하고자 웨이버제도를 도입하여 운송수요를 확대하였다.

이러한 자국화자국선주의는 배타성을 갖기 때문에 외국의 강력한 반대가 있었다. 선원 등 해기인력의 부족은 선원학교를 설립하여 양성하거나 '단기양성생'제도의 도입, 해양대학생의 조기졸업이나 군복무면제 등으로 대응하였다. 선복량 증강정책이 세계적인 해운불황과 겹칠 수도 있었는데 그 경우 과잉설비가 큰 문제가 되었고 부채비율이 높아서 선사의 자체 대응이 곤란하였다. 불가피하게 해운산업합리화 같은 정부의 개입이 종종 발생하였다.

2) 항만 개발 및 운영

항만개발은 당초 효율성은 차치하고 수출입이 가능한 물리적 구조를 갖추는 것이 중요하였다. 점차 수출입 물동량이 늘어나고 안정되면서 수출입 물동량을 처리하기 위하여 부산항, 인천항, 평택항, 부산항 신항 등이 개발되었으며, 중화학산업육성을 위하여 철광석, 석탄, 원유, LNG 등을 처리할 광양항, 울산항, 포항항, 대산항 등이 개발되었다. 컨테이너운송혁명은 항만개발이나 항만운영을 근본적으로 변경하였는데 컨테이너운송혁명의 핵심은 운송화물의 표준화, 운송의 신속화, 선박의 대형화, 전자기술의 체화 등이었다. 해운에서 출발한 이 혁명은 국제운송규격을 변경시켰고 수로규격, 부두규격, 장비규격, 도로규격, 철도규격 등을 변경시켰으며 항만개발, 항만운영, 부두장비 현대화, TOC제도, 항만공사제도, 노무공급체제의 변경, 항만운영정보시스템, 화물추적정보시스템 등에 커다란 영향을 끼쳤다. 부산항은 국제운송축 선상에 위치하여 먼저 상업항으로 발전했고, 인천항은 수도권 수출입 물동량을 처리하기 위하여 당시로서는 엄청난 재원을 투입하여 갑문을 설치하고 내항을 만들었다. 광양항은 우리나라 중화학공업을 떠받치는 핵심적인 산업항만으로 개발되었는데 깊은 수심, 넓은 항내 수면적(港內水面積), 방파제가 필요 없는 정온수면, 퇴적 매몰현상이 적은 지형상 유리점 등이 항만입지 선정에 고려되었다.

항만운영은 벌크화물의 컨테이너화 추세에 따라 급격히 발달했는데 주된 개념은 표준화 및 속도였다. 도선사, 예선, 관제, 개항질서, 항만 및 선박보안, 항만운영정보화, 하역 및 TOC 등에 관한 제도, 인력양성이 대체로 신속히 마련되었다. 산업항 운영의 주된 개념은 대규모화 및 운송단가의 인하였다. 사실 우리나라는 항만운영에 대하여 큰 자원을 투입하거나 노력한 바는 없으나 매우 빠르게 제도를 갖추고 상당한 운영능력을 보유하게 되었다. 이것은 세계적으로도 흔하지 않은 일이다. 우리나라 항만운영은 개항질서의 단속, 보안, 관제 등 공권력적 특징을 가지고 있고 실제로 지방해양수산청은 항만수역 및 인접수역에 대하여 강력한 공권력을 행사하였다.

그런데 산업화 시기가 끝나면서 공권력의 힘이 빠짐에 따라 여러 이해관계자가 나타나고 이것이 항만운영의 효율성을 크게 떨어뜨리고 있었다. 항만수역의 어업권자가 어업을 위하여 항만기능을 제약하고자 하거나, 지자체는 항만 인근에 충분한 이격거리를 확보하여 양식면허를 부여해야 하는데 인근 수역에 양식면허를 대량으로 허가한 뒤 선박의 유류유출사고가 발생하면 엄청난 손해배상을 요구하거나, 지자체가 임의로 항만수역에 항만운영과 배치되는 도시계획을 수립하여 서로 충돌하는 경우가 발생하고 있다. 항만의 상공이나 입구에 교량을 설치하는 것, 항만수역을 매립하여 도로나 도시계획시설을 설치하려고 하는 것, 항만 진입로에 어업행위를 확대하여 선박운항을 방해하는 것 등이 중요한 이슈로 떠오르고 있다. 항만운영국이 폐지됨에 따라 항만운영에 대한 인력양성이 중단되어 지방청장이 항만운영에 대하여 잘 알지 못하는 문제점이 발생하고 있다. 지방청장이 항만운영을 알지 못하면 항만운영을 위한 권한을 적절하게 사용할 수 없고 항만발전은 요원해진다.

3) 해면관리(매립 및 간척) 및 해면사용상 갈등관리

UN해양법협약 이전 시대에 해면, 특히 해안은 큰 가치가 없는 것으로 간주되었고 해면을 간척 또는 매립하여 국토를 확장하는 대상으로 생각하였다. 일제강점기에 준공한 간척지 면적은 4만 877헥타르이고, 1946~2001년까지는 7만 5,770헥타르의 간척지가 준공되었다. 인천쓰레기매립장지역, 시화호, 화옹호, 서산지구, 새만금, 목포 인근 등 많은 간척지가 착공 또는 준공되었다. 우리 국민이 점차 해안습지의 중요성이나 가치에 눈뜨기 시작하면서 대규모 간척은 점차 줄어들었다. 그러나 이미 착공했거나 준공한 간척지 및 매립지는 어찌할 수 없었다. 그러므로 간척지의 유효활용방안이 사회적 이슈가 되는 경우가 많았다.

간척지는 대체로 밭농사로 이용되었는데 밭농사의 경우 강우량으로 소요수량이 충당될 수 있었다. 그런데 점차 간척지를 논농사용으로 이용하려는 시도가 있었다. 해안가에 호수를 조성하여 논농사에 필요한 물을 조달하려고 하였다. 해안가에 담수호를 조성하려면 많은 비용이 소요된다. 해안가는 대체로 수량이 부족하고 수질 또한 대단히 열악한 상태이다. 새만금 내부호수 같은 경우에 3급수 수질의 담수호를 유지하려면 만경강 및 동진강 상류의 전주와 같은 도시에서 배출되는 오염물질이 하천에 유입되지 않도록 하여야 한다. 또 도시계획이나 산업의 입지를 제한하여 오염물질의 발생을 줄여주어야 한다. 새만금호의 수질개선을 위하여 비용을 투입할 자와 깨끗한 새만금호의 물을 이용할 자가 다르기 때문에 새만금호의 수질을 개선한다는 것은 불가능에 가깝다.

새만금에서 논농사를 지으려면 논농사의 수익이 간척지를 논으로 만드는 비용과 풍부한 수량과 깨끗한 수질을 확보하는 비용을 충당하고도 남아야 한다. 논농사로는 이러한 비용충당이 불가능하다. 다시 말하면 시화호, 화옹호, 새만금호 등은 당초부터 잘못된 개념하에 간척이 이루어진 것이다. 또 간척지 인근이 광역교통시설이나 도시개발로 인하여 많은 개발이익이 발생했고 그것이 간척지에 귀속되었다. 높은 지가의 간척지를 밭농사로 이용하는 것이 타당한가에 대한 의문이 제기되고 있고 개발이익을 발생시킨 자는 국가인데 농어촌공사가 그 개발이익을 독점하고 있다는 비난이 있다. 많은 해안선이 매립되었고 특히 지가가 비싼 도시해안을 매립하여 도시용지로 사용하게 되었다. 도시해안은 10~20년의 시차를 두고 추가적으로 매립되었는데 적용 기술과 규모, 재해대책 등이 매우 달랐다. 나중에 매립한 곳이 진보된 기술을 적용했고 규모가 컸으며 재해대책도 훨씬 나았다. 후에 매립한 부분의 표고가 높아져서 먼저 매립한 부분의 자연배수가 곤란해졌다. 심지어 밀물 때 하수관이 역류하는 현상이 발생하기도 하였다. 부산북항 배후구역, 마산항 배후의 도심, 광양항 여수산단구역, 목포항 배후구역 등은 폭풍해일이나 집중강우에 대단히 취약하게 되어 있다. 오래전에 매립되었던 도심구역의 토지표고가 낮고 현재 물과 접하고 있는 구역의 표고가 높으므로 폭우와 밀물이 겹치게 되면 도심구역이 갑자기 침수되는 현상이 발생한다. 이러한 현상을 방지하려면 비용이 많이 소요된다. 마산시와 같이 일방향 하수관을 두든지 하수를 끌어올려 하수처리장으로 보내는 방식으로 부분적인 개선을 할 수 있겠지만 근본적인 처방은 되지 않는다.

우리나라 공유수면간척과 매립의 또 하나의 특징은 이것이 수로개발과 관계없이 이루어졌다는 점이다. 국토개발의 경우에는 도로를 신설하고 신도시나 산업단지를 조성하고, 해안매립의 경우에는 매립지에 산업단지를 조성하고 연결도로를 설치했으나, 수로의 중요성은 인식하지 못했다. 매립지 산업단지는 대체로 인접항만을 이용하여 화물운송수요를 충당하고 있다. 그런데 해안가의 석탄발전소는 매일 2만톤 이상의 석탄을 소비하는데, 이처럼 대량의 석탄을 운송할 방법은 사설수로밖에 없다. 사설수로를 건설하거나 유지·관리하는 데에는 비용이 많이 소요되고 항상 분쟁의 소지가 있으며 운송의 안정성이 떨어진다.

해면사용과 관련하여 상당히 중요한 변화가 있었다. 1970년대 수산청은 양식면허권을 지자체로 이관했고 지자체는 지역주민에게 대량의 양식면허를 부여하였다. 양식면허권은 '양식을 할 수 있는 권리'이다. 그런데 공유수면관리청은 양식면허권을 가진 사람의 공유수면사용허가 신청에 대하여 '공유수면사용허가'를 하지 않았다. 공유수면은 양식뿐만 아니라 선박운항, 잡는 어업, 항만, 광업, 모래채취, 레저, 휴식 등으로 이용되는데 이러한 이용관계를 무시할 수 없었기 때문이다. 양식면허권은 있으나 공유수면사용이 불가능한 면허권을 미실현어업권이라고 한다. 미실현어업권이 대규모로 발생했고 선거를 앞두고 사회적 이슈가 되었다. 결국 타협이 되었는데 "양식개발구역을 창설하여 해안가에 연접하고 다른 이용관계가 적은 곳을 동 구역으로 지정하고 동 구역 내에서는 수산관청이 양식면허와 공유수면사용허가를 동시에 하도록 하였으며, 동 구역 밖에는 양식면허를 하지 아니하며, 기존의 구역 밖 양식면허는 구역 내로 이전하거나 소멸시킨다"라고 타협하였다. 이 타협 중 양식면허 부여의 건은 잘 지켜졌는데 구역 외 면허를 소멸 또는 이전하는 것과 양식개발구역을 함부로 확장 이전하지 않는다는 것은 지켜지지 않은 사례가 많았다. 특히 35년 정도 경과한 후에 수산업법에 외해양식(offshore aquaculture) 허가를 규정하였다. 수산관청은 외해양식허가권한은 있으나 양식구역 밖의 공유수면사용허가를 할 수 없는데 권한 없이 공유수면사용허가를 하는 결과가 되었다. 결국 선박이나 잠수함, 기타 공유수면을 이용하는 자가 외해양식장의 존재를 몰라서 이에 충돌하여 사고가 발생하거나 수면사용상 갈등을 일으키고 있다. 1970년대의 이 타협은 '공간으로 구획한 우세용도지역'을 도입한 것인데 그 후 연안통합관리의 기본개념이 되었다.

4) 수산, 해양자원개발 및 도서주민

노동집약적 성격을 가진 수산업은 어획기술과 장비가 급속하게 발달하여 국내 자원량의 범위를 초과하게 됨에 따라 해외어장으로 진출하게 되었다. 낮은 인건비와 우리 국민의 근면성이 원양어업을 지원하였다. 수산물소비시장이 매우 큰 일본이 가까운 거리에 있는 것도 원양어업 진출에 도움이 되었다.

산업화 시기에 해양자원개발은 무생물자원, 특히 석유가스의 탐사 채굴에 집중되었다. 우리나라 해역을 수개의 광구로 나누고 외국 탐사회사에 광물탐사를 맡겼다. 석유가스의 징후는 발견했으나 이러한 자원은 대체로 육지에서 멀리 떨어진 대륙붕에 부존되고 있었으므로 인근 외국과의 갈등이 발생하였다. 남쪽 대륙붕에 7광구라고 이름을 짓고 미국 탐사업체에 탐사를 허가하였다. 사실은 대륙붕의 경계를 남쪽으로 크게 확장한 것인데 몇 년이 지나지 않아서 일본의 경제협력을 무기로 한 압력 때문에 7광구의 이름을 '공동개발구역'으로 바꾸고 양측의 합의로만 개발하기로 하였다. 하지만 그 후 일본이 개발합의를 해주지 않아 공동개발을 할 수가 없었다. 7광구를 공동개발구역으로 바꾸지 않았으면 좋았겠지만 일본의 경제협력 등이 매우 절실했으므로 이러한 변경에 합의할 수밖에 없었던 것이다.

우리나라는 일제강점기부터 산업화 시기에 이르기까지 도서주민의 삶을 위하여 명령항로제도를 유지하였다. 당시 도서주민의 삶은 교통, 전기, 식수, 교육 면에서 너무나 열악하여 도서주민의 인구가 감소하고 육지로 이주하려는 경향을 보이고 있었다. 멀리 떨어진 섬지역의 교통상 필요를 국고를 사용하여 충족시키고 교통망을 통하여 생필품을 공급하였다. 또 강제로 한전으로 하여금 도서주민에게 전기를 공급하게 하고 그 비용은 한전이 부담하였다. 지자체는 식수개발을 담당하게 하였다. 명령항로는 국가가 해운업자에게 명령하여 해당도서에 강제로 취항하게 하는 제도이며 명령에 따른 해운업자는 그 손실을 보상받았다. 이 명령항로제도는 후에 '낙도보조항로'로 이름을 바꾸었고 정부가 점차 손실보상금을 줄였기 때문에 역할과 기능이 쇠퇴하였다.

2. UN해양법협약 시대의 해양정책

1) 해양정책의 배경과 과제

우리나라의 해양정책 변곡점은 1982년 성립하고 1992년 발효된 UN해양법협약이다. 이 협약에 따라 1996년 해양수산부가 성립했으며 정부조직법상 해양수산부 업무는 UN해양법협약에서 발췌한 것이기 때문이다. 해운, 항만, 해양영토관리, 해양환경, 해양과학조사, 수산, 해양개발 등이 그것이다. UN해양법협약은 수로와 연안국의 배타적 관할권 조정이 핵심 쟁점이었으며, 주로 외국과의 관계를 중심으로 한 국제관계 법률이다. 해양수산부의 성립으로 해양환경, 해양영토관리, 해양과학조사, 수산, 해양개발 등이 해양정책에 새롭게 포함되고 융합되었으며 종합적이고 체계적인 해양정책이 가능해졌다.

1990년대에는 해양경제영역 확보를 위한 경쟁이 심화되고 있었다. 영해 이외에 200해리 경제수역제도가 정착됨에 따라 해양자원을 둘러싼 연안국 간의 마찰이 심화되었고 공해상 자원개발 및 선점을 위한 경쟁이 있었다. 주변국과 해양경계획정이 본격화되고 어업협상 및 환경협력이 확대되었다. 연근해 어업의 경우 수렵형 어업에서 농장형 어업으로 개편되고 원양어업은 입어쿼터 중심에서 합작중심으로 전환되고 있었다. 해운선사의 글로벌 경영이 보편화되었고, 세계 컨테이너 항로상에 위치한 항만 간 화물유치경쟁이 치열하게 전개되었다. 해양의 지속가능한 개발에 대한 인식, 해양의 부존자원을 효율적으로 이용하겠다는 인식, 해양환경가치에 대한 인식이 높아졌고, 해양이용의 상충문제가 중요한 이슈가 되었다. 또 첨단과학기술이 발전함에 따라 과거에는 불가능했던 해양자원의 실용화, 산업화가 가능해졌고 해양활동을 더욱 안전하게 수행할 수 있게 되었다.

2) 해양영토관리

UN해양법협약이 발효되면서 가장 많이 변한 것이 수로국 업무이다. 협약은 연안국의 EEZ, 대륙붕 등의 관할권을 규정했으므로 해양영토관리가 중요해졌고, 해양영토관리를 위해서는 해양과학조사가 선행되어야 했다.

연안국이 해양영토에 대한 관할권을 주장하려면 그에 합치되는 해양과학조사결과를 유엔에 제출해야 했다. UN해양법협약은 해양과학조사라는 독립된 장을 신설하고 새로운 해양과학조사방법을 규정하였다. 따라서 연안국은 유엔에서 통용되는 해양과학 조사방법이나 그 조사결과(데이터 형식)를 채택해야 했다. 우리나라도 수로국을 해양조사원으로 이름을 변경하고 새로운 행정수요에 대응하게 하였다. 해양과학조사 데이터를 취득하려면 평온성, 공연성 외에도 일정한 통일된 데이터 형식이 요구되었다. 그러므로 수로국의 업무는 해양영토관리를 위한 관측, 측량, 도면작성 등이 추가되었다. 이것은 선박운항의 보장을 위한 수로측량, 수로관측, 해도작성과는 전혀 다른 것이었으므로 해양조사원에 해양영토실을 설치하고 해양영토관리 업무를 지원하도록 하였다.

또 재난관리를 위한 해양과학조사가 비약적으로 발달했는데 폭풍해일, 쓰나미 등을 예측하기 위한 해양과학조사(측량, 관측)가 실행되었고 '침수예상도'와 같은 재난관리 목적의 도면이 작성되었다. 군사기술이나 위치정보기술, IT기술이 발달함에 따라 조석차를 극복하는 함정운용시스템, 수준면을 통합하는 공간위치정보교정시스템, 군사수요에 맞춘 군사주제도(해도) 등 특수한 업무 분야가 발달하였다.

3) 해운과 항만

해운은 우루과이라운드, OECD, WTO, FTA를 거치면서 개방의 파고를 맞이했는데 해운업의 특성상 가장 먼저 개방을 할 수밖에 없었다. 해운업에 국제기준이 적용되기 시작했는데 이에 대응하기 위하여 민간의 능력을 극대화할 필요가 있었다. 규제완화를 기본으로 하고 자율과 개방을 원칙으로 하였다. 자율은 기업인의 책임을 의미하였다. 그러나 실제로는 해운사업자가 자율적으로 할 수 있는 것은 많지 않았다. 해운업을 이해하고 있는 해수부가 뭘 하려 해도 규제는 대부분 다른 부처와 연결되어 있었고 다른 부처를 설득하기 어려웠다. 선박금융제도, 세제, 항만노무공급체제 등은 조속히 고칠 수가 없었다. 톤세 제도, 제2선적제도, 선박펀드, 선박관리운영회사 등이 시차를 두고 도입되었다. 이 시기에 해운에서 중요한 것은 선박의 대형화와 운송의 고속화였으며 이것이 국제운하의 규모(폭, 곡률)에 의하여 제한을 받았으므로 선박의 높이가 높아지고, 길이가 길어졌다. 좁은 수로나 항만 내 수로를 직선화하는 것과 항만 위에 설치된 '교량의 높이'를 '수로의 높이'로 변경하여 통제할 필요가 있었다.

운송의 고속화는 주로 항만하역처리에서 발생했으므로 부두운영 효율화가 요구되었다. TOC제도가 도입되고 노조원의 상용화가 크게 진행되었다. 화물을 컨테이너에 담아서 운송하게 되었는데 이를 컨테이너화라고 한다. 이 컨테이너화에 따라 하역설비나 장비가 현대화되었고, 정보기술을 이용한 전자문서 및 화물추적정보시스템 등이 도입되었다. 운송의 고속화는 항만 분야에서 중심항 경쟁을 촉발하였다. 선박의 고속화나 대형화는 기항항구 수를 줄이려는 경향을 가져왔고 대규모 설비에 의한 고속하역을 요구하였다. 그러므로 거점 항이 발달하고 나머지 항만은 피더항으로 전락하였다. 우리 정부는 부산항과 광양항을 컨테이너 중심항으로 육성하는 양항체제를 도입하였다. 중심항을 향한 경쟁은 사실 국내 문제가 아닌 지역적 문제가 되었고 인접국 항만 간의 경쟁을 촉발시켰다.

4) 해면관리

해면관리 분야의 변화는 "습지의 생태적 가치가 인식되었으며 간척매립의 경제성이 비판을 받기 시작하였다"는 것으로 요약할 수 있다. 그러므로 우리 정부는 공유수면매립 및 간척을 규제하는 방향으로 가게 되었고 결국 간척매립은 원칙적으로 금지되었다. 그러나 이미 시작되었거나 준공된 간척지 및 매립지에 대하여 적절한 활용문제가 이슈로 떠오르고 있다. 간척지나 매립지의 안전성을 보장하기 위한 토지표고, 간척지의 안전성을 보장하는 비용부담문제, 즉 방조제의 유지관리주체와 그 비용을 부담하는 자, 간척지와 매립지의 용도변경 및 용도변경 제한규정과 개발이익의 귀속주체 등이 논쟁의 주제가 되었다. 민주화와 규제완화의 추세 속에서 발전소 온배수 문제나 조력발전소 건설, 해양풍력발전, 외해양식, 모래채취 등을 둘러싼 이해관계자 사이의 갈등이 증폭되고 있고 침식·퇴적현상이나 태풍 등 재난에 의한 손해에 대하여도 정부에 책임을 요구하는 사례가 늘고 있다. 정부는 '연안통합관리'라는 처방을 내놓고 있으나 이에 대한 집행 예산이 없고 이해당사자의 갈등을 해소시킬 수 있다는 보장이 없으므로 그 유효성을 입증하기가 어렵다.

5) 해양환경정책

해양수질 분야의 대표적 정책은 육상기인해양오염원의 통제이다. 해양오염원을 분류하면 육상기인해양오염원이 80% 정도이고 나머지가 해양기인오염원이다. 그러므로 육상에서 발생하여 해양으로 이동하고 해양을 오염시키는 것을 차단, 감축, 경감시킬 수 있다면 깨끗한 해양수질을 확보할 수 있을 것이다. 육상기인해양오염원 통제는 유엔 GPA(Global Program of Action for the Protection of the Marine Environment from Land-Based Sources)에서 활발하게 논의되고 있다. 이 정책의 주안점은 "하수처리장 및 폐수처리장에서 오염물질이 처리되어 처리수가 해양으로 배출되는가? 설치되고 운영되어야 할 하수처리장 등이 적절하게 설치 운영되지 않는 경우가 있는가? 하천, 강, 소하천 등에서 과다한 오염물질이 해양으로 유입되고 있는 것이 아닌가? 경감대책은 유효하게 작동되는가? 발전소 온배수나 해양덤핑은 적절하게 관리되고 있고 위해성 경감 조치는 적절하게 이루어지고 있는가?"이다. 이 정책을 구현하는 방법으로 배출기준의 설정, 배출지역과 배출자, 배출량에 대한 신고의무 설정 및 감시체제의 구축, 배출자를 위한 모범행동강령, 하수처리장 등의 설치 운영 촉진 등이 실행되었다.

정부는 해양덤핑에 대한 규제를 강화하였다. 해양덤핑은 오폐수, 오폐수처리 후 잔재물, 축산폐수, 산업폐기물, 음식물쓰레기 처리 후 잔재물 등을 바다의 안정된 장소에 최종 처분하는 것이다. 해양덤핑은 경제적 규모가 크고 국내 산업에 미치는 영향이 막대하므로 이해당사자가 많고 상당히 중요한 정책이다. 박테리아에 의하여 분해되는 폐기물은 바닷속에서 2주 정도 경과하면 완전히 분해되므로 문제가 없고, 분해되지 않는 중금속 같은 것은 인체와 접촉할 기회가 적은 해저에 보관하는 것이 차선의 방책이 된다는 이유로 해양덤핑이 허용되어왔다. 먼저 해양덤핑을 위한 수단, 즉 공장 등 배출자, 해양덤핑사업자(수집, 운반, 보관, 전처리), 배출용 선박 및 선원, 해양투기장에 대한 적절한 관리제도를 도입한 후에 2002년 해양덤핑 행위에 대하여 해양환경개선부담금을 부과하였다. 예컨대 축산폐수에 대하여 톤당 2,124원이 부과되었다. 해양환경개선부담금은 시행 초기에 연간 200억 원 정도를 부과하여 그 돈을 해양환경개선사업에 투입하였다. 해양환경개선부담금 부과에 대하여 몇 차례의 위헌소송이 있었고 국가가 이 소송에서 승소함으로써 해양환경개선부담금제도는 정착되었다. 그러다가 2012년 런던덤핑협약의 압력과 국내외 해양덤핑 반대자의 의견을 수용하여 해양덤핑을 금지하거나 극히 제한하는 조치를 시행하였다. 하지만 이 조치에 대하여 "방향은 맞지만 좀 성급했다"라는 지적이 있다. 해양덤핑을 규제하더라도 폐기물의 발생은 감소하지 않으며, 폐기물을 최종 처분할 수 있는 소각장이 충분히 건설되지 않았으며 폐기물의 적절한 처리를 유도하고 불법처리를 감시할 수단이 마련되어 있지 않다는 것이 지적의 근거이다.

해양습지보호구역 및 해양생태계보호구역 설정은 당초 해양환경의 절차적 보호방식에 결함이 있다는 데서 출발한다. 해양환경의 절차적 보호방식은 해양에서 사업을 하기 전에 환경영향평가나 해역이용협의와 같은 절차를 거치게 하여 그 절차에서 환경위해성이나 생태계위해성을 제거 또는 감소시키는 것을 말한다. 강력한 개발주의자와 이에 맞선 이해관계자 및 해양환경보호주의자 간 대립구도에서 종종 개발주의자가 승리하는 경우가 있었다. 그러므로 보호구역이라는 공간적으로 제한된 구역을 설정하고 이 구역에 한하여 환경규제자원을 총동원하여 개발을 제한하려는 제도이다. 보호구역은 핵심적 보호가치가 있는 공간에 설정한다. 무안습지보호구역(2001년, 42제곱킬로미터)을 시작으로 총 21개소, 총면적 432제곱킬로미터가 지정되었다.

해양쓰레기수거처리사업은 오염자를 찾기 어렵고 비용이 많이 소요되므로 위해성 제거에 초점을 두고 수거·처리하는 것에 집중한다. 해양쓰레기 발생을 억제하는 것은 연안 정화(Coastal Cleanup)와 같은 캠페인을 벌이고 기존 법제에 의한 처벌을 병행한다. 해양쓰레기수거처리사업은 공공수역에서 쓰레기를 제거하는 사업으로 관리주체가 정해져 있는 산업용 수역의 경우에는 그 산업의 비용으로 처리해야 한다. 그리고 부유쓰레기는 해류를 타고 인접국에 흘러가 쓰레기유입국의 불평과 시정 조치가 요구되기도 하였다. 해양쓰레기 수거처리는 복잡한 제도와 높은 수준의 과학기술을 요구한다. R&D 필요성이 인정되어 수거처리의 효율성을 높이기 위한 R&D 사업이 계속되고 있다. 해양쓰레기수거처리사업은 2000년대에 들어와서 국민의 지지를 받고 있고 법률, 예산 등의 지원을 받으면서 중요한 해양환경 업무 중 하나로 정착하였다.

해양생물자원관리는 생물공학의 급격한 발전으로 연구 성과가 도출되고 있으므로 생물공학 연구를 촉진하고 생물공학의 산업화를 장려하기 위하여 해양생물자원의 관리가 필요해졌다. 해양생물자원은 육상생물자원과는 비교되지 않을 정도로 그 종수가 많고 특이한 종이 많으며 개발 가능성이 크다. 해양생물자원관리는 해양생물자원은행의 설치운영, 해양생물자원정보시스템 구축운영, 해양생물배양능력 양성, R&D 및 산업화의 성과배분 기준결정을 중심으로 이루어질 것이다.

6) 해양과학기술개발

해수부는 2004년 해양과학기술개발계획을 수립하였다. 1단계로 2004~2008년, 2단계로 2009~2013년까지 10년간 3조 1,000억 원을 투입하여 동북아 물류중심국가 건설을 위한 기술기반 구축, 국가성장동력 확보를 위한 자원 및 에너지원 개발, 해양재난 및 재해통합관리기술을 개발하는 것이었다. 첨단물류항만기술, 해양레포츠 장비 및 레저선박 개발, 메가플로트 설계기술, 부유식 LNG 하역시스템 개발,

6,000톤급 심해무인잠수정, 수중무선통신망 구축기술, 수산어업기술, 바다목장화 기술, 해양생명공학기술 상용화, 해양에너지(조력, 조류, 파력, 온도차 발전 등) 획득기술, 해양광물자원 탐사기술, 해수담수화기술, 해양심층수 다목적 이용기술, 용존 희귀금속 추출기술, 자연재해 사전 예보기술, 국제환경규제 대응기술, 해양폐기물 처리기술, 해양생태계 관리기술, 선박의 사고방지기술, 테러방지 및 대응기술 등을 목표로 설정하였다. 해양과학기술개발은 재원 부족이 있었지만 1단계는 진행되었는데 2단계는 해수부가 해체되어 큰 타격을 받았다.

개발성과가 어느 정도 가시화된 것은 위그선 개발과 상용화, 바다목장화(어류통제) 기술 및 상용화, 해파리·상어 등 유해생물 통제기술, 심해무인잠수정 개발, 수중무선통신망 구축기술, 외해양식기술 개발 및 상용화, 해양폐기물 처리기술, 조력발전기술, 자연재해 예보기술 및 대응기술, 활어운송을 위한 기절기술 등이었다.

해양심층수는 해수부가 2001년부터 고성군 앞바다에서 심층수 개발연구에 들어갔으며, 2005년 해양심층수 연구센터를 준공하였다. 2008년 4개 해역을 심층수 취수해역으로 지정함에 따라 총 8개 해역이 심층수 취수해역으로 지정되었다. 해양심층수는 취수된 심층수를 다목적으로 이용할 수 있도록 하는 것이 애로요인이었다.

우리나라는 국제해저기구(ISA)에 망간단괴광구를 등록했는데 2001년부터 2016년까지 태평양 클라리온 클리퍼톤 해역에 7만 5,000킬로미터 광구를, 중앙인도양 해령에 2014년부터 2029년까지 1만 제곱킬로미터의 해저열수광상을 보유하고 있다. 그리고 통가 EEZ 및 피지 EEZ에 2만 3,739제곱킬로미터 및 2,948제곱킬로미터의 해저열수광상 독점탐사권을 확보하였다. 1988년 남극 킹조지섬에 11개 동의 남극세종과학기지를 준공했고, 2002년 북극 스발바르 군도의 니알슨에 실험실 4개 동 규모의 다산과학기지를 건설하였다. 다산과학기지는 북극기후, 생물연구 및 해양자원탐사를 주목적으로 한다. 2014년에는 남극 테라노바만에 면적 4,458제곱미터, 건물 16개 동으로 구성된 장보고기지를 준공하였다. 장보고기지에서는 빙하, 오존층, 미생물 및 천연물질을 연구하게 된다.

3. 해양개발기본계획의 수립

2005년 해양개발기본계획은 13개 부처가 참여하여 21세기를 위한 해양수산개발비전을 제시했는데 우리나라 최초의 종합적 해양정책이라고 할 수 있다. 해양수산 발전의 기본과제는 해양국토의 경영혁신, 해운산업의 경쟁력 확보, 해양자원의 지속가능한 개발 및 이용, 지식 중심의 해양행정체제의 확립이었다. 기본과제는 다음과 같다.

- 연안통합관리계획으로 전국 연안을 권역별·기능별로 통합관리하며 계획에 따른 관리방식을 채택한다.
- 200해리 시대에 걸맞은 해양주권관리를 위하여 EEZ 및 대륙붕 경계획정에 대비하고, 해양경찰력 및 해군의 경비체제를 강화하며 체계적이고 국제기준에 맞는 해양과학조사를 발전시킨다.
- 글로벌 해양기지를 개척하며 해양수질의 입체적 관리를 도모하고 해양생태계를 보전한다.
- 첨단해양과학기술의 산업화를 시도하며 고부가가치 해양산업 창출을 위한 과학기술력을 제고한다.
- 해운항만산업의 경쟁력 기반을 확충하고 동북아 물류중심기지를 구축한다.
- 수산물유통가공업의 고부가가치 산업화를 도모하며 해양관광산

업을 전략산업으로 육성한다.

- 기르는 어업을 정착시키고 활력 있는 어촌을 조성한다.
- 해양광물 및 해양생물자원의 상업생산기반을 구축하고 해양에너지자원의 실용화를 도모하고 해양공간자원 이용의 다변화를 꾀한다.
- 글로벌 해양수산외교를 주도적으로 전개하며 남북한 해양수산 협력을 활성화한다.
- 민영화·지방화 등 새로운 행정수요의 등장에 따라 지식중심의 효율적 해양행정체제로 개편한다.

해양개발기본계획은 최초로 세운 해양수산발전종합계획이며 법정계획이기도 하다. UN해양법협약이 발효되고 UN해양법협약 체제에 대응하기 위하여 해양수산부가 창설되었고 해양개발기본계획이 21세기를 위한 해양수산개발 비전을 제시했다는 점에서 의의가 크다.

해양개발기본계획은 그 구성요소인 해양공간관리, 해양환경관리, 해양생태계관리, 해양과학기술, 해양생물자원관리, 수로관리, 해운, 항만, 기르는 어업, 잡는 어업 등에 대한 지배력이 떨어지는 문제가 있었다. 각 구성요소는 특성이 다르고 개발단계 역시 중대한 차이점이 있다. 다양한 구성요소를 통합하다 보니 중요한 사항이 빠질 수밖에 없었다. 실천력 강화전략이 포함되었으나 이 부분이 대단히 미흡하였다. 계획을 실현하기 위하여 정부재정 56조 원을 동원하기가 어려웠고 실제로 해양개발기본계획의 작성자조차도 정부재정을 충분히 동원할 수 있다고 생각하지 않았다. 전문인력 양성 또한 일생 동안 보수와 명예가 수반되는 직업으로 양성하는 방식으로 가야 하는데 그렇지 못했으므로 전문인력 양성에 대한 방안이 부족하다고 할 수 있다. 해양개발을 위해서는 국가는 '개별적 행위'를 묶어 산업화하는 경로를 택해야 한다. 산업화 경로는 반복성, 지속성 외에도 위험부담과 수익이 민간으로 이동하게 된다. 위험부담과 수익이 이동하는 것은 상당히 곤란한 문제를 내포한다. 해양개발기본계획에 포함된 산업화 추진은 대부분 성공적이지 않았고, 상세부분이나 방법, 경로 등이 치밀하지 못한 점이 있으나 우리나라가 직면한 모든 이슈를 종합적으로 제시하고 우리나라 해양수산이 나아갈 방향을 제시하였다.

4. 분야별 해양정책의 실행, 평가, 그리고 과제

1) 해양영토관리

우리나라의 해양영토는 대략 육지면적의 4.5배에 해당한다. 우리나라의 해양영토 관련 주요 조치는 1952년 평화선 설정, 1970년 7광구 설정, 1974년 체결되고 2년 뒤에 발효된 2개의 대륙붕협정[1] 등이다.

1992년 발효된 UN해양법협약 제74조 제1항은 "서로 대향하거나 인접한 연안을 가진 국가 간의 EEZ경계획정은 형평한 해결에 도달하기 위하여 국제사법재판소 규정 제38조에 언급된 국제법을 기초로 합의에 의하여 성립되어야 한다"라고 규정하고 있다. 이 규정에 따라 전 세계 해양경계획정은 30%가 해결되었고 70%가 미해결로 남아 있다. 양 당사국이 '형평'을 다르게 해석하므로 합의에 이를 수 없는 것이다. 당초 이 조항은 강대국 입장이 반영된 결과로 분쟁해결능력은 좀 떨어

1 부산과 대마도 사이를 가르는 북부대륙붕협정과 일본의 항의로 7광구를 공동개발구역(JDZ)으로 명칭을 바꾸고 이를 공동개발하는 한일공동개발협정을 체결하고, 2003년 이어도과학기지 설치, 특히 공동개발협정에 따라 동 구역의 한국단독개발을 금지하였다.

진다. 200해리의 출발점인 기점과 기선은 당사국들이 자국에 유리하도록 바깥쪽으로 확장하려는 추세를 보이고 있다. 기선과 기점은 각국의 영토 안에 있고 과학기술적이고 수량이 많고 자주 변경하므로 타국의 기점 및 기선을 비판하기 곤란하고 인력과 시간이 많이 소요된다. 우리나라 기점 및 기선의 설정관리는 해양조사원이 담당하고 있는데 외국의 기점 및 기선을 비판하는 데는 자원이 부족한 실정이다.

황해의 EEZ경계획정과 관련하여 중국과 협의가 진행 중이지만 중국은 입장을 명확히 드러내지 않고 있다. 한국은 중간선(등거리원칙)을 주장하나 중국은 최심선, 육지면적 및 인구비례기준, 해안선 길이에 비례한 획정 등을 비공식적으로 드러내고 있다. 양측의 기점과 기선의 설정과 관련 간극이 매우 크고, 북한도 당사자가 되기 때문에 우리가 협상력을 확대하기에는 무리가 있다. “미래를 위하여 현재를 희생할 수는 없다”라는 중국 측 최고위층의 언급은 진의를 해석하기 어려우나 “현재의 해양영토경계획정을 위하여 분규를 피할 수 없다면 획정 협의를 나중에 하는 것이 낫다”라는 의미인 것 같다. 이는 중국이 육지경계분쟁을 해결했으니 이번에는 남중국해의 경계획정에 주력하고자 하고 동중국해나 황해의 문제는 가급적 뒤로 미루려는 것이다. 남중국해에서 중국의 의도가 명백히 노출되었는데 300만 제곱킬로미터의 해역 중 약 240만 제곱킬로미터의 해역을 중국 해역으로 외부에 표시하였다.

동해의 EEZ경계획정과 관련한 약사를 보면 1945년 맥아더라인(일본의 조업구역 설정), 1952년 샌프란시스코 미일평화조약의 발효에 따라 맥아더라인의 실효 및 ‘대한민국 인접해양의 주권에 관한 대통령 선언’(평화선 설정), 1952년 2월 미국의 평화선 불인정 통보 및 소극적 묵인, 1965년 한일국교정상화 및 한일어업협정, 1970년 7광구 설정, 1974년 북부대륙붕협정(부산과 대마도 사이의 해역) 및 한일공동개발구역(7광구, JDZ) 공동개발협정 체결, 1978년 2개의 대륙붕협정 발효, 한일공동개발협정 종기를 2028년으로 합의, 등거리원칙에 따라 7광구 분할가능성 제거, 2008년 중일공동개발계획[2] 발표, 2012년 '동중국해 대륙붕한계에 대한 정식문서'를 유엔에 제출 등이다. 오키나와 해구가 일본에 매우 가까이 있으므로 일본은 정식문서를 제출하지 않았고 한국은 "영토의 자연적 연장에 따라 우리나라 대륙붕은 오키나와 해구까지 뻗어 있다"라는 기본논리로 정식문서를 제출하였다. 특징적인 것은 중국이 정식문서를 제출하여 이 해역이 한중일이 경합하는 해역이 된 것이다. 이어도해역은 1987년 이어도 등부표 설치(해항청), 2001년 한중어업협정,[3] 2003년 이어도 해양과학기지 설치, 2011년 이어도 남서쪽 200킬로미터 지점(남서대륙붕의 경계)에 대형 쓰나미 부이[4] 16개 설치, 2013년 이어도수역의 방공식별구역 설정계획발표 등이 이루어졌다.

광의로 보면 여러 가지 경계가 해양영토관리에 포함되겠으나 방공식별구역, 해양지명, 조업구역, 대륙붕경계획정, EEZ경계획정, 영해획정 순으로 중요하다. 해로확보나 군사목적의 구역은 중요도 판별이 곤란하다. 해양영토획정에서 중요한 것은 영토획정 시 다른 국가이익이 고려된다는 것이다. 1965년 한일협정, 한일공동개발구역 공동개발협정은 경제원조 등이 고려되었다.

한중, 한일 관계에서 중국과 일본 모두 강대국이다. 군사력, 경제력, 공권력 등에서 우리나라보다 우월하며 국제적 의사결정과정에서도 우월하다. UN해양법협약은 재난방지, 학술목적, 사고예방 등을 위한 해양과학조사를 할 수 있도록 허용하고 있으므로 영토관리수단을

---

2 공동개발구역은 7광구를 포함한 대륙붕이다.

3 이어도수역을 한중공동조업구역으로 하였다.

4 부이는 해상에 부유하여 설치하는 재난을 예측할 수 있는 과학장비로 해저에 200톤 정도의 콘크리트 방괴를 투입한다. 장비에는 센서와 송출기, 발전기가 부착된다.

저강도, 저수준 수단 그리고 해양과학조사를 이용한다. 해양영토관리는 정부 주도보다는 민간인 주도 방식이 나으며, 군사력 및 공권력 수단보다는 과학조사, 학술, 여론 등의 수단을 이용하는 것이 낫다.

해양과학조사는 UN해양법협약에 따라 확실하게 인정되고 실행되고 있다. 정부(해양조사원)는 2001년부터 우리 EEZ 및 대륙붕 최외곽선을 따라 과학조사장비, 관측장비, 과학기지 등을 설치하거나 과학조사를 실행하는 사업을 수행하고 있다. 과학장비의 설치 운영 관리를 통하여 이해관계를 입증할 수 있고, 취득한 데이터는 대륙붕한계위원회에 제출할 자료를 작성하는 데 사용되었다. 이러한 방식은 제출자료의 공연, 평온한 취득요건(공개적인 방법으로 자료를 취득해야 하며, 상대국의 항의나 충돌이 없어야 한다)을 통과한 것이다. 정부는 이어도 남측 200킬로미터 지점에(7광구 및 중국 측 방향) 대형 쓰나미 부이를 16개를 설치 관리하고 있으며 러시아, 일본, 북한과 맞닿은 우리 수역에도 대형 쓰나미 부이를 설치하였다.

2003년 이어도, 2009년 가거초, 2015년 백령도에 과학기지가 설치되었고, 독도에 과학기지 설치를 추진하고 있다. 독도해양과학기지는 2013년 건설이 정지되었다. 7광구 해역은 과거 우리 정부가 미국 정부에 탐사권을 내주면서 7광구 해역이 일본 쪽으로 많이 진출하였다. 2003년에는 중국이 황해경계선 부근을 미국 기업에 탐사권을 주는 방안을 발표한 적이 있다. 양국의 갈등이 폭발하였다. 천안함 사고 이후 미국 항모가 황해에 진출했을 때 해양경계와 관련한 사항이 큰 이슈가 되었다. 군사훈련수역(상선, 어선 등의 통항금지수역)의 설정고시는 자국의 해양영토에 대한 내심을 드러내기 때문이다. 일본 의원이 독도에 오려 했을 때 '저강도 저수준 대응'이 타당한데 '고강도 고수준 대응'을 하는 우를 범하였다. 출입국담당 하급공무원이 입국을 거절하거나 차라리 입국허가와 입도허가를 해주는 것이 훨씬 나은 방법이었다. 고위

층이나 언론이 나서서 국민을 격동시키는 것은 하책인 것이다.

해양경계 및 해양지명과 관련한 국제기구에 우리 인력을 진출시키고 양성하였다. 우리는 해양영토관리의 방법을 해양과학조사, 해양재난관리, 학술연구, 문화예술, 민간인, 국제여론을 활용하고 있고 '저강도 저수준 대응원칙'을 가지고 있다. 해군이나 해경을 강화하거나 해양경비능력을 증강하는 것은 오히려 상대방을 자극하고 비용이 많이 소요되며 상대국을 압도하기 어렵다. 해양에서 구체적이고 지속적으로 지켜야 할 것이 있지 않으면 목표에 비해 과도한 투입이 될 것이기 때문이다.

2) 연안통합관리

일본이 1910년대에 공유수면조사령을 발령하여 오랫동안 우리 해면을 지배하던 관습법(관행)이 제거되고 서양식 공유수면관리방식이 도입되었던 탓에 해면 사용과 관련하여 일본과 충돌이 많았다. 또 정부는 갈등해소를 위한 권위를 갖지 못했고 기준을 제시하지 못했다. 이것이 오늘날 해양개발의 큰 장애요인이 되고 있다. 해면 사용과 관련한 갈등해소기준을 제시하는 것이 해양개발의 청사진을 제시하는 것만큼 중요하다.

연안통합관리는 발달한 과학기술을 채택하여 해양을 관리하는 제도이며 서양에서는 유효성이 인정되고 있다. 그러나 통합하거나 관리하려면 먼저 공간과 자원 이용에서의 갈등이 해소되어야 하는데 이것이 내단히 어렵나. 노 연안정비사업 역시 갈등 해소가 어려워 큰 효과를 보지 못했다. 연안통합관리를 하면서 손실보상을 병행할 재원이 없으므로 연안통합관리가 실효성을 갖지 못하게 된다. 더 심한 것은 재원을 배분할 기준이 없는 것이다.

충청남도 가로림만에 조력발전사업을 추진하고 있고 여러 곳에 해상풍력발전사업을 추진하고 있다. 사업의 타당성 조사나 환경영향평가, 해역이용 협의 등에서 독점배타적으로 사용할 공간의 가치를 비용으로 계산하지 않았으므로 사업의 타당성이 있는 것으로 나타났고, 이를 실행에 옮기면 갈등이 폭발하고 있다. 만약 육지에서 사업을 한다면 해당 토지임차료를 비용에 편입했을 것이다. 해면은 국가 소유지만 무가치한 것은 아니며, 해면에는 관행을 포함한 여러 권리가 복잡하게 얽혀 있고, 하나의 해면 사용이 타 사용에 대하여 부정적 영향을 미치는 범위가 육지의 16배 이상이 되며, 상린관계를 규정할 기준이 별로 발달하지 않았다.

바다목장화 사업은 일정해면(시범사업구역 20제곱킬로미터)에 어초 등을 투입하고 어류를 통제하는 장치를 설치하여 주로 정착성 어류 등을 기르는 사업이다. 대부분 양식구역 밖에 위치한다. 양식구역 밖의 일반 공유수면은 'first come, first served' 원칙이 지배하는데 정부가 특정인에게 독점배타적 사용을 전제로 수면 사용을 허가해주는 것이 과연 타당한지, 허가를 해줌과 동시에 정부가 그 해역 이해당사자에게(어업, 관광, 레저, 항행 등) 보상을 해야 하는 것은 아닌지, 바다목장구역에서 성장한 물고기가 반드시 바다목장주의 소유인지, 산란 부화는 다른 곳에서 하고 이동해 와서 그 수역에서 성장한 경우에도 목장주의 것인지 등에 의문이 있다. 인근에 선박이 고속으로 항행하거나 태풍이 내습하면 바다목장의 물고기 통제가 되지 않는 경우가 있고, 바다목장의 경계선에서 미끼를 놓고 물고기를 유인하여 낚시를 하는 경우에 다툼이 생기고 있다. 바다목장화 사업은 정부가 정부 재원으로 수행하고 혜택도 전 국민이 받는 것이 타당하다.

자율관리어업은 일정해역에서 기존의 어업을 행하던 사람들이 자율적으로 그 어장을 관리한다는 것이다. 자율관리만 해야 하는데 그

어장이나 어류 등을 독점배타적으로 소유하려고 한다. 국가는 자율관리를 하는 사람에게 어장과 물고기를 독점배타적으로 줄 권한이 없다. 자율관리어업자는 선박통항이나 레포츠, 레저낚시 등을 금지하지 못한다. 또 기존의 어업을 행하지 않던 사람이 자율관리어장에서 새로이 어업을 하려고 하면 그 사람에게 자신과 동등한 자율관리의무를 부담시킬 수는 있으나 신규자를 봉쇄하는 것은 불가능하다. 자율관리어업은 자율어업독점으로 가지 않도록 유의해야 한다.

우리나라는 조류발전에 상당히 유리한 점을 가지고 있다. 그런데 노끈, 비닐, 기타 쓰레기가 조류발전에 큰 장애가 되고 있다. 또 선박의 스크류가 회전하다 보니 끈 같은 것이 걸리기 쉽게 되어 있고 사고가 나서 피해가 발생한다. 불특정 다수로부터 온 쓰레기이기 때문에 현실적으로 배상을 받을 수 없다. 여객선 같은 것은 사고방지를 위해 스크류에 철망을 씌우기도 하는데 기름 값이 12% 정도 더 소요된다. 23년 전 서해페리호 사고는 이 선박이 어업수역을 통과하면서 버려진 어업용 로프가 스크류에 감겨서 선박이 균형을 잃고 침몰한 것이다.

발전소 온배수 문제는 그 규모가 매우 크다. 해수를 끌어들여 발전소 폐열을 식히고 덥혀진 물을 바다로 배출한다. 알, 포자, 미생물 등이 박멸되고 온배수가 해양생태계에 직접적 충격을 준다. 배수온도의 차이에 따라 인근어업 해양생태계에 큰 영향을 주고 분쟁이 끊이지 않는다. 원칙적으로 공간을 분리하여 문제를 해결할 수밖에 없다. 국가가 배출온도, 배출량, 배출구 위치, 배출구를 둘러싼 전용수역 인정, 전용수역 밖에서의 어업피해는 일정 금전지급으로 한정하는 등 공간과 자원 이용에서의 갈등을 해소하기 위한 기준을 만들어야 한다. 외국의 사례와 같이 발전방식이나 냉각방식의 개선을 포함하여 조치를 할 수 있다. 우리나라는 수십 년간 문제를 숨겨왔으며 국가사회적 비용을 많이 지불하였다.

외해양식(offshore aqaculture)은 먼바다에서 폐쇄된 시설을 이용하여 양식하는 사업이다. 해면사용허가를 받지 않고 수산업법에 의하여 양식허가를 받아서 하는 것이 문제이다. 수산업법은 해면사용허가를 하는 법률이 아니고 양식허가를 하는 법률이다. 육상에서 공업허가를 받았으면 그 토지를 매수하든지 임차해야 하고 건축허가를 받아야 한다. 해면사용허가를 받지 않았으므로 해역이용협의와 같은 공간과 자원 이용에서의 갈등 해소 절차를 이행하지 않게 되므로 재난예방용 지리정보시스템(GIS)이나 수로교통의 항행통보제도에서 항해장애물로 표시되지 않는다. 사고나 인명피해가 우려되고 사고 시 배상문제 해결이나 조정을 어렵게 한다.

간척은 대규모 만 같은 장소를 방조제로 막고 썰물 때 방조제 안쪽 물을 자연배수하면 이론적으로 조석 차이만큼의 방조제 내측수위가 내려가고 토지가 드러난다. 우리나라 평균 지형경사도가 1000분의 1이므로, 만약 조석차가 4미터라면 원래의 해안선에서 바다 쪽으로 4킬로미터의 간척 토지가 생기고 이것을 이용하는 것이 간척이다. 당초 공유수면관리 및 매립법은 간척과 매립을 구분했으나 지금은 매립이라는 용어로 통일하고 있다.

농지개량조합은 오랫동안 농민들로부터 물 사용료(수세)를 받아 농지개량사업을 해왔다. 물 사용료는 동학혁명의 단초가 되었고 일제강점기에는 농민수탈의 수단이 되었다. 농민들이 1987년부터 수세거부운동을 벌였고 정부에서 "국고에서 수세수입분을 농지개량조합에 주겠다"라고 해서 농민으로부터의 수세징수는 1999년 완전히 폐지되었다.[5] 그런데 정부가 그 돈을 줄이다 보니 농촌공사는 운영재원이 모자

5 골프장으로부터의 물 사용료 징수는 존속하고 있다.

랐다. 1991년 공유수면매립법 시행령을 개정하여 농업용 간척면허권한을 농림부장관이 행사하도록 하였다. 농림부장관은 전국 해안 중 거의 모든 만 또는 굴곡진 곳에 대하여 간척면허를 자신에게 부여하고 면허권을 농촌공사가 대행하게 하거나 농촌공사에 간척면허를 부여하였다. 농촌공사는 간척을 행한 뒤 이 땅을 팔아서 공사 사업비로 사용하게 되었다.

대체로 '만'은 산란장으로서 해양생태적으로 중요하고 생산성이 높은 장소인데 돈을 들여 생산성이 낮은 농지로 전환하게 되었다. 해안가는 담수가 부족하고 염기 때문에 농사를 짓기에는 비용이 많이 든다. 10여 년의 노력 끝에 2003년 농림부장관의 간척면허부여권한은 삭제되었다. 사실은 1962년 1월 20일 공유수면매립법이 공포될 당시 "공유수면매립권은 국토건설부장관이 관장하되 농업 및 수산업에 관한 것은 농림부장관이 관장한다"라고 규정하고 있었다. 1966년 8월 3일 공유수면매립법을 개정하여 "공유수면매립권은 건설부장관으로 일원화한다"라고 규정하였다. 1966년과 2003년 법령개정이 있었으나 이미 부여된 간척면허는 어찌할 수 없었기 때문에 수많은 간척지가 존재하고 있다. 일제강점기에 준공한 간척지 면적은 4만 877헥타르이고, 1946년부터 2001년까지는 7만 5,770헥타르, 2001년부터 진행 중이거나 개발계획으로 있는 간척지는 8만 1,095헥타르이다(이건휘, 2008).

간척지가 생산성이 낮고 또 간척지 인근의 개발이익을 흡수하고 있으므로 토지용도를 기업도시용지 등으로 전환하여 간척지를 팔아 비용을 회수하려는 동기가 강화되었다. 결국 간척지 용도변경에 관한 문제이다. 공유수면관리 및 매립법은 준공 후 20년간 간척지 용도변경을 금지하고 있으나 실제로 국가 차원에서도 이 규정을 준수하기 어렵다. 이 규정은 '도덕적 해이'가 조장 강화되지 못하게 하는 것이며 농촌공사의 불로소득을 제한하기 위한 것이다. 그러나 국가 공간을 효율적으로 이용해야 한다는 원칙을 반영하지는 못했다. 간척지 문제는 향후 20년간 해양정책이 해결해야 할 중요한 문제가 되었다.

간척지는 표고가 낮아 항상 침수위험이 있어 인구밀집시설이 들어오면 안 된다. 간척지는 방조제로 형성되었고 방조제는 영구히 관리되어야 하고 누군가 비용을 부담해야 한다. 간척지는 분필(分筆)하는 것이 곤란하고 소유권은 국가나 공공기관이 가지고 있어야 한다. 해안가는 물 부족 지역이므로 원래의 목적대로 밭농사나 목축에 적합하지만 이미 인근 개발이익이 간척지에 귀속되어 용도전환이 될 수밖에 없게 되었다. 간척지에 농사를 지으면 투자비 회수가 불가능하다. 간척지 용도변경이나 매각 때문에 공유수면관리 및 매립법의 원칙을 바꾸라는 요구가 끊이지 않는다. 간척지의 소유권 이전, 용도변경, 방조제 관리문제, 토지표고 및 안전문제, 이익귀속과 비용부담문제, 공용부담 설정문제 등 민감한 문제가 남아 있다.

3) 해양환경관리

육상에서 발생하여 해양으로 유입되어 해양을 오염시키는 원천(물질)은 전체 해양오염원의 80% 이상으로 추정된다. 해양으로 배출되는 생활하수, 공업폐수, 하수처리장의 처리수, 폐수처리장의 처리수, 발전소 온배수, 하수구를 통해서 해양으로 유입하는 오수, 하천 및 소하천을 통해서 해양에 유입하는 오수, 축산폐수, 쓰레기 그리고 해수욕장이나 친수공간에서 바다로 유입되는 쓰레기, 국가가 허용한 해양배출(해양덤핑), 해안가의 농지 등으로부터의 비료, 농약, 도로로부터 유입되는 기름, 기타 유출경로가 명확하지 않은 비점오염원 등이 육상에서 기인하는 오염원이다.

해양환경을 개선하려면 비중이 큰 육상에서 기인하는 오염원을 통제해야 한다. 이 육상기인 오염원은 소득이전을 시키는 효과가 있으며 오염자 부담원칙을 적용하기 곤란하다. 만약 하수, 폐수, 온배수, 해양 덤핑에 부담금을 부과하면 도덕적 해이를 제거할 수 있고 해양환경을 크게 개선할 수 있다. 부담금으로 해양환경개선사업을 하면 두 배 이상의 효과가 있을 것이다. 불특정 다수가 관계되는 오염원에 대응하기 위하여 윤리운동이나 캠페인을 하면 사회적 낭비를 제약할 수 있다.

해양수산부는 2001년 '육상기인오염물질의 해안배출관리법'을 입안하여 국회에 제출했는데 환경부 및 폐수, 하수를 많이 배출하는 공장 사업주의 격렬한 저항에 부딪쳤다. 이들은 오수, 폐수를 관로를 이용하여 해양에 버리고 있었고 폐수처리장이나 하수처리장이 설치되어 있어도 운영비를 절약하려고 운영을 하지 않아 미처리수를 해양에 배출하고 있었다. 환경부는 환경주도권이 해양수산부로 이동하는 것을 우려하였다. 이들은 돈을 걸어 조직적으로 법안을 방해하였다. 육상기인 해양오염원을 통제하려는 것은 세계적 추세이다.

4년간의 치열한 공방전 후에 타협을 선택하였다. 육상 기인 오염물질의 해안배출관리법을 제정하는 대신에 해양환경관리법을 개정하여 육상기인 해양오염원 통제를 위한 장치를 삽입하였고, 마산만 및 시화호 지역에 '해양오염총량제'를 실시하도록 하였다. 부담금을 징수하는 것은 어려워졌지만 그래도 육상기인 해양오염원 통제를 위한 기본도구를 마련하였다.

해양수산부는 2012년 열린 여수엑스포 준비를 위하여 광양만, 여수신항, 여수구항, 전남 동부해안(장흥 이동지역)에 대하여 전 시군의 참여하에 육상기인 해양오염원 통제를 강력히 시행하였다. 전 하수처리장, 폐수처리장, 자가 처리 설비를 갖춘 공장주 등이 자율목표설정, 결과보고회 등을 하였고, 관공서의 감시감독을 시행하였다. 그리고 여수엑스포 개최를 위한 충분한 해양수질을 확보하였다.

우리나라는 해수욕장, 해안공원, 갯벌, 기타 친수공간이 매우 부족하다. 연도별 해수욕장 이용객을 보면 2008년 8,794만 4,000명, 2009년 9,060만 명, 2010년 9,083만 명, 2011년 7,808만 명, 2012년 7,327만 명이다(권문상·강길모, 2014: 191). 서양과 달리 우리 해안은 양식장이나 공장, 주택들로 메워져 있어 해양으로의 접근이 쉽지 않다. 이 접근권은 사실 헌법상 중요개념으로 다루고 있다. 장애를 제거하여 친수공간을 마련하는 일, 그곳에 전기, 수도, 주차장, 화장실, 쓰레기장을 마련하는 일, 수질이나 경관 등을 관리 개선하는 일은 상당히 중요하다.

해양수산부는 2002년 COD, DO, 암모니아 등 5개 항목으로 한 '해수욕장수질기준'을 발표하였다. 수질기준 측정방식(측정시간, 측정공간, 단위측정점이 측정하는 면적, 측정기기 등)을 규정했으며 해수욕장 수질 측정 및 관리를 위한 업무와 책임을 분담하였다. 탁도는 황해와 동해가 체계적으로 달라 일반적 기준을 만들기가 어려웠다. 암모니아를 기준항목에 넣은 것은 해수욕장으로부터 분뇨, 축산분뇨를 통제하기 위한 것이었고, 해수욕장 인근의 배출구를 봉쇄 또는 이전하는 수질개선 사업의 기초를 놓은 것이다. 수질측정 결과를 발표하도록 하여 국민의 선택권을 넓히고 지자체 및 이해관계자 역시 해수욕장 수질개선에 노력하도록 하였다.

공유수면관리 및 매립법은 지적외곽선과 평균만조수위선 사이의 공간에 영구시설물 건축을 금지하고 있는데 해수욕장 등에 한하여 이 규제를 해제해야 할 것이다. 해수욕장 등을 관리하기 위해서는 양식장 제거, 배출구 이전, 접근도로 개설, 주차장 건설 등이 이루어져야 한다. 또, 시설물 유지관리에 비용이 소요되므로 정부 재정지원과 유료화(입장료)를 검토해야 한다. 관련규정이 없으므로 필요성이 인정되는 인천광역시, 서귀포시, 태안군 등에 대하여 유료화를 허용하고 요율을 제한하였다.

1996년 해양수산부와 환경부는 습지보전법을 공동발의하였다. 2007년 4월 5일 해양수산부는 야생동식물보호법의 해양생물 부문과 자연환경보호법의 해양 부문을 합하여 '해양생태계의 보전 및 관리에 관한 법률'을 시행하였다. 습지나 해양생태계를 포함한 해양환경의 일반적 보호방법은 해역이용협의나 해양환경영향평가 등 절차적 방법을 활용하고 있으나 개발압력을 감내하기 어려운 실정이었다. 습지보호구역 등과 같은 특별히 중요하다고 생각되는 한정된 구역 내에서 규제자원을 총동원하여 습지나 해양생태계를 보호하는 방법은 위 개발압력을 능가할 수 있는 장점이 있다.

해양수산부는 2001년부터 35.6제곱킬로미터의 무안습지보호구역, 진도습지보호구역, 신두리사구해역 생태계보호구역, 문섬 주변 해역의 해양생태계보호구역 등 6개의 보호구역을 지정하였다. 2014년 기준으로 습지보호구역은 12개, 총면적은 219제곱킬로미터, 해양생태계보호구역은 9개, 213제곱킬로미터이다(권문상·강길모, 2014: 43-44). 보호구역관리방식을 도입하고 관리책임자를 선정하고 업무를 분담하였다. 습지안내인 등의 자격기준과 양성방안, 보수기준 등을 설정하였다. 보호구역 관리예산을 확보하여 보호구역 관리 및 환경개선사업을 하도록 하였다. 그 후 보호구역 지정이 활발하게 이루어졌고 여러 문제에도 불구하고 상당히 성공적이었다.

보호구역 내 또는 인근지역에서 전통적 생활양식을 허용하는 것은 문제가 없었는데 이미 불법어업권이 있거나 위법행위가 행해지는 경우에는 단속과 처벌 때문에 충돌이 불가피하다. 지역유력자가 불법행위를 하고 있는 경우가 많아 보호구역의 지정 관리가 쉽지 않았다. 또 지정기준을 정할 때 '생태적으로 풍부한 지역, 해양생태관리에 중요한 지역, 향후 생태관리에서 중요해질 지역'이 우선순위 경합을 하였고 혼란이 있었다. 진도군은 섬 전체를 거의 매립하여 농지로 만들었고 두

군데의 습지가 남아 있었다. 그 습지는 생태적으로 풍부한 지역이 아니었다. 그러나 이곳을 습지보호구역으로 지정하지 않으면 곧 진도군에 습지는 존재하지 않게 된다. 2002년 진도습지보호구역을 지정했는데 감사원이 육지생태학자를 동원하여 "생태적으로 풍부하지 아니한 지역을 보호구역으로 지정했다"라고 감사결과를 통보하여 오랫동안 마찰이 있었다. 지정방식과 관련하여 런던의 그린벨트 사례와 같이 상당히 먼 외곽을 그린벨트로 지정하여 세월이 흐르면서 도시가 팽창해도 애초 지정된 그린벨트 이상으로 팽창하는 것을 억제하는 방식을 검토하자는 의견이 있었다. 시야를 50년이나 100년 뒤로 확대하자는 의견이었다.

해양쓰레기는 환경, 관광어업, 조류발전, 항행, 기타 해양활동에 부정적 영향을 미친다. 생활쓰레기인지 산업폐기물인지를 가리지 않고, 육상기인인지 해상기인인지 가리지 않는다. 다만 침적쓰레기와 부유쓰레기(외국 등에 광역적으로 영향을 미친다)를 구분하고 부패 여부를 구별한다. 특히 플라스틱류는 지속성 때문에 분별의 효과가 있다.

부유쓰레기가 해류를 타고 대마도 등 일본 서안으로 가는데 일본의 불만을 달래기 위하여 해양쓰레기 수거처리 예산을 투입하고, 한일환경협력을 진행하였다. 또 중국, 인도네시아 등 외국에서 발생하여 한국에 표착하는 해양쓰레기에 대하여 특정장소를 지정하여 모니터링을 실시하였다.

침적쓰레기는 해저에 오랫동안 쌓여 있어서 지속적으로 해양생태계를 파괴하고 있었다. 플라스틱, 그물, 어구, 밧줄 등은 수십 미터가 쌓여 있다. 수거량이 한 장소에서 수천 톤에 이른다. 해양쓰레기사업은 지역이기주의, 복잡하고 다양한 법률체계, 규모의 경제, 기술 부족 등에 의하여 지장을 받고 있으나 사업성과가 좋아서 많은 지지를 받고 있다.

해양정화복원사업은 과거에 수저오니준설사업이라고 했는데 청초호(도시해안)해양정화복원사업과 여수선소인근해역사업 그리고 부산 남항산업사업을 최초로 시행하였다. 청초호는 육상에서 유입된 유기물이 4미터 정도의 오니층을 이루고 있었고 악취가 나고, 수중에 용존산소가 거의 없었다. 일종의 시궁창 해안이었으므로 주거환경이 열악하고 상가에 손님이 적었다. '청초호 유원지 개발사업'은 당초 1994년에서 1999년까지 속초시가 744억 원을 들여 33만 제곱미터를 개발하는 것이었다. 육상기인 오염물질이 통제되지 않았고 청초호 수저에 두꺼운 오니층을 제거하지 못해 성공적이지 못했다. 2000년에 새롭게 추가한 청초호사업의 골격은 다음과 같다.

1) 지자체는 하수처리장을 신설하고 관로를 매설하여 육상기인 오염물질이 청초호에 유입되지 않도록 한다. 정부는 지자체의 재원을 도와주며 하수처리장의 해안배출구 설치를 허가한다.
2) 정부는 청초호 오니층을 제거하고 해수유통을 보강한다. 청초호 주변을 개발하고 재원을 준비하기 위하여 일부 구역에 매립면허를 해주고, 수거한 오니를 해양투기(덤핑)할 수 있도록 해준다.
3) 지자체는 청초호로 유입하는 하천을 관리하고 또 하천으로 유입되는 오수 등을 통제하거나 관로를 설치하여 하수처리장으로 보낸다.

시차는 있었지만 정부와 지자체가 모두 약속을 지켰고 개발은 성공적이었다. 청초호 주변은 모이는 사람이 많아졌고 주변 지가와 건물가가 크게 상승하였다.

정부는 해양정화복원사업에 설계기준 설정, 설계제도 도입, 감리제도와 준공제도를 도입하였다. 설계기준을 만들려면 직무분석을 해서 자격제도와 인건비, 물건비 기준, 평균기술 수준 등을 정해야 하고, 이를 위해서는 과학적 데이터가 있어야 하는데 우리나라에는 이러한 데이터가 없으므로 어쩔 수 없이 자의적인 자격제도 및 보수기준, 인건비, 물건비 기준 등을 사용하여 설계기준을 작성하였다.

해양정화복원사업은 그간 실효성이 적었던 연안정비사업, 해양환경개선사업, 특별관리해역 개선사업, 습지개선사업, 수산양식장 수저오니제거사업 등을 종합적이고 구체적으로 수행할 수 있는 잠재력이 있다. 다른 사업들은 대체로 공간과 자원 이용에서의 갈등을 해소하는 능력이 떨어진다. 육상의 도시재생사업 틀을 도입하여 해역재생사업을 실시하고, 각 법률의 특례를 규정하면 실효성 있고 종합적인 해역개선사업이 될 것이다. 이 사업은 해역생산성을 배가하는 사업성과를 창출할 수 있고, 돈의 흐름(수익의 귀속)과 행동동기를 조절할 수 있고, 정부의 정책수단을 동원할 수 있으며, 해양과학기술을 직접 투입할 수 있다는 점에서 잠재력이 크다.

해양덤핑은 오·폐수, 오·폐수처리 잔재물, '음식물쓰레기 처리 후 잔재물', 산업폐기물 등을 바다의 일정장소에 최종 처분하는 것이다. 폐기물해양배출 현황을 보면 2008년 617만 세제곱미터, 2009년 479만 세제곱미터, 2010년 448만 세제곱미터, 2011년 397만 세제곱미터, 2012년 231만 세제곱미터이며 음식물폐수 및 유기성 오니가 90% 이상을 차지한다(권문상·강길모, 2014: 78). 의도적 배출이고 사전에 계획되고 국가가 허용하는 배출이다. 경제적으로 규모가 매우 크며 우리나라 산업경쟁력이나 산업의 채산성과 중요한 관계에 있다. 예컨대 '음식물쓰레기 처리 후 잔재물'은 고춧가루, 소금, 물로 구성된다. 음식물쓰레기 처리업자가 이것에 열을 가하여 분말로 만들고 소각처리해야 하는데 지금 받고 있는 음식물쓰레기 처리비로는 감당이 되지 않는다. 많은 잔재물이 하수구나 하천으로 흘러가고 많은 비용을 발생시킨다. 이 잔재물을 해양덤핑하면 유기물은 2주 정도면 완전 분해되고 소금은 원래 출발지가 바다이므로 별 문제가 없다. 또 화학공업의 촉매나 축산업의 성장촉진제의 전달체로 사용되었던 구리, 납, 티타늄 등 중금속은 분해되지 않으나 육상이나 사람 인근에 두는 것보다 좀 떨어진 해저에 두는 것이 20배나 안전하고 나은 방법이다.

미국과 같이 큰 나라는 사막과 같이 안정된 지형에 폐기물을 적치하고 있으나 우리나라는 사막이 없는 데다가 인구가 밀집해 있고, 강수량이 많아 폐기물의 이동확산이 우려된다. 폐기물은 대체로 생산품의 양에 비례하여 발생하고 있으며 이것을 최종처분하려면 소각처리해야 하는데 비용이 많이 들고 소각장이 많지 않다. 구제역에 걸린 가축을 매몰처분하고 있는데 지하수오염 등 큰 문제점을 안고 있다. 원래 매몰은 금지되어 있는데, 폐기물은 다량으로 발생하고, 소각장은 없고 비용이 많이 소요되므로 별 수 없이 매몰처분하고 있다.

해양을 중요도에 따라 공간 구분하고 그중에서 가장 중요도가 떨어지는 해역을 투기장으로 지정하였다. 이 투기장은 우리나라 육상 어느 장소보다 안정적이고 사람과 접촉확률이 적은 장소이다. 폐기물 발생을 줄이려면 기술진보가 있어야 하고 단기간에는 불가능하다. 해양덤핑은 일자리, 산업경쟁력, 대안의 부재 등을 고려하여 고안되고 실행되었다.

2002년 해양덤핑을 1) 폐기물 수집 및 공장 등 직접 배출자, 2) 폐기물 운송과 보관, 전처리, 3) 해양배출사업자, 배출용 선박 및 선원, 4) 투기장 지정 및 관리, 5) 환경 및 사업자에 대한 감시 감독의 책임자와 책임배분 등으로 분리하여 각 구성요소를 정밀하게 정비하였다. 그리고 같은 해 9월에 해양덤핑 양에 대하여 해양환경개선부담금을 부과하였다. 축산폐수의 경우 톤당 2,124원을 부과하였다. 당시 연평균 200

억 원의 부담금이 수집되었는데 이 돈을 해양환경개선사업에 투입하였다. 당시 폐기물을 육상처리하는 데 소요되는 비용과 덤핑에 소요되는 비용을 계산했던바, 덤핑방법이 6배 정도 저렴하였다. 부담금을 부과하면 약 3.6배 저렴해진다. 사실은 고율의 덤핑부담금을 부과하려 했으나 배출사업자, 해수부 내부의 반발이 거셌으며 규제완화 차원에서도 반대가 있었다.

2012년 런던덤핑협약의 압력과 국내의 덤핑반대자들의 의견을 수용하여 해수부는 해양투기를 금지하거나 극히 제한하는 조치를 시행하였다. 해양배출 허용에서 금지로 변경한 것은 사실 좀 더 세련된 형태를 취했어야 했다. 해양배출을 금지하더라도 폐기물 발생은 감소하지 않는다. 육상에 소각장이 많이 있어야 하는데 그 수가 부족하고 소각비용이 덤핑비용보다 3.6배나 더 소요된다. 한계기업은 도산하고 일자리가 줄어든다. 아니면 하수구로의 방류 등 불법배출 행위가 증가하고 단속되지 않는다. 소각비용을 줄이려면 결국 국가재정이 투입되어야 하는데 단기간에 비용을 줄이기 어렵다. 육상기인 해양오염원에 대한 통제가 잘 작동했어야 했다. 해수부 및 환경부의 환경감시대를 증강하고 감시활동을 강화했어야 했다. 해양투기장의 오염은 줄겠지만 하천, 호소, 육상, 도시해안 등 해안해역의 오염이 가중된다. 해양환경개선 재원이 없어진다. 해양폐기물 수집망이 없어지고 해양배출사업이 없어진다. 결국 이념과 명분에 치우쳐 고비용 처리를 강요했고 마땅한 처리대안이 없고 유효한 통제수단이 없으므로 전국적으로 오염을 확산시킨 것이다. 육상 기인 해양오염원 통제를 강화하고 해양배출(덤핑)사업자로 하여금 조합을 구성케 하여 소각장 및 쓰레기장을 설치·운영하도록 했다면 훨씬 좋았을 것이다.

4) 해양과학기술의 응용 및 산업화, 해양생물자원관리

해양 R&D 사업과제 및 투자현황은 2006년 131건 679억 원, 2008년 191건 1,223억 원, 2010년 166건 1,543억 원, 2012년 147건 1,940억 원, 2014년 211건 2,730억 원으로 건수와 투자금액이 크게 증가하고 있다. 해양 R&D 투자의 성과가 가시화되고 있는데 성과를 SCI(건) 및 특허등록(건)으로 평가하면 2007년 175건 122건, 2008년 136건 65건, 2009년 222건 37건, 2010년 254건 73건, 2011년 335건 106건, 2012년 445건 131건, 2013년 605건 205건으로 SCI나 특허등록이 공통적으로 증가하고 있다. 최근에 원천기술개발 및 기술이전 등의 실적이 증가하고 있는데 2010년부터 2013년까지 총 103건의 기술실시계약을 체결했고, 276억 원의 기술료가 발생하였다. 해양 R&D 투자를 통하여 확보한 기술은 선박평형수 정화기술, 수중무선통신시스템, 해수리튬추출기술 등이며, 세계적으로 기술우위를 확보하였고 세계시장을 선도하고 있다. 또 해양바이오수소생산기술, 홍합유래생체접착제, 복합나노섬유생산, 중형위그선, 밍크고래유전체 해독 등은 세계 최초의 기술개발 사례이다(해양수산부, 2014).

해양과학기술에 많은 재원이 투입되었고 R&D 성과가 도출되었음에도 그 성과가 충분히 응용되지 못하고 산업화되지 못했다. 새로운 기술이 응용되거나 산업화되려면 설계가 가능해야 하고 설계가는 결국 특정 기술의 가격을 반영한다. 사회가 지불하기로 생각한 기술의 가격이 된다. 설계가 가능하려면 설계기준이 마련되어야 하고 설계기준은 인건비와 물건비, 기술비의 계산방식이기도 하다. 인건비는 자격이 요구되는 경우의 보수기준과 통상인건비로 구분된다. 자격과 보수는 엔지니어링 대가 기준과 같이 난이도, 소요 훈련량 등에 따라 달라지고 법령 고시 등으로 정해져 있다. 인건비를 정하려면 업무

분석을 해야 하고 업무분석을 하려면 기초적 학술 데이터가 있어야 한다. 그런데 우리나라에는 기초적 학술 데이터가 없는 경우가 많다. 정부가 예산을 편성할 때는 편성지침과 편성기준에 따르는데 대체로 신기술이 관련되면 자격과 보수기준이 없는 경우가 일반적이고 관계부처에도 참고할 만한 기준이 없으므로 종전의 방식으로 예산을 편성하고, 예산집행도 종전의 방식으로 하게 되어 신기술은 응용되지 않는다. LED 전구로 백열등을 대체하려고 했을 때 LED 전구가 포함된 설계가 예산에 반영되는 데 약 10년의 세월이 소요되었다.

세계 생명공학산업시장은 매년 20% 이상의 고성장을 지속하고 있다. 선진국은 생명공학을 21세기 국가전략산업으로 선정하고 육성하는 데 힘을 쏟고 있다. 2010년을 기점으로 생명공학의 중점 연구대상은 육상생물에서 해양생물로 이동하였다. 해양생물이 종수 면에서 20배 이상 많고, 특이성 면에서 육상생물보다 훨씬 다양하고 풍부하며 연구가치가 높다. 생명공학은 전 세계를 범위로 경쟁하므로 열매가 대단히 크지만 국가적으로 준비해야 할 것이 많다.

해양생명공학을 발전시키려면 해양생물 분류 및 분석 연구인력, 유전자은행 및 표본은행 등 적절한 시설, 장비, 정밀하고 풍부한 해양생물정보시스템, 해양생물을 개발·발전시킬 R&D 인력, 저변 확대를 위한 인식 제고 및 차세대 육성, 지속적이고 충분한 재원, 최적의 성장경로를 발굴하고 해양생명공학의 구성요소를 조직화하는 리더그룹 등이 필요하다. 우리나라는 기초기술적인 면에서 크게 뒤져 있으며, 벤처나 응용부문은 활기를 띠고 있다. 그러나 인프라 측면에서는 거의 백지상태이다. 2005년 일부 연구자는 우리나라 생명공학기술이 선진국의 50% 정도라고 평가하기도 했다. 우리나라에 생명공학 전공자가 몇 명 되지 않은 현실을 보면 이 평가는 과다한 것이다.

2015년 국립해양생물자원관이 출범하였다. 이 해양생물자원관은 미국 메릴랜드 포토맥 지역의 바이오벨트를 모델로 했으며 해양생물자원의 분류 및 분석인력, 표본은행과 유전자은행 운영, 해양생물정보시스템 운영, 해양생물 R&D 인력, 해양생물전시관 운영 등을 준비하였다. 설비 및 시설의 준비 부족, 해양생물자원정보의 부족, 해양생명공학인력 부족, 재원 부족과 무경험 등 많은 문제점에도 불구하고 생명공학 인프라를 확충했다는 점에서 의의가 크다.

5) 수로관리

수로는 도로, 철도, 공로에 비해 역사가 길며 인류 문명을 좌우해왔다. 수로관리를 위하여 그 시대 최고의 지혜와 경험이 투입되었다. 국가 간 교역이나 식민지 건설을 위하여 처음 하는 일은 수로측량선을 파견하여 수로를 조사하는 것이었고, 실제로 구한말, 외국 수로측량선의 측량행위 때문에 전투가 벌어지곤 하였다. 항만이나 해안개발, 도시개발 등을 위하여 먼저 고려해야 하는 것이 수로이다. 많은 국가가 최초로 설치한 국가기관은 수로국이다. 미국은 독립 전에 이미 수로국을 설치했으며 우리나라도 해방 전에 미해군 소속의 수로국이 있었고, 1949년 11월 1일 해군본부 작전국 수로과로 있다가 1953년 3월 20일 해군 수로국이 되었다. 우리 상선대가 커지고 중요해지므로 1963년 10월 10일 교통부 수로국(외국)으로 변경되었고, 1996년 해양수산부 수로국(국립해양조사원으로 명칭 변경)이 되었다.

수로관리를 위하여 수로기준이 있는데 수로기준은 국제수로기구의 동세를 받아 회원국이 임의로 기준을 변경할 수 없다. 수로기준은 수로 깊이, 수로 높이, 수로폭, 수로 곡률, 유속, 유향 등으로 구성된다. 수로기준은 최저기준이므로 수로기준의 하위 항목의 한 가지라도 저촉되는 기준미달 수로에는 선박이 항행해서는 안 된다.

해도는 육상지도와 달리 법정문서이며 항해구역의 해도를 소지하지 않으면 처벌된다. 해도는 국가 전 해역을 측량 및 관측하여 제작·유통하며 선장 등은 자신의 선박의 제원을 고려하고 해도를 해석하여 수로를 선정할 수 있다. 어선이나 전투함을 위해서는 특히 정교한 해도가 있어야 한다. 해도 보정 및 유통은 시간이 소요되므로 그 기간 중의 변경사항에 대하여는 항행통보를 하여 안전사고가 발생하지 않도록 한다. 항로표지시설은 원래 등대 무인표지시설 등 수로표지시설이었는데 나중에 항만 VTS와 같은 해상교통시설과 함께 해상교통시설로 분류되었다.

인공수로에서 수로시설의 하자가 있어 사고가 발생한 경우에는 국가배상법 제5조(공공시설 등의 하자로 인한 책임)의 규정에 따라 국가는 공공시설 설치관리 하자로 인한 손해배상책임을 부담하게 되지만 자연수로(해상)에서 해도의 부정확성 때문에 사고가 발생하면 지금까지는 국가손해배상책임을 부인해왔다. 2007년 영국에서 해도의 부정확성 때문에 해상에 사고가 발생했고 재판소는 국가배상책임을 인정하였다.

수로관리를 위한 법률로 1961년 12월 23일 제정된 수로업무법이 있었는데 2009년 12월 10일 측량법, 지적법과 통폐합되어 '측량·수로조사 및 지적에 관한 법률'로 되었다. 2014년 6월 3일 이것이 다시 '공간정보의 구축 및 관리 등에 관한 법률'로 변경되었다. 이 법은 2015년 6월 4일부터 시행되고 있다.

수로업무법은 수로관리를 위한 법률이다. 측량법은 국토관리를 위한 육지 지형 측량을 위한 법이며, 지적법은 토지소유권분쟁 등을 방지하기 위한 법률이다. 이 세 법률은 목적과 수단, 그리고 원리가 달라서 통폐합할 수가 없는 것인데 잘못해서 그렇게 되었다. 수로업무법은 원칙적으로 도로법과 같이 교통 관련 법률이고, 측량법은 국토관리 관련 법률이다. 수로측량은 수체를 측량하는 것이고, 측량은 지형을 측량하는 것이다. 수로관측은 측량에서는 없는 개념이다. 2014년 개정 법률은 제목에서 수로조사나 수로업무라는 단어를 삭제해서 결국 수로업무법이 사라지게 되었다.

수로는 국가의 가장 중요한 교통 인프라이다. 수로관리 위에 해상교통관리가 있고 그 위에 해운업이나 항만운영, 해상보험 등이 있어 적절한 수로관리가 없으면 전체 해상활동이 무너지게 되어 있다. 수로기준 중 수로 높이는 공중통신선, 교량 등에 의하여 제약을 받으며, 수로깊이는 해저케이블 및 관로, 어초, 토사 이동 등 자연현상에 의해 영향을 받고, 수로폭은 쓰레기, 양식장, 교량, 기타 구조물 및 인간의 활동에 의하여, 수로 곡률 및 유속, 유향은 인근 구조물이나 방파제, 잠제,[6] 교량 등의 영향을 받는다.

수로관리는 도시계획시설, 교량건설, 방파제, 파제제,[7] 방조제, 잠제 등의 건설, 전기통신용 해저 및 공중 선로, 해상유정 등 산업시설, 양식어장 면허, 어초투입, 외해양식시설, 모래채취, 전투행위 등 적법행위로부터 수로를 보호하는 것이다. 해양쓰레기, 부유로프, 어망, 수로에서의 낚시, 레포츠, 잠수기 어업, 기타 불법어로행위, 수로관리청과 사전에 협의되지 않은 관로, 선로, 구축물 건설 등 불법행위로부터 수로를 보호해야 하며, 자연현상, 즉 토사이동, 침식, 퇴적, 침강, 매몰, 붕괴, 유속, 유향의 변경, 결빙, 재난으로부터 수로의 기능을 보호하는 것이다. 우리나라 수로관리는 국립해양조사원 수로과, 해양과(해양관측), 수로측량과, 해도과, 연구실 등이 하고 있는데, 주무과인 수로과는 1996년 해수부 본부소속 해양조사과로 이관되었다가 몇 년 후 폐지되었으

---

6 파도의 힘을 줄이기 위해서 해안에 설치된 수중 구조물.

7 소형 선박을 보호하기 위해 항내에 축조된 방파제.

며, 수로업무법은 실체가 모호해졌다. 또, 적법행위로부터의 수로침해가 심해져서 수로관리 기능에 큰 지장을 받고 있다.

한강 또는 낙동강에 있는 교량은 당초 수로교통을 감안하지 않고 건설된 것이다. 유향과 직각으로 교량을 건설해야 유효 수로폭이 나오는데 이러한 교량은 인구밀집지역을 직선으로 연결하였다. 경제적으로 가능한 내륙수운을 형성하려면 대부분의 교량을 재설치해야 한다. 해양조사원에 수로과를 재설치하여 교량 또는 협의되지 않은 적법행위로부터 수로를 보호해야 하고, 우리나라 석유수송로를 보전하기 위하여 '싱가포르-인도네시아-필리핀 남부-한국호주항로와 연결'(남중국해 대체수로)하는 수로를 개발해야 한다. 남중국해에서 미국과 중국이 충돌하면 에너지 수송이 막히기 때문이다.

수로업무법은 국토교통부와 국토교통위원회로부터 받아와서 부활시켜야 한다. 수로업무법은 대운하나 4대강사업 때문에 통폐합되더니 해수부가 부활했는데도 법률을 반환하지 않고 아예 명칭을 '공간정보의 구축 및 관리 등에 관한 법률'로 변경하였다.

경인아라뱃길(인공수로)은 수로기준에 미달하고 수로준공이나 수로의 공용개시가 없었으며, 인공수로의 관리나 운영이 매우 미흡하다고 볼 수 있다. 방수로를 건설하고 방수로 준공과 개통을 한 후에 명칭을 경인아라뱃길이라 하고 선박이 항행하라고 하고 있다. 지금도 선박이 항행하지 않으며 수로가 될 때까지는 선박이 다녀서는 안 된다. 현행 법률은 경인아라뱃길에 선박이 항행하면 선장 등을 처벌하도록 되어 있고, 사고 시 해상보험금을 받지 못한다. 또 수로의 설치관리 하자에 따른 국가의 손해배상책임을 규정하고 있는데 국가는 적법한 수로 준공 및 공용개시가 없었으므로 배상책임을 부인할 것이다.

하천과 호소에 많은 관광선이 운항하고 있다. 한강의 경우에 약식 수로도를 이용하고 있는데 나머지는 그렇게 하지 않는다. 그러므로 도로가 아닌 곳을 많은 관광버스가 운행하고 있는 것과 같다. 선박의 운항은 가장 기초적인 인프라인 수로를 중심으로 각종 인진 등을 목적으로 하는 규제가 발달하였다. 수로규제 위에 교통규제, 선박규제, 선원규제, 영업규제 등이 쌓여 있다. 수로기준이 지켜지지 않으면 상부 규제는 정밀하게 적용되지 않는다. 1990년대 후반에 충주호 유람선 화재사고가 있었는데 선박검사, 선원자격, 선원근로조건, 보험가입, 접안시설 기준, 수로기준 등 수많은 안전규제가 지켜지지 않았다. 사업자나 지자체는 관련 법률이나 수로기준이 미비했고, 수로관리를 제대로 하지 않았기 때문에 발생한 사고가 아니냐는 의견이었다. 해도나 수로도가 없는 곳에서는 선박이 운항해서는 안 되며, 이 경우 지자체는 영업허가를 할 수 없다. 정부가 수로관리를 하지 않고 있는 하천, 호소가 많다. 수로가 아닌 곳을 운항하는 선박은 많은 위험에 노출되어 있으며 이를 정리하는 노력이 필요하다.

7장 /

해상안전정책의 변화

류영하

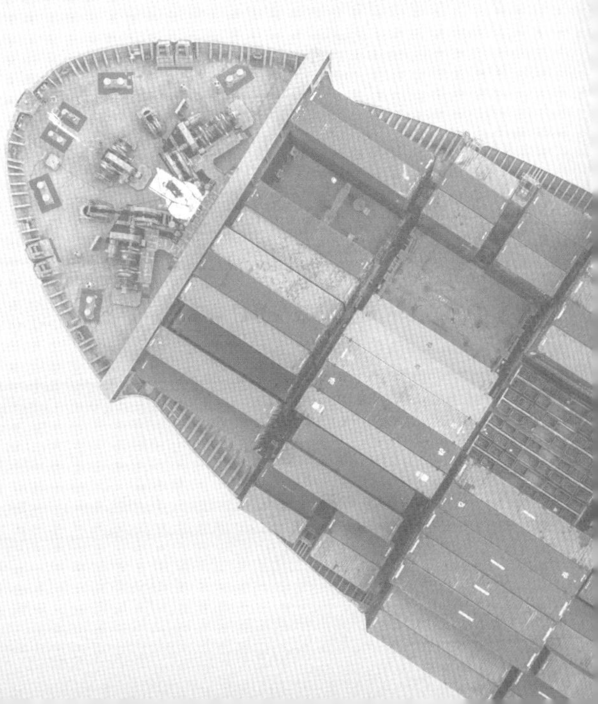

1. 서론

1) 해상안전정책의 의의

해상안전정책은 우리나라 선박뿐만 아니라 5대양 6대주의 모든 공해(公海)를 운항하는 선박들이 국제협약과 규칙을 이행토록 함으로써 안전하고 자유롭고 활발하게 세계교역 활동을 수행케 하는 데 있다.

또한 해양사고가 발생하면 대형 인명피해와 함께 막대한 해양오염과 재산 피해를 입게 되므로 해양행정 중에서 해양사고 예방정책과 선원육성 및 관리정책은 매우 중요하고 최우선시된다.

따라서 국제해사기구(International Maritime Organization, IMO) 등 국제기구와 우리나라의 해사안전법 등에서 추구하는 해상안전정책의 목표는 세계 어느 국가든 비슷하고 인류가 해상활동을 시작한 이래 현재까지 변함 없으며, 다음과 같이 요약 정리할 수 있다.

- 해상사고의 감축과 철저한 사고예방정책의 시행
- 안전하고 편리한 경제항로 제공으로 물류비 절감과 해상안전산업의 육성
- 철저한 해상안전 관리와 예방을 통하여 해양재해 예방 및 해양환경 보호

이러한 해상안전정책의 목표를 달성하기 위하여 해양수산부에서 추진해온 해양사고 예방 핵심추진과제를 요약 정리하면 다음과 같다.

- 선박의 안전성 확보
- 선원의 자질 향상과 안전교육 강화

- 선주 및 선박·선원관리회사의 안전관리법령 이행
- 해양오염방재 및 해난구조체계 완비
- 안전하고 편리한 해상교통시설 구축 및 신속한 해상안전정보와 서비스 제공
- 엄정한 해양사고 조사와 심판, 이에 따른 사후관리와 재발방지 대책 수립, 철저한 현장중심의 예방점검과 지도단속

이와 같은 해상안전정책의 목표와 추진과제가 뚜렷하고 많은 해상안전정책을 추진하고 있으나 우리나라의 해양사고 실태와 여건을 분석해보면 선박사고는 계속 대형화되고 있는 등 많은 문제점을 내포하고 있다.

해양수산부의 2015년 국가해상안전시행계획에 따르면, 2014년 해양사고는 총 955건 발생했으며, 선박 종류별로는 어선 667건, 일반선 288건으로 나타났다. 이해에 사고로 인한 사망, 실종자 수는 총 454명(어선 122명, 일반선 332명)으로 전년 대비 14.5% 감소했으나 세월호 여객선 사고(304명 사망, 실종), 오룡호 사고(53명 사망, 실종)와 같은 대형 사고로 인한 피해가 막대하였다.

등록선박별로는 총 등록선박 8만 600척 중 1,169척, 일반선 9,313척 중 383척, 어선 총 7만 1,280척 중에서 786척으로 전체 등록선박 대비 100척당 1.5척에서 사고가 발생한 것으로 분석되었다.

선박규모별로는 100톤 미만의 선박이 전체의 77.8%(어선 951척, 일반선 109척)이며, 사고 유형별로는 기관 손상, 충돌, 안전운항 저해사고 순이며, 일반선에서는 충돌, 사고, 어선은 기관 손상과 안전운항 저해 순으로 나타났다.

사고원인별로는 82.5%가 운항과실이며, 당직 중 경계소홀과 항행법규 위반이 사고원인의 과반수 이상(60.4%)을 차지하였다.

해상안전 여건은 전 세계 10만 톤 이상의 선박이 차지하는 비중이 2008년도 932척에서 2012년에는 1,450척으로 선박의 대형화·고속화가 급격하게 이루어지고 있으며, 해양물동량의 증가와 해양레저인구의 증가와,[1] 세계경제의 완만한 회복과 운임상승에도 불구하고 해운선사들이 안전 분야에 대한 투자가 미흡한 것으로 나타났다.

또한 1993년 서해페리여객선 참사와 2007년 허베이 스피리트호 대형 유류오염 사고, 2014년 세월호 참사에서 경험한 바와 같이 바다에서는 대형 안전사고가 발생할 확률이 높기 때문에 해상안전정책은 매우 중요하며 모든 해양정책을 수립할 때부터 해양사고 예방을 최우선시해야 한다.

2) 국제환경과 여건의 변화

세계 교역의 증가에 따라 바다를 운항하는 선박이 급증하고, 선박은 지속적으로 대형화·고속화가 이루어지면서 해상교통사고와 유류오염 피해에 따른 해양환경의 훼손이 심각해지고 있다. 선진국에서는 저임금 외국선원 고용이 증가함에 따라 자국선원과의 갈등, 외국적선박 승선 적응과 자질 저하문제 등이 계속 발생하는 등 국제적 규범을 통한 규제와 관리수요가 늘어나고 있다.

따라서 국제해사기구(IMO), 국제노동기구(ILO), 국제수로기구(IHO), 국제항로표지협회(IALA) 등에서는 분야별로 해상교통안전과 해양오염관리, 선원양성 및 인권보호, 해상교통시설 확충, e-네비게이션(e Navigation)과 전자해도 개발 등 신기술 개발과 새로운 안전정

1 요·보트 등록선박이 2007년 3,944척에서 2013년 1만 257척으로 증가.

보제공시스템의 구축, 선박안전 설비기준 등을 강화해나가고 있다.

선박에 의한 해상안전, 해양오염관리, 선원의 자격과 교육훈련 등에 관하여는 주로 IMO에서 주도적으로 협약을 제정하고, 개정의견서 채택과 이행권고규범을 채택해나가고 있다.

우리나라도 IMO 협약 가운데 25개 협약에 대하여 비준했고, 이 협약들은 각국에서도 비준하여 자국적 선박에 적용하고, 자국 항만에 기항하는 외국적 선박에 대하여는 항만국 통제(Port State Control, PSC)를 통하여 이행을 강제화하고 있다.

IMO의 주요 협약을 살펴보면 다음과 같다.

- 1974/78 SOLAS(해상인명안전협약)
- 1966 LL(국제만재흘수선협약)
- 1969 TONNAGE(선박톤수측정협약)
- 1972 COLREG(해상충돌예방규칙)
- 1978 STCW(선원의 훈련·자격증명 및 당직 유지의 기준에 관한 국제협약)
- 1973/78 MARPOL(해양오염방지협약)

한편 IMO에서는 선박의 물리적인 안전성과 선원의 자질 향상을 위해 노력해왔음에도 해양사고는 감소하지 않고 증가함에 따라 새로운 전략을 모색하지 않으면 안 되는 현실이다.

즉, 해양사고 방지는 해상에 떠 있는 선박 및 선원에 관한 안전기준만으로는 한계가 있기 때문에 선박 및 선원을 관리하는 육상회사의 선박안전관리시스템을 규제하는 국제안전관리규약(International Safety Management Code, ISM Code)을 1993년에 채택하여 해상안전사고 감축 노력을 강화해나가고 있다.

3) 국내환경과 여건의 변화

우리나라 해상교통환경은 매우 나빠서 해양사고의 발생위험이 상존하고 있다. 우선 자연환경은 지형적으로 복잡하고 비좁으며, 여름철의 태풍, 겨울철의 저기압, 짙은 안개 등 좋지 않은 기상 조건하에 있다.

또한 한정된 공간에 해상교통량은 지속적으로 증가하고 있으며, 고속선, 초대형선, 관리상태가 부실한 선박(sub-standard vessel)이 증가하고 있는 한편, 이들 선박을 운항하는 선원들의 자질 저하 및 승선 동기 등 해상안전 환경이 지속적으로 저하되고 있는 게 현실이다. 국민소득의 증가에 따라 유람선 및 요·보트 등 해양레포츠 선박이 급증하고 있으며, 어선에 의한 해상교통 사고가 줄어들지 않고, 2007년 허베이호 유류오염사고를 비롯하여 유조선에 의한 해양오염사고가 계속 대형화되고 있다.

정부도 국제환경의 변화에 따라 국제협약의 국내 법제화와 제도개선 업무에 치중해오다 최근에는 해상안전에 관한 신기술 개발과 최첨단 정보제공 시스템 구축, 선원과 선박경영자에 대한 관리 등 선진국형 안전관리체계 구축에 주력하고 있으며, 기후변화 등 국내외 해상환경과 여건의 변화에 대응해나가는 방향으로 해상안전정책 패러다임에 변화를 꾀하고 있다.

4) 우리나라 해상안전정책조직의 변천

1948년 7월 정부조직법에 따라 교통부(해운국)에서 선박 등록과 관리, 선박검사, 선원정책, 해상교통시설 업무 등을 관장하기 시작했고, 1955년 2월 상공부 해무청이 신설되면서 해사 업무를 좀 더 일관성 있게 전담하여 수행하게 되었으며, 1961년에 정부조직 개편에 따라 다시 교통부(해운국)에서 해운항만 업무와 해상안전 업무를 맡게 되었다.

1976년 3월에는 박정희 대통령의 바다에 대한 열정과 꿈으로 4해약진선포와 해운입국의 기치를 내걸고 해운항만청이 신설되면서부터 국제해사정책과 해상안전정책이 탄력을 받고 큰 변화를 맞게 된다. 이 시기는 선박 등록과 관리 등 관련법령의 정비, 선원양성과 교육훈련제도의 마련, IMO의 협약과 권고 지침에 대한 수용 여부의 검토와 대응 전략을 마련하여 국내법으로 법제화, 선박검사기관의 설립, 선박안전관리 기준의 마련 등 해상안전정책의 기반을 확립한 시기라고 할 수 있다.

수산청에서는 어선의 관리와 어선검사, 원양어선의 안전정책을 수행해왔으며, 해양경찰청에서는 해난구조 및 해양오염방재 업무를, 교통부 수로국에서는 수로조사 및 해도제작 업무를, 해난심판원에서는 해양사고 조사 및 심판 업무를 각각 기관별로 분산하여 수행해왔다.

1996년 5월 31일 김영삼 대통령은 바다의 날 기념식 때 해양수산행정의 중요성과 업무 일원화를 위해서 해양강국 기치를 선포하고 해양수산부 신설을 발표하였다. 같은 해 12월 해양수산부가 설립되면서부터 본격적으로 안전관리관실을 두고 해사안전정책을 일관성 있게 추진하게 되었으며, 적극적이고 능동적인 IMO 활동과 국제협약의 국내 법제화 등 법과 제도를 빠르게 개정하고 체계적인 해사정책과 해상안전정책을 수행할 수 있게 되었다. 또한 해상교통사고의 대부분을 차지하는 어선의 관리와 검사, 선원의 양성과 교육훈련, 원양어선의 통제와 지원이 원활하게 이루어지게 되었으며, 해상안전관련기관인 해양경찰청과 중앙해양안전심판원, 국립해양조사원을 소속기관으로 두어 법제도의 중복성을 배제했고, 통합 안전관리계획을 수립하여 일관성 있고 체계적으로 해상안전관리 업무를 수행할 수 있게 되었다.

2008년 이명박 정부는 다시 해양수산부를 폐지하고 국토해양부와 농림수산식품부로 분할시키면서 해사안전정책도 이원화되었다가 2013년 박근혜 정부에서 해양수산부가 부활하면서 다시 해사안전정책도 일원화되었다.

2. 주요 해상안전정책과 변동과정

1) 산업화 시기(정부 수립~1987)

(1) 국제해사기구(IMO) 활동과 해운조선 선진국 도약

1948년 해상안전과 해양환경 보호를 위하여 UN산하 전문기구로 설립된 정부간국제해사기구(IMCO)는 1982년 현재의 국제해사기구(IMO)로 이름을 바꾸고 세계해운과 조선산업의 발전을 이끌어왔다.

대한민국 정부는 한국전쟁 이후 선박·해운산업의 불모지 속에서도 해사산업의 중요성을 인식하고, 해사산업의 근간이 되는 국제협약의 제정기구인 IMCO에 1961년 12월 31일(해무청) 가입함으로써 IMO 활동의 반세기 역사가 시작된다.

지난 반세기 동안 업계와 정부와 관계자들의 부단한 노력으로 대한민국을 조선 세계 1위, 해운 세계 5위라는 눈부신 성장을 이루어냈으며, IMO 내에서 대한민국의 역할도 커져 1991년 지역을 대표하는 C그룹의 이사국이 되었으며, 2001년부터는 미국, 일본 등 주요 해운국가들로 구성된 A그룹 이사국에 피선되어 활발한 활동을 펼치고 있다.

그동안 IMO는 조신기술의 발날과 국제해상물류의 확대에 부응하여 60개 협약과 1,700여 건의 결의서를 채택(2014년 기준)함으로써 해상안전과 조선 분야의 국제기준을 제시하였다.

이제 IMO는 온실가스 배출규제와 같은 지구적 환경문제, e-네비게이션과 같은 IT 기술융복합을 통한 안전기준 도입 등 새로운 패러다임의 국제기준을 제시하고 있으며, 우리나라도 신속하게 대응해나가고 있다.

1980년대 이후 우리나라 경제는 급속도로 성장했으며, 그 중심에는 수출과 중화학공업의 성장을 이끌었던 해운·조선 산업이 있었다. 정부는 해운과 조선 산업의 발전을 위해서 IMO에서의 역량 강화가 절실하다는 사실을 인식하고, IMO 파견관제도 도입, IMO 담당조직의 확대, 체계적인 교육을 통한 IMO 및 해사 전문가 양성, 정부를 비롯한 한국선급, 선박연구소, 선박검사기관, 해양 관련 교육기관, 연구기관 등의 민관이 함께 인적자원 풀을 가동할 수 있는 협조시스템을 만들어갔다. IMO 총회, 이사회 등 각 분야 회의에 적극적으로 참석했으며, 위원회와 전문위원회 회의에 의제문서를 제출함으로써 우리나라가 보유한 기술이나 의견을 IMO 협약이나 규정에 좀 더 효율적으로 반영할 수 있었다. 따라서 해사 관련 사업에 적용되는 국제협약 및 규정 등을 채택하면서 우리 정부와 산업계의 주장을 적극적으로 반영하는 등 IMO의 정책수립과 해사산업의 발전, 해상안전 확보와 해양환경 보존에 앞장서고 있다.

우리나라는 2000년대에 들어서면서 선박건조량이 세계 1위를 차지하고 전 세계 해상교역량의 5%를 차지하는 등 명실상부한 해운과 조선 선진국으로서 해사 관련 사업에서는 국제적으로 높은 위상을 차지하게 되었다. 2001년에는 IMO A그룹 이사국 진출로 이어지면서 국제사회에서 해운조선 선진국으로 공인받게 되었으며, 선박수주 경쟁과 해운업계의 해외영업 활동을 직간접적으로 지원하는 효과를 거두고 있다. 또한 IMO에 대한 기술 및 재정지원 확대, 국제해사대학(WMU)장학사업 지원 확대, 국제해사포럼의 개최, 세계 해운국가와의 협력강화 정책들을 꾸준히 강화해나가고 있다.

2011년 11월 IMO 런던본부에서 개최된 제27차 총회에서는 6회 연속 A그룹 이사국 진출 성과를 거두었으며, 2011년 1월 해적에게 피랍된 삼호쥬얼리호 석해균 선장이 구출작전 당시 보여준 용기와 행동을 인정받아서 IMO로부터 '용감한 선원상(IMO Award for Exceptional Bravery at Sea)'을 수상하였다. 2012년 5월 12일부터 8월 12일까지 여수세계박람회를 개최하여 IMO 사무총장이 방한하기도 했으며, 같은 해 10월에는 '친환경 녹색 선박의 미래전략'이라는 주제로 서울 국제해사포럼을 개최하였다.

국제교역 확대로 선박을 통한 물동량이 증가함에 따라 선박이 고속화·대형화되고 해양자원 개발과 공간 활용을 위한 해양구조물이 증가하고 있다. 또한 삶의 수준 향상으로 해양관광 및 레저활동이 급격히 증가함에 따라 대형 해양사고의 위험도 급증하고 있다. 이와 동시에 인류의 미래 삶의 터전인 해양환경 및 자원을 보존하기 위한 전 지구적인 요구도 증가하고 있다. 따라서 해양사고의 예방 및 사고발생 시 피해를 최소화하기 위한 여러 가지 기술적·관리적 수단으로서 IMO 등 국제기구를 통한 안전 및 규제가 더욱 강화되고 있다.

또한 기후변화 대응이 21세기 핵심 글로벌 이슈로 자리매김함에 따라 선박도 환경오염의 발원지라는 인식이 확대되면서 IMO에서도 온실가스 배출규제, 감축, 통제를 강화하고 있다.

이처럼 과거에는 해양사고 예방 및 피해를 최소화하기 위한 규제를 주로 다루었으나 최근에는 국제적 정책 동향에 따른 이슈를 안전에 포함하여 규제를 강화하고 있다. IMO에서는 이러한 글로벌 동향을 반영하여 "협력을 통한 안전하고, 안심되며, 환경친화적이고, 효율적인, 지속가능한 운송(safe, secure, enviromentally sound, efficient and sustainable shipping through cooperation)"을 2010~2015년 중장기 비전으로 설정했다. IMO 협약 역시 과거의 수동적이고 사후적인 측면에서 더 능동적이고 사전 예방적인 목표지향적 방식으로 변화하고 있다. 또한 국제기술 규정의 경우 시뮬레이션 기반과 확률론적인 성능기반을 중심으로 변화하고 있다. 기존 IMO의 협약 수립이 대형 해난사고와 같은 대외적 요인들의 대처에 초점을 맞춘 것이었다면, 향후 정책은 IMO의 전략계획과 이에 기초한 고위급 행동작업 계획에 명시된 사항들을 포함하여 효과적인 시행과 집행에 역점을 둘 것으로 예상된다. 동시에 이를 쉽게 추진하기 위한 기존 협약의 재구성이나 신개념을 도입한 규정의 도입이 주를 이룰 것이다. 또한 안전 및 환경이 여전히 주요 축이 되나, 신개념 선박과 같은 제품영역에서 설계, 생산, 운용 유지 보수, 폐기, 재활용 등 선박의 전 생애 동안의 과정을 협약 제정 및 개정의 대상으로 할 것으로 보인다.

협약제정 방법은 주로 위험 수준에 민감한 타 산업계 적용 방식을 도입하고 유럽을 중심으로 한 선진국들은 생존전략의 일환으로 기술장벽에 대한 종속화·고착화를 지속적으로 시도할 것으로 전망되기 때문에 대한민국 해운과 조선 산업계의 적절한 대응이 필요하다. 따라서 우리나라도 IMO에 대한 의제문서 제출을 확대하고 적극적 역할을 수용하며 A그룹 이사국의 위상을 계속 높여나가고 국제사회에 영향력을 행사할 수 있도록 전략적으로 대응해나가야 한다.

또한 관련산업의 이익을 옹호하기 위하여 좀 더 효과적인 기술활동이 필요하며, 정부의 조직적인 대응과 함께 선박을 설계하고 건조하는 조선소와 선박을 운영하는 선주 대표, 관련 연구소 등 전문적인 기술단체들의 적극적이고 지속적인 IMO 활동과 참여가 필수적이다. 정부와 민간단체, 한국선급, 선박안전기술공단, 한국선급협회, 한국조선협회, 해양계 교육기관 등 해사 관련 전문가들을 양성해 지속적으로 체계적·종합적으로 대응해나가는 IMO 활동이 요구된다.

(2) 선박등록 및 관리제도의 확립

해상안전정책 대상 중에서는 선박에 대한 정확한 등록과 관리가 최우선이다. 국내 연안을 운항하는 선박과 세계 5대양 6대주를 누비는 외항 화물선과 원양어선에 대한 철저한 관리를 위해서 교통부 및 해무청 시절부터 맨 처음 정책사업으로 추진해온 제도가 선박등록 및 총톤수 측정 등 선박관리 정책사업이다.

1990년대에 들어서면서부터 국민소득의 증가와 함께 해양 레저인구가 늘어나고 모터보트, 요트 등에 대한 체계적 관리가 요구되었으며, 선박법 외에 어선법 등 다른 법령에서 등록관리하고 있는 어선, 준설선, 동력수상레저 기구들에 대하여는 선박법상의 등록 대상에서 제외하여 이중등록 문제를 해소하였다.

선박의 크기에 따라 등기대상 선박에는 선박국적 증서를, 등기대상 제외 선박에는 선적증서를 교부하는 등 등록절차가 서로 달랐으나 증서를 선박의 크기에 따라 구분하는 것이 현실적으로 의미가 없고 행정능률도 저하되므로 선박 크기에 관계없이 모든 등록선박에 대한 등록절차 및 교부증서를 일원화하였다.

1982년 12월 31일 이전에 건조된 선박의 신톤수 측정과 관련하여 종전에는 동 선박의 길이·너비·깊이 등이 변경되는 특정한 수리가 동반되는 경우에만 신톤수 측정신청을 할 수 있도록 규정되어 있어 일부 선박소유자들이 신톤수를 측정받기 위해 불필요한 수리를 해야 했으나 선박소유자가 신톤수 측정 신청을 할 경우에는 톤수 측정을 받을 수 있도록 하였다.

우리나라 등록선박의 현황을 살펴보면 선박법에 의한 등록선박은 2014년 말 현재 총 9,297척이며, 어선법에 의한 등록선박은 2013년 말 현재 총 7만 1,287척이다.

〈표 7-1〉 선박법에 의한 등록선박 현황

구분	합계	여객선	화물선	유조선	예선	부선	기타
척 수(척)	9,297	235	764	738	1,267	2,015	4,258
톤수(천 톤)	13,840	193	9,477	1,581	139	2,255	195

출처: 해양수산부 통계표(2013년 12월 말 현재).

〈표 7-2〉 어선법에 의한 등록선박

합계	원양어선	근해어업	연안어업	양식업	지도단속	기타
71,287	315	2,780	44,713	16,772	132	6,575

출처: 해양수산부 통계표(2013년 12월 말 현재).

(3) 선박검사기관 설립과 검사제도 마련

선박검사는 선박시설 결함으로 인한 해양사고를 방지하는 한편 인명·선박·화물의 안전을 확보하기 위하여 선박의 주요 시설에 대한 기준 적합 여부를 확인하는 것이다.

해무청에서부터 해운항만청 시기까지 선박검사 업무를 공무원(선박검사관)이 직접 수행에오다가 국제기구에 의한 선박안전 기준의 변경에 신속하게 대응하고 선박 수의 증가에 따라서 더 신속하고 정확한 검사를 위해서 선박검사기관을 1975년에 설립하였다.

선박검사 업무는 선박안전 관리에 관한 기국(flag state, 선박이 등록된 국가)정부, 즉 선박이 적법하게 게양권리를 가지는 국기가 속하는 국가의 정부의 중요한 역할로서 다른 안전 업무와 유기적인 관계를 형성한다. 즉, 항만국 통제, 여객선 안전관리 및 해운업체 등 민간 부문에 대한 지도감독 업무 등은 선박검사를 기본으로 하여 시행하고 있다.

선박의 감항성(seaworthiness, 선박의 정상적인 항해 가능 여부)을 확보하기 위하여 선박의 전체 골격을 이루는 선체와 추진력을 제공하는 기관 등에 대한 검사를 시행하고, 구명·소방설비, 항해설비와 선원·여객의 거주·위생설비 등을 검사한다.

선박검사 업무는 정부의 고유기능이지만 선박기술을 향상시키고 전문성을 확보하기 위하여 선박안전법을 개정(1997년 12월)하여 특수법인인 선박안전기술공단에 정부의 선박검사 업무 등을 위임했으며, 사단법인 한국선급에는 보험 등의 혜택이 필요하여 동 선급에 등록된 선박에 대하여 정부의 검사 업무를 위임하고 있다.

이와 관련, 선박검사의 종류와 시기는 다음과 같다.

- 제조검사: 선박의 건조에 착수한 때부터 완성에 이를 때까지 전 건조공정에 걸쳐 선박의 설계, 재료, 구조 및 제작에 대하여 상세하게 실시하는 검사
- 정기검사: 선박을 최초로 항행 시, 선박검사증서의 유효기간이 만료한 때 실시하는 검사
- 중간검사: 정기검사와 정기검사 중간에 선박의 크기 및 용도에 따라 제1종과 제2종으로 구분하여 실시하는 검사
- 임시검사: 선박이 개조수리를 한 때 또는 선박검사증서에 기재된 내용을 변경하고자 할 때 실시하는 검사
- 임시항행검사: 선박검사증서를 받기 전에 선박을 임시로 항행에 사용할 때 실시하는 검사

해양수산부에서는 다음과 같은 검사제도의 개선을 계속 추진하여 그동안 선박안전법 제정 이후 획일적으로 적용하여 선박검사를 집행했던 일부 불합리한 제도를 개선하고, 선주의 시간적·경제적 부담을 경감해줌으로써 해운기업의 경쟁력을 향상시켰다.

- 고속기관검사제도 개선: 고속기관과 같은 특수구조의 기관에 대하여 제작기술과 내구성 등이 과거에 비해 향상된 점을 고려하고, 작은 개방검사에 따른 성능 저하를 방지하기 위해 획일적으로 정해진 기관개방검사 주기를 제조자의 개방권고 시간과 정비상태 및 선박의 특성에 따라 달리함으로써 고속기관의 성능보호와 민원의 편의를 도모하였다.
- 원양어선검사제도 개선: 원양어선의 조업 특성상 해상에서의 장기간 조업이 불가피하고 어획량 감소에 따라 조업기간이 점차 길어지는 실정임에도 불구하고 선박검사를 위한 회항 등으로 유류비 및 조업손실비 등 막대한 비용손실이 발생함에 따라 일부 선박은 검사를 포기하고 조업을 수행하는 문제가 발생하였다. 이를 개선하기 위하여 1년마다 실시하는 원양어선의 선박검사를 1년까지 연장할 수 있도록 제도를 개선하였다.
- 무선설비제도 개선: 선박 간에 원활하게 교신할 수 있는 통신수단이 없어 충돌 등 해양사고가 발생하는 사례를 예방하기 위하여 총톤수 5톤 이상 어선 등에 VHF/DSC 통신기 설치를 의무화했으며, 효용성이 없는 국내 항해 어선 외의 선박에 중단파대무선전화(SSB) 설치 의무 면제로 선주의 경제적 부담을 경감토록 제도를 개선하였다.
- 수중검사제도 도입: 내수면 운항선박과 선령 15년 미만 선박에 대하여 검사를 위해 배를 들어올리거나 배를 선거에 넣는 준비과정을 수중검사 준비로 대체할 수 있도록 수중검사제도를 도입하여 선주의 시간적·경제적 부담을 경감토록 개선하였다.

2) 민주화 시기(1988~1997)

(1) 선원의 양성과 교육훈련정책의 확립

해양사고의 대부분인 약 80%가 인적과실에 의해 발생하고 있으며, 충돌·좌초사고의 96%가 운항과실에 의해 발생하고 있어 선박과 시설에 대한 관리만으로는 해양사고 감축에 한계가 있다.

선박의 규모나 항해 시간에 비해 선원을 적게 승선시켜 선원의 과로로 인한 사고가 유발되고, 특히 연안여객선의 경우 승선인원이 부족하여 선원 과로의 원인이 되고 있으며, 유사시 여객 대피유도까지도 불가능하게 된다. 항해 시간이 길고 위험도가 높은 100톤 이상의 예·부선은 최저승무기준 정원 대상에서 제외되어 있어 예·부선의 사고가 증가한 원인이 되기도 한다.

선박 설비의 발전으로 선박구조 설비에 의한 해양사고의 비중은 점차 줄어들고 있는 반면에 선원의 인적 과실에 의한 사고는 증가하고 있어 해사안전 관리에서도 선원의 인적 과실 예방이 주요 정책목표로 등장하였다. 정부는 선원의 교육훈련과 선박운항 및 어업에 관한 신기술을 개발·보급하여 우수한 해양수산인력을 양성하고, 해기사 국가기술자격검정 등에 관한 업무를 수행하기 위하여 1965년 7월에 설립된 한국원양어업기술훈련소와 1983년 6월 선원법에 의하여 해기사 양성과 선원 재교육을 목적으로 설립된 해기연수원을 1998년 1월 한국해양수산연수원으로 통합 발족시켰다.

또한 한국해양대학교와 목포해양대학교 등에서 매년 해기사 2,000여 명을 양성하여 취업시키고 있으며, 지속적인 재교육을 통하여 선원에 의한 인적 사고를 감축해왔다. 한편으로 기존 선원의 양성과 교육은 전문기관인 해양수산연수원에서 시행하고 있었으나, 법정 교육과 면허 취득을 위한 교육에 집중돼 운항 실무에 대한 교육은 다소 부족

〈표 7-3〉 선원 양성 현황 (단위: 명)

선원양성기관	2013년	선원수첩 소지	해기사	취업 현황				
				계	외항선	내항선	어선	해외 취업선
한국해양대 (3급해기사)	400	92,156	124,677	37,125	9,378	7,850	16,788	3,109
목포해양대 (3급해기사)	390							
부산해사고 (4급해기사)	160							
인천해사고 (4급해기사)	120							
부경대 등 14 (수산계)	960							
한국해양수산 연수원(3~5급)	240							

출처: 해양수산부(2015),「한국선원 통계연보」자료.

한 실정이었다.

(2) 항만국 통제(PSC)제도의 시행

전통적으로 선박은 이동하는 영토로 간주하여 외국 항에서도 치외법권이 인정되었다. 해당 선박의 안전관리 책임이 기국에 있었으나, 대형 오염사고 등으로 연안국의 피해가 자주 발생하자 연안항만 당국이 자국 영해에 입항하는 선박을 통제할 수 있는 권한이 인정되었다(UN 해양법협약 등 국제협약). 유조선 토레이 캐니언호(1967년)와 아모코 카디즈호(1978년)의 대형 유류오염사고는 연안국이 항만국(배가 들어오는 국가)을 통제하도록 하는 직접적인 동기를 제공하였다.

항만국 통제(Post State Control, PSC)는 해양안전 확보 및 해양환경 보호를 위하여 항만국에 입항한 외국적 선박을 점검하여 선박에서 국제안전기준에 미달하는 결함사항이 식별된 경우 시정을 요구하는 제도이다. 식별된 결함사항 중에 즉각적으로 시정되지 않으면 인명 안전 및 해양환경에 중대한 영향을 미칠 수 있는 사항일 경우에는 해당 선박의 출항을 정지(억류)하는 등의 조치를 취할 수 있다. 항만국 통제는 선박이 등록된 국가의 안전관리에 대한 책임의무 및 해당 선박의 국제안전기준 준수 여부를 확인하는 최후의 수단으로서 해양환경의 중요성이 부각되면서 전 세계적으로 실시되고 있으며, 항만국에서는 지속적으로 강화되고 있다.

항만국 통제는 해양안전 확보 및 해양환경 보호라는 기본적인 목적 외에 다음과 같은 의의가 있다. 첫째, 국제법에 의한 국가관할권을 행사하는 점에 의의가 있다. UN해양법협약 및 국제협약에서 인정하는 연안국의 권한을 행사하는 것이다. 둘째, 외국의 항만국 통제에 대한 억지력이라는 면에서 의의가 있다. 항만국 통제는 전 세계적으로 시행하고 있어 외국 항만에서 자국 선박이 부당한 대우를 받지 않도록 하는 대응 능력을 가지게 되는 것이다. 셋째, 국가 안전관리평가 수준의 척도라는 점에서도 의의를 찾을 수 있다. IMO의 회원국에 대한 감사제도(MAS)에서 항만국 통제 시행 여부가 중요한 평가항목으로 작용하고 있다. 마지막으로 자국의 해운산업 보호 차원에서도 의의가 있다. 상대적으로 안전관리가 취약한 개발도상국의 노후선박 등에 대한 엄격한 통제로 운임 덤핑 예방 등을 통해 자국의 해운산업을 보호하고 지원하는 역할을 하는 것이다.

해상에서 선박의 안전 및 해양환경 보호에 중추적인 역할을 하고 있는 유엔 산하 전문기구인 IMO는 해상인명안전협약(SOLAS), 국제만재흘수선협약(Load Line), 해양오염방지협약(MARPOL), 선원의 훈련, 자격 증명 및 당직 유지의 기준에 관한 국제협약(STCW) 및 국제톤수측정협약(TONNAGE) 등 국제협약에 의해 항만국 통제 시행 근거를 규정하고 있다. 우리나라는 위의 협약을 '선박안전법', '해상교통안전법' 및 '해양환경관리법' 등에 수용하여 운용하고 있다.

1982년 유럽국가 간 항만국 통제 협의체인 '유럽 지역 항만국 통제 협력에 관한 파리양해각서가 채택되어 유럽 지역에서 항만국 통제가 본격적으로 시행되었다. 이에 우리나라는 '선박안전법' 등 관련 법령을 개정하여 1986년 9월 부산항과 인천항에 처음 시행한 이후 이를 단계적으로 확대하여 1988년 9월부터는 전국의 모든 항만에서 항만국 통제를 실시하고 있다.

우리나라는 항만국 통제의 실효성을 높이기 위하여 선령이 높거나 출항 정지 이력이 있는 고위험군 선박, 안전관리가 상대적으로 부실한 편의치적국에 등록된 선박 등을 우선 선정하여 점검하고 있다.

3) 개방화 · 정보화 시기(1998~현재)

(1) 해양안전종합정보시스템(GICOMS) 개발

GICOMS는 General Information Center on Maritime Safety & Security의 약자로서, 전 세계에 운항 중인 선박의 운항상황을 실시간으로 모니터링하고 해양안전과 재난에 관계되는 개별 정보시스템을 연계·통합하여 유관기관과 정보공유망을 구축하는 종합적인 해양재난안전 정보시스템이다.

GICOMS의 구축 목적은 첨단 정보기술(IT)을 활용하여 범국가적 해양재난안전관리체제를 마련하는 것으로서, 선박운항상황을 모니터링하여 소형 선박·어선의 조난체계를 개선하고 인명피해를 최소화하며, 해적·테러 우범해역 내 국내 수출입 화물의 안전한 수송로를 확보하고, 해양 전문 분야에 정보화 시스템을 구축하여 업무의 효율성을 높이는 데 있다.

추진배경을 살펴보면, 2001년 9·11테러와 이라크전 이후 해상에서 테러의 위험이 높아지고 해적 및 무장강도 사건이 증가하고 이들이 흉포화·조직화되고 있음에 따라 IMO에서는 선박에 선박자동식별장치(Automatic Identification System, AIS)와 선박보안경보장치(Ship Security Alert System, SSAS)의 설치를 의무화하였다.

이에 따라 연안국에서는 자국 선박의 보안강화와 국제협약상 의무사항 이행을 위하여 AIS 육상시스템을 구축하고 SSAS 수신체계를 갖추어야 했다. 말라카해협 등 해적·해상테러 취약지역 내에서 국적선에 피해가 발생할 경우 대응방안이 전무한 실정이었고, 국내 연안에서 선박이 조난당했을 때 위치추적 수단이 없어 신속한 수색구조가 곤란한 실정이었기에 전 세계 해역에서 우리나라 선박과 선원의 안전을 확보하고 수출입 화물의 안전한 수송로를 확보하기 위하여 GICOMS과 같은 범국가적 해양위기관리시스템의 구축이 필요하게 되었다.

GICOMS의 구성내용은 선박모니터링시스템(Vessel Monitoring System, VMS), 해양안전 관련 정보시스템 연계·통합 및 국가 주요기관 간 정보공유망으로 구성되어 있다. VMS는 선박에 설치된 무선장치, AIS 등 단말기에서 발사된 위치신호가 전자해도 화면에 표시되는 시스템으로서, 선박-육상 간 양 방향 데이터 통신망이다. 선박에는 위치정보 송수신용 VMS 단말기가 설치되어야 하고, 육상에는 모니터링 장치(하드웨어 및 소프트웨어)가 설치되어야 한다.

해양안전 관련 정보시스템 연계·통합은 VMS를 기반으로 분산된 해양안전 관련 정보시스템(33개)을 연계·통합하여 해양재난안전통합데이터베이스를 구축하는 것이며, 선박 위치정보를 기반으로 선박등록, 검사, 무선국, 사업자, 선원 정보 등 선박 관련 정보를 일괄해서 조회해 볼 수가 있다.

유관기관 간 해양안전정보 공동활용은 국가행정망을 통하여 국가 주요기관에서 GICOMS 데이터를 조회해 볼 수 있는 기관 간 정보연계망으로서, 홈페이지를 통한 해양안전 통합 DB 및 VMS 무료 서비스를 포함하고 있다. AIS 구축사업을 통하여 AIS 육상기지국 22개소, AIS/VTS 연계 11개소 및 전국 AIS 통합망을 완성하였다.

2003년에는 제1차년도 사업으로 약 10억 원의 예산을 들여 원양선박 VMS 육상시스템을 구축했고, 해상교통 및 선박운항과 관련되는 8개의 정보시스템을 연계하였다. 이후 2004년부터 2005년까지 제2~3차 사업을 통하여 국내 연안을 포함한 전 세계 해역에 선박 모니터링을 위한 육상시스템을 구축·완료했으며, 위성통신, AIS, 이동전화 등 다양한 통신망을 통하여 선박의 위치정보를 수집할 수 있는 통합 게이트웨이(gate way)를 구축하였다. 또한 선박검사·등록·선원·ISM Code·ISPS Code 등 선박과 관련된 정보를 추가로 통합 데이터베이스에 연계 구축하였고, 2016년까지 19개 정보가 구축되어 있다.

제2차 사업 완료 후 2005년 1월 1일부터 기존의 종합상황실을 해양안전종합정보센터로 개편하고 GICOMS를 시범적으로 운영하고 있다.

정책효과와 향후 발전과제를 살펴보면, 우선 VMS를 통하여 선박의 운항상황을 정기적으로 확인하고, 선박운항정보를 수집·저장함으로써 위치보고 누락 또는 신호소실 시 경보발생, 자동/수동으로 선박을 호출하여 선박의 정상운항 여부를 확인할 수 있다.

또한 여객선 항로이탈 여부를 모니터링하고 항로이탈 시 경보를 발생하며, 이상 징후 발견 시 선박·선사 안전(보안)관리자·인근항행 선박에 확인을 요청할 수 있다. 선박운항정보를 실시간으로 확인할 수 있게 됨에 따라 이를 VTS, 해상교통, 보안·대테러, 항만운영, 해상 치안, 연안자원관리 등의 업무에 효율적으로 활용할 수 있게 되었고, 선박의 조난체계를 개선하여 조난 시 위치추적으로 신속한 수색구조 지원이 가능하다. 또한 어선의 안전조업지도를 체계적으로 관리할 수 있으며, 수집된 선박운항 정보는 해양사고조사 및 안전 분야 정책수립에 활용하고 있다.

선박보안경고시스템은 해적·테러 발생 시 보안경보신호(SSAS)를 자동으로 접수 및 전파하며, VMS를 이용하여 선박에 비상경보메시지(민방위경보 포함)를 전파하여 말라카해협 등 해적·테러 우범해역 내 국적선 운항안전을 확보하고 피해 지역 인근의 국적선박의 유사피해를 사전에 예방할 수 있다. VMS 단말기를 이용하여 선박에 기상·항로 관련 항해안전정보를 제공함으로써 해상에서도 다양한 정보를 접할 수 있게 되어 해상종사자의 안전과 편의를 도모함은 물론, 전용 홈페이지를 통해 해양안전종합정보를 서비스함으로써 사고 수습·처리에 필요한 각종 자료를 신속하게 조회해 볼 수 있으며, NSC, 국정원, 행정안전부 등 국가 주요기관과 시스템을 연계하여 VMS를 포함한 해양안전 정보를 공동으로 활용할 수 있게 되었다.

앞으로 GICOMS를 고도화함은 물론, 전 선박과 육상, 관련기관에서 활용도를 높여서 세계적인 시스템으로 발전시켜야 할 것이다.

(2) 전국망 위성항법보정시스템(NDGPS) 구축

세계위성항법시스템(Global Navigation Satelite System, GNSS)은 미국에서 개발한 위성항법시스템(Global Positioning System, GPS)과 러시아의 위성항법시스템(GLONASS)으로 분류된다.

미국의 GPS는 처음에는 군사목적으로 사용되었으나, 1983년 민간부문으로 확대되어 현재 여러 분야에서 활용되고 있다. 지구상 어디에서나 GPS를 24시간 이용할 수 있는 것은 물론이고, 기상조건, 외부의 간섭과 방해에 강하고 전 세계적으로 공통 좌표계(WGS-84)를 사용한다는 점에서 측위정보의 신뢰성 및 정확성이 우수하다. GPS는 6개의 궤도에 24개 위성을 배치하여 서비스를 제공하며, 항법정보는 민간용 표준측위서비스(Standard Positioning System, SPS)와 군사용인 고정밀 측위 서비스(Precise Positioning System, PPS)로 구분하고 있다.

한편 러시아의 GLONASS는 GPS와 같이 민간용으로 개방된 표준정확도채널(Channel of Standard Accuracy, CSA)과 고정확도 채널(Channel of High Accuracy, CHA)의 두 가지 서비스 방식으로 운영되고 있다. 그러나 GLONASS는 수명이 다한 위성을 대체하지 못하여 서비스 이용에 제약을 받고 있다.

1997년도 IMO와 국제항로표지협회(International Association of Marine Aids to Navigation and Lighthouse Authorities, IALA)의 권고에 따라 해양수산부에서는 국내 연안·협수로·항만을 입·출항하거나 항행하는 선박의 안전을 위하여 해양용 위성항법보정시스템(Differential Global Positioning System, DGPS)을 구축하고 정확한 위치정보 서비스를 제공하기 시작하였다.

GPS 측위정보는 오차가 10~30미터에 이르나 DGPS의 경우에는 1미터 이내로 정밀하게 보정하여 제공해주는 시스템이다. 추진과정에서 과학기술부와 국방부, 행정안전부 등과 업무가 중복되고 각 부처별로 소관을 주장하고 의견을 달리하여 제대로 추진되지 못하다가 해양수산부를 주관부처로 하는 내용으로 '위성항법시스템 전국망 구축 및 운영에 관한 규정(국무총리훈령 제409호, 2000.12.7)'을 제정, 육상과 해상 전 분야에서 이용자의 편의를 위하여 내수면을 포함한 전국 어디에서나 실시간으로 정확한 측위정보를 제공받을 수 있도록 전국망 위성항법보정시스템(Nationwide Differential Global Positioning System, NDGPS) 구축사업을 추진하였다.

또한 장래 북한과의 교류활성화를 위하여 황해권·남해권·동해권으로 이용범위를 확대해나가고 있으며 전국 어디에서나 활용할 수 있

〈표 7-4〉 전국망 위성항법보정시스템 구축현황

구분		개소	시설위치	구축 기간
운영 및 제어 센터		1	위성항법중앙사무소(대전)	
NDGPS 기준국	해양	11	어청도, 팔미도, 거문도, 영도, 주문진, 마라도, 호미곶, 울릉도, 소청도, 소흑산도, 거진 등대	1998. 8~ 2002. 11
	내륙	6	무주, 영주, 평창, 충주, 성주, 춘천	2004. 8~ 2009. 7
DGPS 감시국		17	말도, 홍도, 가사도, 서이말, 소리도, 안흥, 당사도, 죽변, 독도, 대전, 영주, 무주, 홍천, 평창(2), 속초(2)	2009. 6~ 2011. 11

출처: 해양수산부(2013),『해양수산백서』.

도록 강원도 평창과 춘천, 전라북도 무주까지 내륙기준국을 설치 운영하고 있다.

한편 해양수산부는 2001년 5월부터 2005년 4월까지 DGPS 수신기 모듈과 핵심부품을 개발하여 국산화하였다. 하지만 각종 DGPS 수신기는 국내에서 아직 개발되지 않아서 외국 제품에 의존하고 있는 실정이다. 이에 따라 고가의 DGPS 수신기를 저렴한 가격으로 공급할 수 있도록 국산화를 위한 연구개발이 추진되고 있다. 이 수신기의 국산화는 이용자의 편익을 증대시킬 뿐만 아니라 세계시장에 진출할 교두보 역할을 할 것으로 기대된다.

이와 같은 NDGPS 계획이 완료될 경우 육상·해상·항공의 측위정보를 포함하여 차량위치정보, 철도운송, 지하매설물 위치 확인, 자원탐사, 도로관리, 지리정보, 기상정보, 레저용 등 여러 분야에서 다양하게 이용될 것으로 기대된다. 즉 국내 연안에서의 해상안전은 한층 높은 수준으로 확보될 것이며, DGPS를 이용한 여러 형태의 편익이 국민에게 제공될 것으로 기대된다. 또한 내륙에도 DGPS기준국을 설치하여

NDGPS가 구축된다면, 해상·육상·항공 어디에서나 DGPS를 이용할 수 있을 것으로 예상되며, 위치정보를 무료료 제공하는 NDGPS의 사용자가 급증하여 산업발전에도 크게 기여하게 될 것이다.

앞으로 음영지역 해소를 위하여 강화도나 산간지역 등에 기준국 인프라를 확충해나가야 하며, 전국망위성항법 인프라를 활용하여 해상교통안전은 물론 측량산업, 국방산업, 환경보전사업 등 전 산업 분야에서 측위정보와 시각정보를 활용할 수 있도록 NDGPS 고도화를 계속 추진해나가야 한다고 본다.

(3) 한국형 스마트 네비게이션 정책사업

IMO에서는 첨단 정보통신기술(Information & Communication Technology, ICT)을 활용한 새로운 선박운항 개념인 e-네비게이션의 도입을 결정(2006)했으며, 2008년에 'e-네비게이션 추진전략' 승인을 완료하고, 2014년 전략이행계획을 수립하였다.

e-네비게이션 시행으로 선박항법체계와 해상교통환경에 큰 변화가 예상되며, 관련 산업화에 따른 초대형 해양 ICT 시장이 탄생될 전망이고, 이에 따라 우리나라는 발달된 조선·ICT의 융복합을 통하여 세계전자항해시대의 주역으로서 세계 해양 ICT 시장을 주도해나가야 하는 시점에 와 있다.

e-네비게이션의 개념은 조선·ICT·선박운항기술을 융합한 새로운 선박항법체계이며, 선박 내 각종 항해정보를 전자적으로 수집·연계하여 전자해도(電子海圖)상에서 표현하고, 선박 내 모든 전자장비를 통합적으로 이용·조작하는 시스템이다. 따라서 e-네비게이션의 도입으로 전자해도 활용기술이 보편화되고, 선박에 설치되는 다양한 항해통신 장비의 기능과 작동법의 표준화가 급격히 진행될 것이다.

또 선박에서 무선통신을 통하여 육상에서 제공하는 다양한 정보서

〈표 7-5〉 한국형 SMART-navigation 프로젝트의 목표

① 선박과 육·해상에 e-네비게이션 구축을 통하여 해양안전 수준을 향상시키고 2017년까지 해양사고 30% 감축(연평균 760건 → 520건 수준)시켜 세계 최고의 해양강국의 건설
② 해상에서도 ICT 활용을 위한 인프라 구축을 통하여 국내 연안해역(연안으로부터 50해리 이내의 해역)에 이동전화 통신 및 인터넷이 가능해짐으로써 선원 및 나아가 국민의 삶의 질 향상
③ e-네비게이션 구축과정에서 얻어진 기술과 경험을 바탕으로 국제기술표준의 선점 및 산업화 지원을 통하여 300조 규모의 e-네비게이션 세계시장 진출
④ 해양안전·물류정보 제공으로 선박운항 최적항로를 제공함으로써 에너지 효율성 10% 이상 절감

출처: 해양수산부, 「2014년도 해상안전기본계획」.

비스를 이용하고, 전 세계 어느 해상에서도 이용할 수 있는 해상 무선통신망을 구축하고 인터넷 기반의 정보서비스를 통하여 육상에서 바로 선박안전운항을 원격지원한다.

우리나라에서도 이에 신속하게 대응하여 2008년부터 한국형 스마트 네비게이션(SMART-Navigation) 프로젝트를 수립하여 추진하고 있으며 그 목표와 내용은 〈표 7-5〉와 같이 정리할 수 있다.

한편 이 정책은 검토대상이 광범위하고 많은 R&D 사업비가 필요하기 때문에 이명박 정부에서 시작해 박근혜 정부의 주요 정책사업으로 채택되어 범국가 차원에서 추진방침을 정하고 산관학연이 힘을 모아 연구 개발사업에 착수하게 되었다. 앞으로 해양안전과 물류체계를 획기적으로 바꿀 수 있는 중요한 정책이므로 지속적이고 일관성 있게 추진하여 해상교통사고의 감축은 물론이고 국제기술표준의 선점과 산업화 지원을 통하여 해사산업체 발전을 이끌고나가야 한다고 본다.

이어서 세계시장의 선점을 통한 국가경제 발전, 해양안전과 물류정보를 신속하게 제공하고 최적의 항로지원을 통하여 에너지 효율성 향상과 물류비 절감 등 소기의 목적을 달성할 것으로 본다.

(4) 선박평형수 관리시스템 개발

선박에서 사용하는 선박평형수(船舶平衡水, ballaster water)는 선박의 화물 적재 상태에 따라 균형을 잡기 위해 평형수 탱크에 주입하거나 배출하는 물이다. IMO는 선박평형수에 포함된 외래해양생물체의 국가간 이동으로 인한 해양생태계 파괴를 방지하기 위하여 2004년에 '선박평형수관리협약'을 채택한 바 있다. 이 협약은 2020년에 발효될 것으로 예상되며 협약 발효 요건(30개국, 선복량 35%) 충족 후 1년 뒤 발효가 예상(현재 44개국, 32.86%)되며, 발효시점부터는 적합한 처리시설을 설치해야 국제항해가 가능해진다.

우리나라는 10여 년 전부터 선박평형수 관련 기술개발에 매진하여 2006년 (주)테크로스가 세계 최초로 IMO의 기본승인을 받은 이후 2015년 현재까지 세계 선박평형수 처리기술 36개 중 13개를 보유, 세계 제일의 기술보유국 입지를 굳히고 있다. 또한 2010년부터 2014년까지 수주척수(총 2,569척) 누적집계로 볼 때 세계시장의 55%를 차지하는 쾌거를 이루었다. 하지만 국제협약 발효가 지연됨에 따라 외국 기업의 기술개발 완료로 시장경쟁은 격화되고 있으며, 중국의 저가공략에 따른 제품가격 하락 등 선박평형수 시장환경이 크게 변화하고 있다.

이 협약의 발효는 2019년도로 예상되며, 협약이 발효될 경우 전 세계를 운항 중인 5만 7,000여 척의 선박은 평형수 설비를 의무적으로 탑재해야 하므로 그 수요가 급증할 것으로 예상됨에 따라 우리나라 설비가 지속적으로 세계시장을 선점할 수 있는 방안의 모색이 시급하다.

또 차세대 선박평형수 처리기술개발 등을 통해 조선기자재 산업 중 처음으로 세계시장을 선도하고 있는 선박평형수 처리설비산업이 점유율 세계 1위를 고수할 수 있도록 선박평형수 관련 업체 및 단체와 정부가 함께 노력해나가야 한다고 본다.

(5) 기타

가) 선원 교육훈련정책 및 안전관리 강화

정부는 2012년부터 해양사고 예방에 초점을 맞춘 종사자 교육 프로그램을 마련하여 연간 내·외항선 1만여 명에 대해 현장교육을 시행하고 있다. 교육효과를 극대화하기 위해 종사자가 쉽게 이해할 수 있도록 항법별 교육용 3D 동영상을 제작하여 배포하는 한편, 안전설비 작동법, 사고사례 등 실무 위주의 실습교육을 중점적으로 실시하고 있다.

아울러 선원교육과정을 개선하였다. 즉 중복교육과정을 배제하고 유사교육을 통폐합했으며, 외국인 선원 자질 향상을 위한 제도 마련을 위해서 외국인 선원 교육 프로그램을 개발하고 교육과정을 신설하여 일정교육 이수자에 한하여 승선을 허용하였다.

연안선박의 승무정원 산정방식을 개선하기 위하여 연해구역 이상을 운항하는 100톤 이상의 예선(부선을 결합하는 경우 포함)도 승무정원 대상 선박에 포함시키고, 선원담당공무원이 현장 정기점검을 실시하여 승무정원 변동 요인이 발생했을 경우 선박소유자의 재신청을 의무화하고, 미이행 시 처벌 규정을 마련하였다. 아울러 승무정원 산정 시 승선 경력과 전문성을 갖춘 선박직 공무원을 참여토록 하여 적정 승무원이 승선토록 지도하고 있다.

또한 선박경영자의 책임을 강화하기 위하여 선박운항에 대한 책임 주체가 선주가 아닌 경우, 해당 선주는 해당 선박의 운항책임 주체의 성명과 세부사항을 주관청에 보고하도록 강화하였다. 또 선박경영자는 선박안전운항 및 오염방지에 관련되거나 영향을 주는 업무를 관리·시행 및 확인하는 모든 직원에 대하여 책임과 권한 및 상호관계를 규정하고 문서화하도록 했으며, 선박경영자는 안전관리책임자가 그들의 역할을 수행할 수 있도록 적절한 인적자원 및 육상지원을 제공하도록 하였다.

그리고 안전관리책임자(Designate Person, DP) 지정제도를 마련하여 선박 안전운항과 선박경영자·선박운항자 간의 의사전달체계를 확보하기 위하여 최고 경영진과 직접 소통할 수 있는 육상직원을 안전관리책임자로 지정하도록 하였다. 안전관리책임자의 책임과 권한은 각 선박의 운항에서 안전운항 및 오염방지 측면에서 감시하고 적절한 지원과 육상지원이 요청한 대로 집행되는지를 파악하는 것을 포함시켰다.

또한 선장의 책임과 권한을 강화하기 위하여 선박경영자는 다음 사항에 대하여 선장의 책임을 명확하게 규정하고 문서화하도록 하였다.

- 안전운항 및 해양환경보호 방침의 시행
- 동 방침을 준수하도록 선원들을 독려하고 간단명료한 지시 및 지침의 전달
- 규정된 요건이 제대로 준수되는지 확인
- 안전관리체제에 대한 검토 및 결함(개선)사항을 육상관리자에게 보고
- 선박경영자는 본선에서 운영되는 안전관리체제에 선박의 안전 및 해양오염방지와 관련하여 결정할 수 있는 결정권한과 책임, 그리고 필요한 경우에는 회사의 지원을 요청할 수 있는 최우선적인 결정권한과 책임을 가짐

나) 항만국 통제제도의 강화

2010년 우리나라에 입항한 외국적 선박 중 3,045척을 점검하여 이 중 216척은 인명 안전 및 해양환경에 중대한 영향을 미칠 수 있는 사항이 발견되어 시정이나 보완을 위해 일시적으로 출항을 정지시켰다.

이와 같은 점검 활동과 병행하여 아시아·태평양지역의 항만국 통제를 효과적으로 시행하기 위하여 각종 위원회 활동 및 직접 점검을

실시하는 항만국 통제관에 대한 교육훈련을 실시하였다. 아울러 개발도상국 등에는 우리나라의 우수한 항만국 통제관을 파견하여 항만국 통제 관련 선진 점검기법 등을 전수하였다.

한편 우리나라에서 항만국 통제를 시행하는 국가는 자국에서도 동일하게 우리나라 선박에 대한 항만국 통제를 시행하고 있다. 유럽과 미국은 항만국 통제가 비교적 엄격하게 이루어지고 있고, 선박의 출항정지 시 선박은 물론 해당 국가에 속하는 다른 선박에 대해서도 불이익 조치를 취하고 있다. 2010년에는 이들 국가에서 출항이 정지된 우리나라 국적선이 한 척도 발생하지 않았다. 그 결과 우리나라는 유럽지역에서 2001년 이후 10년 만인 2011년 우수국가(White List) 지위를 획득하였다. 1970년대 항만국 통제 시행 초기에는 주로 개별국가 단위로 항만국 통제가 시행되었다. 당시 항만국 통제는 국제협약 등 관련규정의 미비로 외국적 선박에 대한 출항 정지 조치가 남발되기도 했다.

그러나 1982년 유럽에서 국가 간 협력체인 파리양해각서가 최초로 체결되고, IMO에서 지역협력을 강화하는 총회결의서(Res. A.682(17), 1991년)를 채택한 이후 아시아·태평양지역의 '아·태지역 항만국 통제 협력에 관한 양해각서(일명 Tokyo MOU)' 출범 등으로 지역협력체제를 통한 본격적인 항만국 통제가 실시되었다.

2014년 말 현재 전 세계적으로 9개의 지역협력체제가 구성되어 142개 회원국이 활동하면서 항만국 통제의 국제적 조화와 통일을 꾀하고 있다. PSC 지역협력체의 협력 강화를 통한 기준 미달선의 효과적인 퇴치를 위해 도쿄양해각서와 파리양해각서 등에는 매년 선박의 중요 안전설비 등에 대한 집중 점검 캠페인을 실시하도록 하고 있다.

3. 전망과 과제

해상안전정책은 선박사고로 인하여 막대한 인명과 재산 피해를 입게 되고 엄청난 해양환경을 훼손하게 되므로 모든 해양정책을 수립할 때 해상안전사고 예방정책을 최우선시해야 한다. 그리고 해상안전정책을 수립하고 집행하는 정부조직이 해양수산부로 완전 통합되기는 어려우므로 해상안전기관 간의 정책 공유가 매우 중요하며, 기관 간 협력체제 유지 및 이중 규제나 법령의 중복성을 완전하게 배제해나가야 한다. 해상안전정책은 국제협약과 표준의 이행이 매우 중요하기 때문에 해양안전에 관한 국제기구의 동향을 신속하게 파악하여 즉각 대응해나가야 하며, 21세기 신해양시대를 선도하고 IMO 등 국제기구 활동을 주도적으로 이끌어나가기 위해서는 해양환경의 보호와 해적 퇴치를 위한 국제적 공조활동도 더욱 강화해야 한다고 본다.

특히 세계전자항해시대에 대비한 국가 간 협력체제 유지, 선박평형수 관리시스템의 산업화와 신기술 개발에 주력하여 해상안전산업체 육성과 국제시장 선점을 위한 여러 정책에 집중해나갈 필요가 있다. 1993년 10월 전북 위도 앞 해상의 서해페리호 사고와 2007년 12월 태안반도 앞 해상에서 유조선 허베이호에 의한 대형 유류오염사고, 2014년 4월 세월호 여객선 참사의 아픈 경험을 바탕으로 국제카페리선, 연안여객선, 연안 유조선 및 급유선, 낚시어선, 요트·보트 및 유람선 등 해상활동 전 분야에서 인명사고 예방을 위한 철저한 예방점검체제를 갖추어야 하며 선원에 대한 교육훈련을 강화하고, 선박경영자에 대하여도 엄격하게 관리감독해 나가야 한다. 또한 해양사고 원인에 대한 엄정한 조사 및 엄중한 처분, 철저한 사후관리와 함께 현장중심의 해양사고 예방과 사고수습 행동 매뉴얼을 제정하여 실질적인 교육훈련을 실시하고 해양안전문화를 정착해나가야 하는 시점이다.

8장 /

결론

류영하

세계의 해양은 인류에 필요한 산소의 75%를 공급해주는 생명의 공간이자, 전 인류의 약 30%가 거주하는 생활의 공간이며, 수산물, 해저광물과 석유 및 가스 등을 제공하는 생산의 공간이다. 그리고 지구면적의 71%에 이르는 해양은 공유지로서 인류 모두의 공동 유산이다.

따라서 인류의 식량과 물 부족, 기후변화에 대한 대응, 해양영토 분쟁, 심각하게 증가하는 해양오염과 지구온난화 문제 등을 해결하고자 1994년 UN해양법협약을 발효하고 1998년에는 세계해양의 해(International Year of the Ocean)를 선포한 바 있다.

우리나라는 육지면적의 약 4.5배에 달하는 44만 4,000제곱킬로미터의 해양영토를 갖고 있으며 국가산업단지의 약 78%가 바닷가에 입주하여 경제성장의 원동력이 되고 있다. 또한 3,358개의 아름다운 섬과 세계 최고의 해양생물 다양성을 보유한 갯벌이 있으며, 갯벌의 가치는 단위면적 1제곱킬로미터당 약 16조 원의 가치가 있으며, 농경지의 100배, 숲의 10배 이상의 가치가 있다. 해수욕장 316개소와 해양보호구역 562개소, 9,569킬로미터의 자연해안선이 있으며, 31개소의 무역항과 29개소의 연안항을 개발 운영하고 있다.

지금까지 살펴본 바와 같이 인류의 공유지인 세계의 해양과 우리의 소중하고 가치 있는 해양영토를 대상으로 해운항만과 해양정책 및 해상안전정책을 추진한 결과 우리나라는 선복량 기준 세계 10위의 해운 선진국으로 발전했으며, 우리나라 선박이 세계 5대양 6대주를 누비면서 수출입 화물의 99% 이상을 수송하면서 외화소득은 물론이고 경제발전의 대동맥 역할을 하고 있으며, 부산항은 컨테이너 화물처리 기준으로 세계 5위의 거대 중심항만이자 종합물류기지로 발전해왔다.

또한 1996년 해양수산부 발족 이후부터는 본격적으로 해양영토관리, 해양환경, 해양과학기술, 체계적인 연안역과 공유수면관리, 습지와 갯벌의 관리, 해양생태계의 복원, 해양문화관광산업의 육성 등 종합적인 해양정책을 집중적으로 추진해왔다.

해상안전 분야도 매년 해양사고 예방정책과 사고수습대책의 마련, 전국 항만과 협수로에 해상교통관제시스템과 육상에는 전국망 위성항법기지를 구축했으며, 고급 해기사와 일반 선원의 양성 및 재교육 강화정책을 꾸준하게 추진해왔다.

물론 지금까지의 정책 추진에는 공과가 있으나 앞으로는 21세기 해양의 시대정신에 맞도록 보완 발전시켜나감과 동시에 해양정책을 범국가적 차원에서 추진하지 않으면 제대로 추진할 수 없으며, 해양부국이 될 수 없다는 점을 강조하고 싶다.

그 이유는 우선 해양산업과 해양정책의 중요성을 정부에서 제대로 인식하지 못하고 있을 뿐만 아니라, 해양정책의 기본방향이 해양의 이용과 개발, 보전의 조화에 있기 때문에 해양정책은 국가이익 우선으로 일관성 있게 추진되어야 함에도 해양수산부와 산업통상자원부, 기획재경부와 금융위원회, 환경부, 행정안전부 및 지자체, 문화체육관광부, 농림축산식품부, 해양경찰청, 문화재청 등 각 부처로 분산되어 추진됨으로써 부처 이기주의와 갈등만 야기하면서 주요 정책들이 제대로 추진되지 못하고 있기 때문이다.

그러므로 해양 관련 업무는 해양수산부로 일원화하여 일관성 있고 효율적으로 추진되어야 하지만, 부처 통폐합과 조직개편이 현실적으로 어렵기 때문에 해양화의 세계화 시대에 우리나라가 해양부국으로 재도약하고, 해양산업이 국가경제성장의 주도적 역할을 하기 위해서 다음과 같은 기본방향과 주요 정책을 제안한다.

1. 21세기 해양의 시대, 해양부국 창조 기본방향

(1) 국가행정조직 개편의 기본방향 및 필요성

국가행정조직은 과거와 현재에서 구현된 기능과 업무가 그 나라의 철학과 성격을 반영하면서 정치적 타협과정을 거치면서 결정된다. 또한 그 양태는 분산과 통합, 확대와 축소 또는 폐지로 나타난다. 해양수산부도 대륙지향적인 철학에 기초한 해석과 해양지향적인 철학에 기초한 해석에 따라 분산과 통합, 확대와 축소 또는 폐지의 길을 걸어왔다.

앞으로는 우리나라 해양담당조직을 개편할 때는 반드시 국운을 좌우할 만한 해양화의 세계화, 신해양시대의 본질, 해양의 중요성을 이해하고 각국의 해양정책 동향을 면밀하게 분석해야 할 것이다. 해양이 국민경제에 미치는 영향 등을 꼼꼼히 따져보고 해양부국을 실현할 수 있는 강하고 전문성을 갖춘 효율적인 소통과 공유, 협력을 이끌어내는 범국가적 국가해양담당조직을 설계해야 한다.

(2) 해양부국 창조 기본방향

국내외 해양환경 변화에 적극적으로 대처하여 해양부국의 창조라는 철학과 비전으로 무장하고, 국내외 과학기술 및 정보와 정책을 개발하며 국제협력과 외교 및 리더십을 발휘하여 막중한 행정수요에 효율적으로 대처할 수 있는 강력한 시스템이 필요하다. 우리나라가 해양부국을 창조하기 위해 다음과 같이 기본방향을 설정해야 한다.

첫째, 글로벌 해운·항만산업을 육성해야 한다. 해운·항만산업을 21세기 국가발전의 선도산업으로 육성할 수 있는 체제를 갖추고, 21세기에는 상선, 군함, 어선 및 유람선, 레크리에이션용 보트들이 안전하게 연안해를 통행하고 안전한 항해와 정확한 항해정보기술에 의하여 전자기기로 인도되는 행정체제가 필요하다.

둘째, 해양자원개발을 실행할 수 있는 체제를 구축해야 한다. 경제성 있는 석유 및 천연가스를 확보하기 위해 국내 대륙붕을 개발하고, 석유개발이 유망한 해양에 대한 개발사업과 심해저 광물자원 개발사업을 추진하며 무공해 자원에너지 개발을 위한 해양에너지를 실용화할 수 있는 체제가 필요하다.

셋째, 종합적이고 체계적인 광역해양관리체제가 필요하다. 종합적이고 체계적인 광역해양관리체제를 구축하고, 연안역 통합관리체제를 구축해야 한다. 또한 국제적인 해양협력을 강화하며, 200해리 시대에 걸맞은 효율적인 해양관리체제를 구비하여 확장된 해양국토를 효과적으로 이용하고 관리할 수 있어야 한다.

넷째, 건강한 해양환경관리 및 지속가능한 보전이 이루어져야 한다. 해양오염 방재체제를 갖추고 해양생태계를 보호하며 깨끗한 해양생태계를 조성할 수 있어야 한다.

다섯째, 해양의 중요성과 해양사상을 고취하고 해양과학기술 수준을 세계 최고 반열에 올려놓아야 한다. UN해양법협약이 발효됨에 따라 21세기는 해양경쟁의 세기가 될 전망이며, 국가의 해양개발력은 국가의 생존을 좌우하는 요인이 될 것으로 전망된다.

2. 미래세대를 위한 정책제안

(1) 국가해양력강화위원회 신설

해양수산부에서 해양부국을 실현하기 위한 종합계획을 수립하고, 국무총리실 산하에 국가해양력강화위원회에서 심의 의결한 후에, 해양정책 추진과정에서 발생한 부처 간 갈등과 소요예산, 민원해결 등을 신속하게 조정하면서 정책추진이 범국가적 차원에서 적기에 일관성 있게 추진되도록 해야 한다.

우리나라는 세계 6위의 글로벌 해운회사인 한진해운이 해체되는 뼈아픈 경험을 하였다. 다시는 이러한 엄청난 국가적 손실이 발생되면 절대로 안 된다.

앞으로는 글로벌 선사들에 의한 항로경쟁의 심화, 요트·보트시대와 고급화된 여객선, 크루즈 인구의 급증에 대비하여 해운회사에 대한 정부 차원의 과감한 정책금융지원을 통하여 필요한 선박을 적기에 신조토록 하고, 국내 조선소에서 건조케 함으로써 융복합 조선기술을 발전시켜야 한다. 그뿐만 아니라 일자리 창출, 적정한 국가필수선대를 유지케 하고, 경쟁력 있는 글로벌 해운회사를 육성해야 한다.

이를 위해 국가해양력강화위원회에서 해양산업 육성 및 지원에 관한 법률을 제정하여 산업별로 집중 육성해야 한다. 해양산업은 크게 해운산업, 항만산업, 해양과학기술산업, 해상운송시스템산업, 해양관광 및 문화산업, 수산산업으로 대분류되며, 각 부처의 이해관계와 갈등을 조정할 수 있도록 해양수산부에서 입안·통할하되 범국가적 차원의 협조·지원 체제를 마련해야 한다.

연안에 산재되고 방치된 상당한 유휴부지를 국가와 지자체에서 조속히 개발하여 적절하게 활용하고, 국민의 쉼터 또는 휴양지로도 제공해야 하며, 국가와 지자체에서 개발하고 관리운영 중인 연안항을 집중개발하여 해양영토 관리 및 도서민 지원, 해군과 해경정의 전초기지, 해양레저 활동 기지, 기상 악화 시 선박의 대피장소 등으로 활용해야 한다.

(2) 해양부국으로 부강한 대한민국 창조

해양부국은 우리나라의 지리적 성격과 역사적 경험을 근거로 우리나라의 바람직한 미래상을 목표지향적이며 정책지향적인 측면에서 해양을 통한 4만 달러, 5만 달러 시대를 꿈꾸는 목표개념이다. 따라서 해양부국은 우리 국력으로 지구의 70% 이상이며 미래 인류의 마지막 보고인 해양을 개발, 관리, 이용하여 국민에게 더 많은 기회와 부를 제공하고 인류의 발전에 기여하려는 국가 비전으로 정의할 수 있다. 인류역사를 볼 때 세계문명의 중심에 있던 국가들은 거의 대부분 해양형 국가들이었다. 중세 베네치아의 지중해 지배, 근세 포르투갈·스페인·네덜란드 등에 의한 대서양 및 인도양 지배, 해가 지지 않는 영국의 오대양 제패, 20세기 마지막 미·소 대결도 결국 해양력이 강한 미국의 승리로 종결되었다.

이러한 논의를 통해 해양을 다스리는 자가 세계를 지배한다는 언명을 자명한 이치로 확인하였다. 즉 해양경영은 국가를 부강하게 하고 국민을 행복하게 하며, 인류 발전에 기여할 많은 기회와 에너지를 만들어낸다.

우리나라가 2030 해양부국의 꿈을 실현하기 위해 다음과 같은 중점정책과제를 제안한다

- 해운 · 항만산업 육성을 통한 세계물류 허브 구축
- 수산업의 미래산업화
- 연안과 어촌을 지역경제의 중심으로 육성
- 세계 일류 해양과학기술국가 구축 및 해양신산업의 육성
- 해양도서 및 주변해역의 관리강화를 위한 해양영토주권 강화
- 글로벌 해양전문가 육성 및 국제기구에서의 선도적 역할 강화
- 가장 안전한 바다, 풍요롭고 건강한 바다, 모든 국민이 즐기는 바다

이상에서 살펴본 바와 같이 해운항만 및 해양정책은 국가의 흥망성쇠와 직결되며, 환경부, 국토교통부, 국방부, 행정안전부, 산업통상

자원부 등 대부분의 관계부처와 지자체의 융복합적 협조가 절대적으로 필요한 중요한 국가사무이므로 반드시 범국가적으로 추진되어야 한다. 또한 바다를 잘 개발하고 가꾸어서 국민들에게 풍요롭고 건강한 바다와 해변, 연안공간을 제공해야 하며, 수출입 화물의 99.7%를 담당하고 있는 해운산업을 글로벌 무한경쟁에서 이겨낼 수 있도록 집중지원해야 하고, 해양바이오 등 해양과학기술의 개발과 크루즈, 요트·보트 등 해양레저 관광산업을 획기적으로 발전시켜서 인트라 아시아 해양시장을 선점해야 할 시대가 왔다. 선원과 항만근로자, 해양과학기술종사자, 수산업종사자, 해군과 해경, 해양문화예술인 등 모든 해양인이 대접받고 해양인이 되고 싶어하는 해양부국, 해양강국이 되기 위해서는 해양산업 주요 분야별로 체계적이고 미래지향적으로 해양전문가를 양성하고 관리해야 한다.

지금까지 시대별로 추진해온 핵심정책들은 꾸준하게 개선, 보완 발전시키고, 21세기 해양의 시대에 맞는 해수부 조직으로 전면 재설계하여 세계일류 해양산업으로 집중 육성해야 하고, 국가해양력강화위원회를 반드시 설립해서 범국가적 차원에서 주요 해양정책을 수립, 추진해야 함을 제안한다.

참고문헌

제2장 연안해운정책의 변화

조선일보사. 2004. 『한국의 해양력』.

한국해운조합. 2012. 『한국해운조합 50년사』.

해운항만청. 1986. 『해운항만청 10년사』.

해양수산부. 1996. 『해양수산백서』.

해양수산부. 2013. 『해양수산백서』.

해양수산부. 2014. 『2015년 주요업무 추진계획』.

해양수산부. 2014. 『해운물류국 업무보고 자료』.

제3장 외항해운정책의 변화

한국선주협회. 2011. 『한국선주협회50년사(1960-2010)』. 동일문화사.

한국선주협회. 2010. 『해운연보 2009』.

한국선주협회. 2011. 『해운연보 2010』.

한국선주협회. 2012. 『해운연보 2011』.

한국선주협회. 2013. 『해운연보 2012』.

한국선주협회. 2014. 『해운연보 2013』.

한국선주협회. 2015. 『해운연보 2014』.

한국해로연구회. 2011. 『해양의 국제법과 정치』. 도서출판 오름.

제4장 항만건설정책의 변화

건설부. 1969. 『항만편람』.

국토해양부. 2009. 『항만업무편람』.

국토해양부. 2011. 『항만업무편람』.

대한토목학회. 2001. 『한국토목사』.

한국산업경제연구원·세광종합기술단. 1985. 『콘테이너부두개발입지선정조사 최종보고서』. 한국산업경제연구원.

한국컨테이너부두공단. 2001. 『항만변천사』.

한국항만협회. 2011.『항만협회 35년사』. 영진인쇄사.
김형태·최상희·심기섭·이성우·이주호·김근섭·김은수. 2009.『동북아 물류중심항만정책의 평가』. 해양수산개발원.
항만청. 1977.『해운항만통계연보』.
해양수산부. 1998.『해양수산백서』.
해양수산부. 2014.『항만업무편람』.
해운항만청. 1978.『항만건설사』.
해운항만청. 1981.『항만편람』.
해운항만청. 1994.『전국항만기본계획 보고서』.
해양수산부, 국토해양부 내부 자료.

제5장 항만운영정책의 변화

곽규석·문성혁·박병인·백인흠. 2009.『항만운영 관리론』. 박영사.
김철용. 1996.「21세기를 대비한 우리나라 해운항만정책의 과제와 방향」.『공공정책연구』 제3호: 277-289.
김현덕·허윤수·백종실. 2009.『해운항만 정책론』. 박영사.
김형태·김찬호. 2006.『항만노무공급체제의 개편에 따른 항만운영 효율화 방안』. 한국해양수산개발원.
김형태·최상희·심기섭·이성우·이주호·김근섭·김은수. 2009.『동북아 물류중심항만정책의 평가』. 한국해양수산개발원.
양항진. 2006.『우리나라 해상물동량 추정과 항만정책』. 경상대학교.
이재훈. 1991.「우리나라 항만의 운영개선 방안에 관한 연구: 컨테이너부두 민영화」. 한국외국어대학교 석사학위논문.
이형욱. 2011.「한국 항만정책에 관한 연구: 항만경쟁력의 제고방안을 중심으로」. 영남대학교 박사학위논문.
정봉민·장형탁. 2003.『환경친화적 항만개발 및 운영방안』. 한국해양수산개발원.
한국전산원 편. 1997.『정보공동이용과 비용절감효과분석: 항만운영정보시스템(PORT-MIS EDI)을 중심으로』. 한국전산원.
해양수산부. 1996~2013.『해양수산백서』. 해양수산부 홈페이지 통계연보, 간행물.
해운산업연구원 편. 1994.『통일에 대비한 해운항만정책 구상』. 해운산업연구원.
해운산업연구원 편. 1994.『항만관리운영 국제비교와 우리나라 정책방향: 부두운영 회사제 도입을 중심으로』. 해운산업연구원.

황종태. 1998.「국가의 항만정책에 관한 연구」. 울산대학교 석사학위논문.

제6장 해양정책의 변화

권문상·강길모. 2014.『해양수치통계백서』. 모모새.
김웅서·강성현 엮음. 2012.『해양과학기술의 현재와 미래』. 해양과학기술원.
이건휘. 2008.「우리나라간척사업의 주요연혁: 일제시대-1990년대」, 농촌진흥청 간척지농업과. 〈http://blog.daum.net/viny9364/7826582〉
한국해로연구회 편. 2011.『해양의 국제법과 정치』. 도서출판 오름.
한국해양연구원. 2009.『해양과학기술동향 2009』.
한국해양연구원. 2010.『해양과학기술동향 2010』.
한국해양연구원. 2012.『해양과학기술동향 2012』.
해양과학기술원. 2014.『선박사고 기인 해양재난대응기술개발 기획연구』.
해양수산부. 2004.『해양과학기술개발계획』.
해양수산부. 2004.『해양수산백서』.
해양수산부. 2014.『해양수산R&D중장기계획 2014-2020』. KIMST.
13개부처합동. 2000.『해양개발기본계획』. 해양수산부.
해양수산부·서울대학교. 2009. *The International Symposium for Marine Environmental Policy in the 21st Century, Korea*. 해양수산부·서울대학교.
European Marine Board. 2014. *Navigating the Future*. 권문상·강길모 옮김. 모모새.

제7장 해상안전정책의 변화

국토해양부. 2009.『국제해상인명안전협약 분석 및 국내법 수용기준 연구』.
국토해양부. 2012.『IMO활동 50년사』.
김도준. 2008.『해상교통안전관리에 관한 법제 연구』. 제주대학교.
김종호. 2012.『해상안전론』. 다솜출판사.
노승대. 2012.『국제 해양운송의 해상안전시스템 구축 방안에 관한 연구』. 목포해양대학교.
류영하. 2013.『e-Navigation 구현을 위한 해상교통안전 종합정보시스템(GICOMS) 고도화 방안 연구』. 목포해양대학교.
윤종위·이은영. 2009.『한국의 해상교통안전 선진화방안연구』. 해양경찰청.
이장훈. 2007.「해상교통안전 법제의 발전방향에 관한 연구」. 한국해양대학교 석사학위논문.

조동오. 1998.『해상안전 행정체제 비교연구』. 한국해양수산개발원.

최자랑. 2014.「국제안전관리규약과 국제해상보안규정에 관한 법적 연구」. 호서대학교 석사학위논문.

한국해양대학교·항로표지기술협회. 2006.『해상교통안전시설의 운영효과 분석연구』. 해양수산부.

한정식. 2012.『해상교통 안전관리에 관한 법제 연구』. 한국해양대학교.

해양수산부. 1996~2013.『해양수산백서』. 해양수산부 홈페이지 통계연보, 간행물.

해양수산부 내부 자료.

찾아보기

발간사

서울대학교 국가리더십연구센터는, 우리나라가 국민들이 바라고 전 세계가 부러워하는 '모범국가'로 발전하는 데 기여하기 위해서 2013년 3월 설립되었다.

어떤 조직, 어떤 사회, 어떤 국가의 흥망과 성쇠는 지도자에 달려 있다고 해도 과언이 아니다. 한 나라가 모범국가로 발전하는 과정의 핵심도 국가의 지도자다. 국가지도자의 비전과 역량에 따라 모범국가로 나아가기도 하고, 형편없는 국가로 머물러 있거나 또는 추락하기도 한다. 그들이 무엇을 시대적 과제로 인지하고 어떤 국가의 비전을 설정하며, 그것을 달성하는 과정에서 어떻게 국민의 지지를 확보하면서 동시에 여러 가지 어려움과 저항을 극복하는지에 따라 모범국가로 나아갈 수도 있고 그렇지 않을 수도 있다. 그것도 한 세대가 아니라 세대를 이어 가면서 각 시대의 국가적 과제를 국가지도자들이 어떻게 설정하고 이를 추진하는지가 중요하다. 각 세대를 책임지는 국가지도자들이 계속해서 보다 나은 국가에 대한 비전을 설계하고 이를 잘 성취할 수 있는 지혜를 가진다면, 우리나라는 그야말로 전 세계가 부러워하는 모범국가로 우뚝 설 수 있을 것이다.

국가리더십연구센터는 바로 그러한 지혜를 연구하고 이를 미래의 지도자들에게 전수하여, 지금부터 70년 뒤에는 우리가 광복 70년 동안 이룩해 왔던 것보다 더 많은 발전을 이룩하고, 그로부터 다시 70년 뒤에는 그야말로 진 세계가 부러워하는 모범국가로 우뚝 서는 데 기여하고자 한다.

이를 위한 사업으로 국가리더십연구포럼, 역사리더십연구포럼, 정책리더십연구포럼을 각각 추진하고 있다. 첫째, 국가리더십연구포럼은 대한민국정부 수립 이후 국가의 발전과 국민의 행복에 기여한, 생존하고 있는 국가지도자들을 초청하여 이들이 격변의 과정에서 무엇을 국정목표와 가치로 설정하고, 이를 달성하기 위해서 어떤 전략과 수단을 사용하였는지, 특히 여러 가지 저항과 어려움을 어떻게 극복하였는지 그 생생한 리더십의 경험을 청취, 정리, 연구하는 동시에 이를 역사적 사료로 후세에 전달하고자 하는 사업이다. 둘째, 역사리더십연구포럼은 중요한 역사적 전환 시점에 나라의 발전을 위해 헌신한 역사적 인물을 대상으로 이들이 그 시대를 어떻게 이해하고 무엇을 시대적 비전으로 설정하였으며 이를 어떤 리더십으로 달성하였는지를 연구하는 사업이다. 셋째, 정책리더십연구포럼은 각 정책분야별 역사적 변화의 궤적을 추적하고 향후 전망을 제시하는 사업이다. 대한민국이 '모범국가'로 나아가기 위해서는 우리가 어디에서 와서 현재 어디에 있으며 또 앞으로 어디로 갈지를 파악하는 것이 필요하다. '모범국가'라는 것이 고정된 것이 아니라 전 세계라는 공간과 역사라는 시간에 따라 변화되는 국가의 모양이라고 볼 때, 각 정책영역별 역사적 변동과 전망을 정리함으로써 보다 구체적인 국가발전의 방향을 설정할 수 있을 것이다. 그래서 각 정책분야별로 의미 있는 발전과 개혁이 무엇인지, 이러한 변화가 이루어지는 과정에서 추진세력은 저항세력을 어떻게 극복하는지 정치·경제·사회적 제약조건과 이를 극복하는 전략과 수단을 탐색하는 사업이다.

이러한 세 가지 포럼의 연구 성과를, 동시대와 공유하는 한편 후세에 전해 주기 위해서, 국가리더십연구총서의 형태로 지속적으로 발간하고자 한다. 많은 분들의 관심과 비판, 그리고 격려를 통하여 모범국가로 나아가는 데 조금이라도 기여를 할 수 있으면 하는 마음 간절하다.

국가리더십연구센터 소장 김병섭

필자 소개

이재균

연세대학교 행정학과를 졸업하고, 스웨덴 World Maritime University에서 해운항만 석사를, 한국해양대학교 대학원에서 해운경영학 박사학위를 받았다. 부산지방해양수산청 청장, 국토해양부 제2차관, 제19대 국회의원 등을 역임했으며, 현재 한국해양대학교 석좌교수로 재직하고 있다. 저서로는 『바보야, 부산은 해양수도야!』(2011)가 있다.

주성호

부산대학교 사회복지학과를 졸업하고, 1982년 제26회 행정고시를 합격한 후 영국 웨일즈대학교에서 해운정책학 석사학위를 받았다. 미국 해양대기청 NOAA에서 근무한 후 울산 및 부산지방해양항만청장을 역임하고, 해양수산부 수산정책국장과 해양정책국장 및 중앙해양안전심판원장을 역임하였다. 국토해양부 물류항만실장과 국토해양부 제2차관을 역임하였다.

강범구

서울대학교 농공학과를 졸업하고, 같은 대학 대학원과 파리국립중앙대에서 석사학위를, 목포해양대학교에서 박사학위를 받았다. 해양수산부 부산항건설사무소장, 항만재개발기획관, 국토해양부 물류항만실장 등을 역임했으며, 현재 케이엘넷 대표이사로 재직하고 있다.

류영하

인하대학교를 졸업하고, 같은 대학 대학원에서 경영학 석사학위를, 목포해양대학교에서 공학 박사학위를 받았다. 해양수산부 총무과장, 평택해양수산청장, 국토해양부 군산해양항만청장, 항공정책실 및 해양정책국 고위공무원, 한국항로표지기술원 이사장을 역임하였다.

심동현

서울대학교 독어독문학과를 졸업하고, 같은 대학 대학원에서 법학 석사학위를, 한국해양대학교에서 법학 박사학위를 받았다. 국립해양조사원장, 여수지방해양항만청장, 한국해양과학기술원 자문위원 등을 역임했으며, 해양수산부 고위공무원과 한국해양과학기술원 상임감사를 역임하였다.